LE TONG-KÏN

ET

L'INTERVENTION FRANÇAISE

(FRANCIS GARNIER ET PHILASTRE)

PAR

JEAN DUPUIS

EXPLORATEUR DU FLEUVE ROUGE

PARIS

AUGUSTIN CHALLAMEL, ÉDITEUR

RUE JACOB, 17

LIBRAIRIE MARITIME ET COLONIALE

1898

LE TONG-KÏN

ET

L'INTERVENTION FRANÇAISE

TYPOGRAPHIE FIRMIN-DIDOT ET Cie. — MESNIL (EURE) — 6651

LE TONG-KÏN

ET

L'INTERVENTION FRANÇAISE

(FRANCIS GARNIER ET PHILASTRE)

PAR

JEAN DUPUIS

EXPLORATEUR DU FLEUVE ROUGE

PARIS

AUGUSTIN CHALLAMEL, ÉDITEUR

RUE JACOB, 17

LIBRAIRIE MARITIME ET COLONIALE

1898

AVANT-PROPOS

Dans un volume, paru il y a une année, nous avons exposé les « *Origines de la question du Tong-kïn* ». Il a été en quelque sorte l'introduction du présent ouvrage. Dans ce premier volume, j'ai dit comment, au cours de mes voyages, nous fûmes amené à rechercher s'il n'était pas possible de relier à la mer par une voie directe les riches provinces de la Chine sud-occidentale. Nous y avons montré comment nous eûmes le bonheur de gagner la confiance des mandarins de ces provinces et surtout du Yûn-nân, au nom et au service de qui fut effectuée l'exploration du cours du Fleuve Rouge.

Par cette voie, nous ne tardâmes point à faire

remonter au Yûn-nân, dans l'espace de quelques mois, deux convois d'armes et de sel qui permirent au gouvernement chinois d'achever la pacification de ces contrées, troublées depuis longtemps par la rébellion musulmane.

La voie nouvelle était découverte. Il fallait désormais qu'un gouvernement l'ouvrît officiellement au commerce et se chargeât d'y protéger les commerçants de toute nationalité. Nous fîmes appel à la France, notre patrie, pour remplir cette mission, et c'est à ce moment que prit fin ce premier volume.

La France intervint. C'est l'histoire de cette intervention qui se trouve exposée dans le livre que nous publions aujourd'hui. Ce ne fut pas la France officielle qui se montra, mais seulement des Français isolés, qui agirent au nom de leur pays : lamentable histoire, qui n'est qu'une triste page de plus à ajouter à notre histoire coloniale, toute faite de tergiversations et d'hésitations plus funestes les unes que les autres.

Pour composer ce volume, nous n'avons guère mis en œuvre que des documents relevés dans différentes publications ainsi que les lettres, proclamations et traités, dont il nous a été possible de prendre copie, soit sur les lieux mêmes, au cours des événements, à Hué notamment, soit à Canton, soit à Saïgon. Nous y avons ajouté quelques souvenirs personnels inédits, laissant de côté tout commentaire, car l'histoire des faits est suffisamment éloquente par elle-même.

LE TONG-KIN

ET

L'INTERVENTION FRANÇAISE

PREMIÈRE PARTIE

LA SITUATION EN 1873

L'histoire des relations entre la France et l'Annam est assez connue aujourd'hui pour qu'il soit permis d'en dégager la loi générale. Bien que cette histoire se jalonne de traités et de conventions pacifiques, nous assistons à une longue et monotone série de conflits, à la lutte opiniâtre de deux races et de deux principes. C'est la lumière et le progrès aux prises avec l'obscure ignorance et la fourberie.

Dans cette histoire, le beau rôle est à la France toutes les fois que ses représentants ont l'habileté de rester sur le terrain de la franchise et de la loyauté.

Malheureusement, ce rôle, la France ne l'a pas toujours eu ; c'est ainsi que les événements et la politique que nous nous proposons d'esquisser dans ce volume ont abouti au triomphe d'une diplomatie incertaine et à la destruction d'une œuvre, à la fois française et humanitaire, par des Français eux-mêmes.

Il importe donc avant tout d'établir la situation telle que nous la trouvons au Tong-kïn au moment de l'Intervention en 1873.

I

Historique.

Il faudrait remonter au XVIIe siècle pour assister au premier débarquement de missionnaires français et de missionnaires espagnols sur une terre annamite. Nous ne le ferons pas. Les relations officielles entre la France et l'An-nam ne datent réellement que du séjour à Paris de Canh-dzué, prince héritier du trône d'An-nam. Ce prince était venu en France à la suite d'une formidable insurrection, qui, d'un seul coup avait renversé les trois dynasties régnantes en Cochinchine, en An-nam et au Tong-kïn, celles des Trinh, des Nguyen et des Lê.

En 1787, Canh-dzué conclut, par l'entremise de Mgr Pigneau de Béhaine, avec la cour de Louis XVI un traité d'alliance, puis il retourna dans son pays, accompagné d'un certain nombre d'officiers français. Ceux-ci prêtèrent à son père Nguyen-anh, plus tard le roi Gia-long, un secours assez efficace pour lui permettre de reconquérir ses États et même d'étendre sa domination sur le Tong-kïn. Hué devint seule capitale de tout le royaume, et Ha-noï ne fut plus qu'un chef-lieu de province (1802). Ce détail est important, si l'on se rappelle que depuis 1600 environ Annamites et Tongkinois avaient soutenu, avec des chances égales, une guerre presque incessante d'opiniâtre rivalité. Toutefois les deux peuples sont de même origine.

Gia-long donna à la France des preuves de sa reconnaissance en laissant aux missionnaires et aux évêques catholiques une très large liberté. Mais, dès 1820, ses successeurs Minh-mang, Thien-tri et Tu-duc, eurent vite fait d'oublier les services rendus. Des persécutions de plus en plus violentes, sur tous les points du royaume, amenèrent la prise de Tourane, puis, bientôt après, la conquête par les Français et les Espagnols des trois provinces de la Basse-Cochinchine, My-tho, Saïgon et Bien-hoa, concédées à la France par le traité du 5 juin 1862.

Cette première prise de possession, ce premier échec des Annamites, coïncidait avec un soulèvement général des Tongkinois. Ceux-ci voyaient dans les Français des libérateurs et des alliés naturels puisqu'ils faisaient la guerre à leurs oppresseurs de l'An-nam. A plusieurs reprises, le chef de la révolte, Lê-phung, — qui se disait être un descendant de l'ancienne dynastie nationale des Lê, — vint demander avec instance au vice-amiral Rigault de Genouilly, puis au contre-amiral Bonnard, le concours d'une seule canonnière et de quelques hommes. Il offrait en échange d'accepter le protectorat de la France. Les autorités françaises refusèrent d'intervenir.

Cependant la révolte triomphait et Lê-phung comptait plus de quinze victoires, lorsque Tuduc, aux abois, signa le traité du 5 juin. Il put aussitôt diriger toutes ses forces contre les Tongkinois victorieux, mais déjà fatigués de la guerre et pressés de retourner aux travaux de la campagne. La résistance fut opiniâtre, mais enfin Lê-phung fut battu et mis à mort dans la plus cruelle des tortures.

Écrasée aujourd'hui, l'insurrection allait renaître demain. Toujours du sein du peuple ou du fond des montagnes de Dong-trieu surgissait un nouveau descendant — vrai ou faux, qu'importait! — de la dynastie nationale des Lê. Et toujours le peuple était prêt à suivre l'étendard de la révolte. Cet état d'esprit s'explique aisément.

Oppression du peuple par les mandarins annamites.

Les Annamites étouffaient la rébellion par la violence. Jamais ils n'essayaient d'en supprimer les causes, qu'il faut chercher avant tout dans l'oppression tyrannique et arbitraire des mandarins de Hué. Il faudrait un volume pour dire les vexations de tout genre dont on accablait la population indigène, après avoir détruit chez elle tout moyen de résistance. Toutes les fonctions publiques étaient données aux Annamites exclusivement. Pour se maintenir, ceux-ci venaient s'installer dans les villes, escortés de leurs parents et amis, toute une nombreuse et arrogante clientèle. Les Tongkinois, toujours exploités, ne produisaient que ce qu'il leur fallait pour vivre misérablement. S'il leur restait un surplus à revendre, ils ne pouvaient le vendre qu'aux mandarins ou entre eux après y avoir été autorisés. Ils ne pouvaient voyager d'un village à l'autre sans déclarer le but et sans donner le détail de leur promenade. Pour éviter qu'on ne forgeât en secret des armes, tout achat de fer était surveillé et devait être déclaré, et dans la charpente des maisons les clous étaient remplacés par des chevilles en bois. Un esprit de méfiance et de haine régnait partout, et le pauvre paysan était trop heureux d'abandonner au mandarin sa récolte pour n'être pas traîné en prison sous un prétexte quelconque.

C'est ainsi qu'au moment où la France va intervenir, nous trouvons une population pauvre et misérable au milieu d'un pays très riche. « Les mandarins ruinent et oppriment le peuple; ils ne songent qu'à s'engraisser de ses dépouilles. » C'est le roi Tu-duc lui-même qui parle ainsi dans un édit de juillet 1864.

« Les contributions que lèvent les mandarins, écrit neuf ans plus tard un évêque missionnaire du Tong-kïn, sont arbitraires et exorbitantes. Le peuple est accablé de vexations; le mécontentement est général. La misère est partout.

« Quant à l'état social et politique de ce royaume, mieux vaudrait n'y point penser. Vous dire que tout va à la dérive, que tout s'écroule, c'est vous en faire la complète description.

« L'armée et la marine sont dans un état dérisoire; la politique n'est qu'un tissu de fraudes et d'injustices. Le commerce est soumis à des entraves sans nombre. »

rigands et pirates.

Les indigènes qui ont eu l'heur d'échapper à la rapacité des autorités ont mille chances d'être les victimes des brigands et des pirates, contre lesquels mandarins et troupes royales demeurent impuissants. Si, à leur défaut, les populations résistent elles-mêmes, c'est encore pis. Les pirates, alors, se réunissent en nombre et vont de village en village, brûlant, pillant, massacrant, causant des malheurs sans nombre. Toutefois ils épargnent et emmènent en captivité les jolies femmes et les enfants, selon les effets de leur caprice. Ordinairement, à l'approche de ces vautours, de ces tigres, tout le monde s'enfuit; on cherche du moins à sauver de leur cruelle rapacité les femmes et les enfants. Mais souvent les pirates ont dressé des embuscades; le village est cerné, et il arrive que ces pauvres gens, en cherchant à se soustraire aux griffes du tigre, viennent tomber sur les cornes du taureau (1). »

Enfin, après les brigands et les pirates, ce sont encore les mandarins annamites qui ont le dernier mot de la misère de ce pauvre peuple. Lorsqu'une insurrection éclate quelque part, — et nous savons que le fait n'est pas rare, — et qu'une troupe d'insurgés passe ou séjourne dans quelque hameau trop faible pour lui résister, les mandarins attendent que les rebelles soient partis pour venir ensuite brûler et saccager le village; après cet exploit, ils chantent victoire comme s'ils avaient mis l'ennemi en fuite. Souvent ils ne s'en tiennent pas là, surtout quand ils sont battus. Pour couvrir leur défaite, ils tranchent la tête aux gens paisibles qu'ils rencontrent en fuyant, que ce soit des hommes ou des fem-

(1) Lettre de Mgr Colomer, vic. apost. du Tong-kïn oriental.

mes, peu importe; puis ils coupent les oreilles et le nez de chaque tête et en font des espèces de chapelets qu'ils envoient au roi comme une preuve palpable de leur triomphe et comme un titre pour obtenir récompense et avancement (1).

En voilà assez pour expliquer l'enthousiasme et la reconnaissance que rencontrerait celui — quel qu'il fût — qui viendrait purger le pays de la peste annamite. Or, cette délivrance devait venir du dehors. Il découle, en effet, assez clairement de tout ce qui précède qu'au sein du peuple toute initiative était matériellement impossible.

lettrés.

S'il se lève, dit Mgr Colomer, quelque génie privilégié, qui, touché des disgrâces de son pays, signale à ses compatriotes le but qu'ils doivent poursuivre pour sortir d'une telle abjection, aussitôt s'agitent les « têtes volcaniques des disciples du philosophe chinois », les lettrés, et, loin de saluer en lui le restaurateur de leur patrie, ils l'accablent de railleries et d'injures, l'appelant avec mépris l'ami des barbares d'Europe.

Les lettrés sont, en effet, les seuls partisans dévoués de Tu-duc et de ses mandarins. « Dans la stricte acception du mot, le corps des Lettrés comprend les anciens mandarins, tous les gra-

(1) *Histoire de l'Intervention française au Tong-kin*, par M. Romanet du Caillaud.

dés, les maîtres d'école et ceux qui font de l'étude des lettres leur carrière pour prendre part aux concours et acquérir des dignités (1). » Ce corps avait acquis une très grande importance politique puisqu'il comprenait tous les mandarins en herbe et que ceux-ci, à l'heure où nous sommes, rivalisent de zèle pour Hué et, par conséquent, de cruauté envers les opprimés, indigènes et chrétiens. « Le fond de cette haine des lettrés — ainsi s'expriment les *Missions Catholiques* (13 mars 1874) — et de toute la gent mandarine provient surtout de l'orgueil national. Eux, qui se posent devant leurs subordonnés comme supérieurs à tout ce qui existe, ils craignent que la comparaison, que ferait naître la présence de peuples civilisés, ne dévoile au grand jour leur propre infériorité et ne leur fasse perdre le prestige et l'autorité despotique dont ils jouissent au milieu de populations simples et ignorantes. Ce qu'ils redoutent surtout, c'est de ne pouvoir continuer à s'enrichir, au détriment de la justice et de l'humanité, à extorquer, au moyen de tortures souvent atroces, ce qui fait l'objet de leur cupidité, en un mot, à asservir le peuple sous un joug tyrannique et brutal. »

En parlant ainsi, les missionnaires ne font que

(1) *Vie de Mgr Puginier*, par E. Louvet. — Hanoï. 1894.

traduire ce qu'ils voient tous les jours, comme nous l'avons vu nous-même; leur jugement ne peut pas être soupçonné d'exagération.

Les chrétiens.

Quant aux chrétiens, ce furent, en général, après les lettrés, les meilleurs et les plus fidèles sujets du gouvernement annamite, les missionnaires ayant toujours pour règle de leur enseigner la soumission aux autorités établies. C'est ainsi qu'en 1802, alors que la persécution sévissait encore, on vit un grand village, Yen-tri, dans la province de Quang-yèn, combattre pour ses oppresseurs et résister par les armes au prétendant Lê-phung, et néanmoins ce prétendant était chrétien (1).

Malgré cela, les missionnaires étaient traités avec le plus profond mépris, et ce fut, paraît-il, à l'occasion de mon intervention pacifique sur le fleuve que, pour la première fois, les humiliations qu'on leur faisait subir leur furent épargnées.

Ils racontent eux-mêmes les premiers effets de cette intervention pacifique, et je leur laisse la parole :

« Après avoir demandé aux mandarins le libre passage sur le fleuve, et voyant leurs hésitations, M. Dupuis leur dit :

(1) M. Romanet du Caillaud. *Union,* 24 *mai* 1877. D'autres exemples y sont encore cités.

« Je sais qu'un évêque français habite cette province; je vais aller lui rendre visite et, à mon retour, je prendrai votre décision.

« Gardez-vous-en bien, lui répondent les mandarins. La vue d'un bateau à vapeur effraierait les populations simples et timides; il vous faudrait plusieurs jours pour arriver à la résidence de l'évêque; et, d'ailleurs, il est à croire que la partie du fleuve que vous devriez parcourir n'est pas navigable pour les navires européens. Nous allons dépêcher un courrier à l'évêque pour l'inviter à venir vous trouver. Nous mettrons la poste royale à sa disposition et après-demain il sera ici. Aussitôt, les mandarins rédigent une lettre d'invitation dans les termes les plus courtois, la revêtent du grand sceau de la province à l'encre rouge et dépêchent un de leurs assesseurs pour la porter à Mgr Puginier...

«... Jamais, depuis la proclamation de la tolérance religieuse, les mandarins n'avaient usé envers l'évêque de pareille condescendance. A plusieurs reprises, Mgr Puginier leur avait demandé audience pour traiter de vive voix quelques questions importantes, au sujet desquelles des explications verbales eussent été absolument nécessaires. Ces hauts fonctionnaires s'étaient toujours majestueusement retranchés dans leur dignité et n'avaient pas consenti à accorder l'autorisation demandée.

Cette invitation officielle devait donc faire grand bruit dans la province et contribuer puissamment à relever le caractère de l'évêque et des missionnaires aux yeux des populations.

« On mit au service de l'évêque la poste royale ; cet honneur n'était accordé qu'aux grands mandarins.

« Les rôles étaient bien changés. Quelques années auparavant, alors que la persécution sévissait encore, ces mêmes mandarins, exécuteurs aveugles des ordres de leur souverain, traitaient les missionnaires comme un vil rebut de la société... Jusqu'ici les payens n'avaient guère vu les missionnaires paraître au prétoire que chargés de chaînes et dans l'appareil du martyre. Aujourd'hui, ils voyaient ces hommes, regardés autrefois comme la balayure du monde, reçus avec honneur par les premiers mandarins de la province et traitant avec eux d'égal à égal. »

A partir de ce moment, tous ceux qui adressèrent la parole à l'évêque ne le firent plus que dans les termes les plus respectueux, usités seulement à l'égard des grands fonctionnaires annamites.

Ce n'est pas tout. « Le général en chef envoya son secrétaire particulier, un général et plusieurs colonels, offrir en son nom des présents à l'évêque, pour le féliciter de son bon voyage.

Cette déférence était d'autant plus remarquable, que, d'après les coutumes du pays, on n'offre des présents qu'à ceux à qui l'on reconnaît une certaine supériorité. »

Puis voici l'entrevue :

« Elle fut très solennelle... Depuis la porte de la citadelle jusqu'au palais des réceptions, plusieurs centaines de soldats sous les armes formaient la haie. Le grand mandarin était arrivé le premier. Au moment où Mgr Puginier entra, il se leva et vint au-devant de lui. On but le thé, on fuma la cigarette, on fit circuler le bétel et la noix d'arec, le tout selon les rites voulus. L'entretien dura plus d'une heure et fut, de la part du général, d'une expansion presque intime. Tous les mandarins de la suite se tenaient debout, selon le cérémonial, attentifs aux moindres ordres de leur chef, et se demandaient à voix basse : — « Quels grands personnages sont donc ces Européens pour être traités aussi familièrement par l'un des premiers mandarins du royaume?

« Lorsque l'évêque et le missionnaire se retirèrent, le général détacha une escouade de soldats pour porter leurs palanquins (1). »

(1) *Vie de Mgr Puginier*, par E. Louvet. *Missions Catholiques*, 12 sept. 1873.

II

es dispositions du peuple et l'impuissance annamite.

Ces détails peuvent paraître amplifiés à ceux qui n'ont pas lu mon volume précédent, sur « les Origines de la Question du Tong-kïn ». A l'heure où nous sommes, en effet, j'étais le représentant des mandarins du Yûn-nân, et plus d'une fois la province du Kouang-si m'avait offert des troupes pour assurer ma libre circulation sur le Fleuve Rouge. Sans ces troupes, d'ailleurs, j'avais impunément remonté le fleuve à deux reprises, avec des convois pour les autorités du Yûn-nân. J'y avais déjà établi auprès d'une petite anse un poste de plus de cent hommes, au milieu des forêts; et, aussitôt, les indigènes avaient commencé à construire des habitations sous la protection de ce camp. Les Pavillons Jaunes m'avaient offert leur soumission; les Pavillons Noirs étaient intimidés et hésitants. Et, dans ce pays même, un nouveau descendant des Lê m'avait déjà fait des propositions pour soulever le pays et renverser le gouvernement vexatoire et usurpateur des mandarins annamites (1). La chose était facile, étant

(1) Peu de temps auparavant, les Lê avaient fait parvenir à Saïgon une pétition demandant à un Français, M. de Champeaux, de se mettre à la tête de leur parti. Ils priaient en même temps l'Amiral de leur donner 20 canons, 10,000 fusils et un vapeur.

donné l'esprit des populations et la légitimité des réclamations.

Ne l'oublions pas, au Tong-kïn, la révolution était toujours prête : les notables, les anciennes familles souhaitaient le rétablissement de la dynastie nationale des Lê. Ces familles entretenaient par des cotisations secrètes les groupes qui s'étaient retirés dans les montagnes et avaient toujours gardé leur indépendance. En effet, l'autorité annamite était confinée aux plaines et au delta. Parmi ces montagnards, il y avait des princes, il y avait aussi un neveu du dernier roi, lequel se tenait prêt à tout événement.

Mes conflits avec l'An-nam au sujet de mon passage sur le Fleuve Rouge leur parut un événement dont on pourrait profiter. Je ne créais pas la situation; elle s'offrait à moi, et le premier venu pouvait en tirer parti. Dans l'événement de mon passage, les Tongkinois entrevoyaient leur émancipation, et les Chinois, — autant du Yûn-nân que du Tong-kïn, — la possibilité d'écouler les riches produits des mines, si nombreuses dans le haut du fleuve. Tout le monde désirait un changement, et il serait faux de conclure que nous avons affaire ici à un peuple turbulent et frondeur. Le peuple tongkinois est soumis. Lorsqu'un homme est une notabilité, un ancien, un homme supérieur par ses talents ou sa science, personne ne songerait à contester son autorité. D'ailleurs, la commune est autonome et fort bien organisée. En changeant la tête du gouvernement, rien n'était changé. On pouvait donc supprimer les mandarins de Hué sans aucun danger. Comme c'était le peuple qui choisissait ses notables, il n'eût pas eu de peine à trouver dans son sein des hommes lettrés, capables de remplacer de suite les tyrans envoyés de Hué.

Cette situation faisait du Tong-kïn, — et cela par des voies pacifiques et humanitaires, — l'allié naturel de la première puissance qui interviendrait entre lui et ses souverains actuels.

Les mandarins savaient tout cela. Leur autorité chancelait; leur prestige diminuait tous les jours; ils savaient combien, à ne considérer que le Tong-kïn et les intérêts pressants du pays, un protectorat pacifique de la France serait accueilli avec un enthousiasme unanime et convaincu.

Il y avait là une force irrésistible qu'avec toutes ses armées l'An-nam ne réduirait pas. Le défaut de la cuirasse était ailleurs. La France, pour Tu-duc, c'était Dupuis et ses navires à l'ancre en face de Ha-noï. Ceux-ci une fois partis, la France était bien éloignée, son prestige bien misérable, pensaient-ils. Ne venait-elle pas, en effet, d'être vaincue et envahie? Les rumeurs de notre défaite arrivaient en Extrême-Orient exagérées et grossies. Si, en 1862, la France n'était pas intervenue en faveur du Tong-kïn, ils considéraient que ce devait être par faiblesse. Comment expliquer sans cela « l'insistance que l'on mit à obtenir de lui la ratification légale de la conquête avant même la signature du traité de 1862? Il comprenait d'autant moins le motif de cette démarche, qu'il n'était pas initié aux principes qui servent de base au droit international. Si l'on compulse les annales historiques du royaume annamite, chez qui la force constitue le droit, on trouve à chaque page l'exemple de vainqueurs dictant leurs lois aux vaincus, mais jamais celui d'un vainqueur demandant au vaincu de signer un traité de paix avec lui (1). »

En effet, quel poids pouvait avoir un traité de ce genre? Aussi trouverons-nous, aussitôt après la signature du traité de 1862, la cour de Hué et ses agents ne cessant de fomenter des troubles dans notre colonie. C'est pourquoi, en juin 1867, dans le but de mettre fin à une situation intolérable, l'amiral de la Grandière s'emparait des trois provinces occidentales de la Basse-Cochinchine, Vinh-long, Chau-doc et Ha-tien.

De fait, cette prise de possession des trois provinces nouvelles nous remettait en état de guerre et annulait l'ancien traité. Il en fallait un autre

(1) *Missions Catholiques*, 13 mars 1874.

et, depuis ce moment, « les gouverneurs de la colonie n'avaient cessé de faire tous leurs efforts pour amener le roi à cette conclusion, mais en vain, car le roi d'An-nam conservait toujours le secret espoir que l'occupation de la Cochinchine ne serait que passagère et que les Français finiraient, sinon par se retirer complètement, au moins par faire quelque concession importante (1). »

Il comptait beaucoup sur les lettrés pour aboutir à ces fins. « En 1867, dit Mgr Puginier (2), après l'occupation des trois provinces de la Basse-Cochinchine, la cour de Hué, ne voulant pas rompre encore ouvertement avec la France, se servit très habilement du parti des lettrés pour lui faire exécuter ce qu'elle ne pouvait elle-même se permettre officiellement. Le plan était la lutte à outrance et par tous les moyens contre l'influence française. »

Premières requêtes de l'An-nam auprès du Gouverneur de Saïgon.

Or, la présence d'un Français sur le Fleuve Rouge gênait cette politique d'atermoiements. L'An-nam fit tous ses efforts pour me faire partir; on chercha à me faire disparaître. Comme je persistais à ne pas donner dans les pièges qu'on me tendait et à ne pas boire les eaux empoisonnées

(1) *Missions catholiques*, 13 mars 1874.
(2) *Vie de Mgr Puginier*, par E. Louvet.

à mon intention, la cour s'adressa avec insistance — comme nous l'avons vu au volume précédent — à la Chine, par l'intermédiaire du vice-roi de Canton, pour me présenter comme « *l'avant-garde des brigands de Saïgon* » et comme un traître abusant de la bonne foi et « de la confiance du gouvernement chinois », afin « de livrer le Tong-kïn (1). »

On répondit comme il fallait répondre à de semblables enfantillages.

Tu-duc se tourna alors d'un autre côté. Il hésitait, il essayait de droite et de gauche; enfin il adressa au Gouverneur de la Cochinchine plusieurs lettres d'amères réclamations contre moi. Ces lettres sont des chefs-d'œuvre d'impertinence mêlée d'obséquieuse politesse. Il est impossible d'en rendre l'esprit autrement qu'en en donnant quelques extraits :

6 Janvier 1873.

Le Ministre du Commerce et des Relations extérieures, à Hué, au Contre-Amiral Gouverneur et Commandant en chef en Cochinchine.

. . . .

« La lettre du commandant du « *Bourayne* » à l'Inspecteur Général expose que le commerçant Do-phoï (Dupuis) le prie de demander pour lui

(1) *Rapport à la Chambre des Députés.*

la libre circulation du fleuve du Tong-kïn afin qu'il y ouvre une nouvelle voie au commerce. Cette lettre ajoute que le commandant est autorisé par Votre Excellence à le faire. Elle dit encore que la mission des mandarins chinois est réelle.

« Tout cela ressemble au dire des intérêts des commerçants chinois dont tout est contradictoire et sans suite, ce qui fait que les fonctionnaires et les populations ne les écoutent pas et en éprouvent des doutes. Pour moi, depuis que j'en entends parler, je n'y crois pas non plus.

« Le fond de croyance à accorder aux relations de bon voisinage consiste d'abord dans l'importance que lui donne elle-même Votre Excellence. Si vraiment telle a été sa volonté de donner son autorisation, comment se fait-il qu'on n'ait pas prévenu pour s'entendre avec moi de l'opportunité ou du contraire, pour disposer de ce qui peut arriver, au lieu d'autoriser le commandant du « *Bourayne* » à en parler aux autorités locales?

. . . .

« Le « *Bourayne* » a repris la mer dans le courant du 10e mois, et les navires Do-phoï sont encore là. Nos fonctionnaires craignent qu'en s'opposant à eux et en les repoussant par la force, les bonnes intentions ne soient altérées. Ils se bornent à prendre tous les moyens de persuasion pour les conjurer, avec toutes sortes d'instances, à s'en retourner ou à attendre les lettres des autorités des deux Kouang. Mais Do-phoï, Ngaï et Cie refusent nettement de se rendre à ces propositions; ils veulent pousser les choses à l'extrême et exciter des troubles.

. . . .

« Nos fonctionnaires ne sont pas sans exercer sincèrement à leur égard les devoirs de l'hospitalité; mais, contrairement aux convenances, ces gens les traitent avec mépris, en inférieurs, et nourrissent dans leurs cœurs des projets nuisibles. Quelle sera la fin?... Comment oserais-je suivre la courbe pour les forcer en quoi que ce soit? ..... Supposé entre dix mille que ces navires déclarent des dépenses et des dommages, on ne sait pas encore si Votre Excellence interviendrait ..... et je préviens pour qu'on y pense.

« Ces gens étant bien des commerçants du Noble Royaume, je prie Votre Excellence de ne pas regretter une parole pour les désigner, pour faire en sorte que ce qu'il y a d'obscur chez eux puisse peut-être devenir clair. S'il était assuré que ces navires n'ont aucune intention en dehors, nos deux gouvernements, qui, jusqu'à présent, ont pris la sincérité et la confiance pour base de leurs actes, pourraient s'entendre. »

Lettre du 8 Juin 1873.

. . . .

« Au 4e mois de cette année, une lettre de Votre Excellence me demandait ce que devenaient ces navires, s'ils avançaient ou s'ils demeuraient en place. J'ai répondu depuis déjà du temps, et je ne sais comment dans ces derniers temps Votre Excellence a compris l'état des choses pour donner des ordres. Ces navires sont toujours à leur mouillage et de jour en jour ils augmentent leur orgueil et leur insolence.

. . . .

« Nous pensons que, nos deux Royaumes étant unis pour longtemps par les gages de l'amitié, les commerçants doivent avoir tout d'abord en vue d'observer les défenses. Ces gens, agissant ainsi contrairement à toute convenance, doivent s'apercevoir qu'il y a un grand écart de leurs actes au traité.

« Nous informons donc Votre Excellence pour la prier de prendre en sa haute considération nos sentiments d'amitié afin de donner des ordres sur lesquels il consente à se retirer.....

« Puissions-nous recevoir une prompte réponse!

« Le vent du Nénuphar... etc... »

La position qui était faite à l'amiral Dupré par ces requêtes fut celle d'un homme auquel est échu l'honneur insigne de prononcer dans un différend survenu entre un gouvernement et un individu. Ce gouvernement était celui d'un usurpateur et d'un odieux tyran, et les prétentions de cet individu étaient en même temps celles de 10 millions d'âmes asservies sous un joug avilissant!

Un jugement en faveur de ces derniers eût été une nouvelle proclamation des droits de l'homme et bien digne d'un Français.

DEUXIÈME PARTIE

LA POLITIQUE DE L'AMIRAL DUPRÉ — FRANCIS GARNIER

I

L'exploration et l'ouverture du Fleuve Rouge attirent l'attention de l'amiral Dupré sur le Tong-kĭn. — But constant de sa politique.

L'exploration du Fleuve Rouge et la mission dont j'étais investi par les autorités du Yûn-nân avaient attiré sur le Tong-kĭn l'attention de l'amiral Dupré. Celui-ci était à la veille de prendre un congé et de rentrer en France ; il ne voulut pas le faire sans être informé de l'état des choses au Tong-kĭn. Il y envoya donc le « *Bourayne* » en janvier 1872. Ce navire mouilla à la Cat-ba, et l'interprète se mit aussitôt en communication avec les gens du pays. Ceux-ci lui rapportèrent une foule d'histoires sur les rebelles qui tenaient tout le fleuve et sur le gouvernement annamite qui était aux abois. Du vaisseau, on apercevait les cases fumantes d'un hameau incendié par les pirates ; quelques habitants, interrogés sur cet événement, racontèrent que tout le pays était à feu et à sang.

Muni de ces informations, l'amiral Dupré rentra

en France. L'ayant rencontré au ministère de la marine en avril 1872, je m'efforçai de lui faire remarquer l'exagération de ces nouvelles, lui disant que j'arrivais du Tong-kïn, que j'avais vu les rebelles, qu'en effet il y en avait deux bandes, mais qu'ils n'étaient pas dangereux. Les « Pavillons Noirs » possédaient seize fusils de chasse à deux coups et quelques mauvais fusils à mèche; d'ailleurs, je savais qu'ils ne me susciteraient aucune difficulté. Quant aux Annamites, je ne m'en effrayais pas; je traverserais leur pays en tenant le milieu du fleuve et, une fois le fait accompli, on serait bien obligé de l'accepter. « Avec quatre hommes et un caporal, lui dis-je en terminant, on peut passer facilement. »

L'Amiral me répondit alors : « Eh bien, d'après tout ce que vous me dites, je fais des vœux pour le succès de votre entreprise, mais je croyais... on m'avait dit : le pays est à feu et à sang... j'étais persuadé que vous seriez égorgé. »

On se rappelle (1) qu'au mois de novembre de la même année, sur les ordres du Gouverneur intérimaire, le général d'Arbaud, le « *Bourayne* » croisa de nouveau dans les eaux du Tong-kïn et donna à mon expédition, prête à remonter au Yûn-nân, l'appui moral du gouvernement français. On

(1) *Les Origines de la Question du Tong-kïn*, page 105 et suiv.

sait aussi comment à deux reprises l'expédition remonta jusqu'à Yûn-nân-sèn, proclamant par ce fait même l'existence et l'ouverture de cette nouvelle voie. Ces événements ayant eu un grand retentissement dans l'Extrême-Orient et même en Europe, l'amiral Dupré, de retour en Cochinchine, comprit que celui, qui, le premier, viendrait prendre pied au Tong-kïn, s'assurerait ainsi « des communications faciles avec le Sud-Ouest de la Chine. » Aux mois d'avril et de mai 1873, il commença un échange de dépêches avec le Ministère de la Marine à ce sujet. « Ce pays », disait-il, « limitrophe de la Chine, sera le débouché naturel de ses riches provinces sud-occidentales, une question de vie et de mort pour l'avenir de la domination française dans l'Extrême-Orient. » En effet, les Anglais cherchaient depuis de longues années à pénétrer au sein de ces opulentes contrées de la Chine, que leur éloignement de la côte tient à l'écart de tout mouvement commercial important. Il y avait là un marché de plus de cinquante millions d'âmes.

D'autre part, pensait l'Amiral, si l'autorité de l'An-nam sur ces contrées venait à disparaître sous l'effort d'une nouvelle révolution, quelque puissance étrangère trouverait au Tong-kïn un accès trop facile et risquerait de devenir ainsi voisine immédiate et rivale de la France en Extrême-

Orient ; ou bien ce serait la Chine qui s'établirait solidement sur le Fleuve Rouge.

Pour parer à ces dangers, il fallait prendre pied dans le pays, « comme alliés de Tu-duc, pour y rétablir son autorité et l'y faire respecter. » Telle est une des politiques que l'Amiral proposa éventuellement au Ministère de la Marine (1).

Parallèlement, en voici une autre, exactement inverse et dictée sans doute par le rapport de M. Senez, au retour de la seconde mission du « *Bourayne* » dans les eaux tongkinoises. Dans ce rapport, M. Senez, « craignant de voir cette contrée privilégiée nous échapper,... expose à l'Amiral un projet de soulèvement des populations du Tong-kïn. A la tête de ce soulèvement nous eussions placé un prétendant, et une maison de Saïgon se fût chargée, *sous notre garantie financière occulte*, de lui procurer des armes. » — « J'ai notamment demandé », explique et ajoute l'Amiral, « que, malgré les difficultés de l'heure présente, on s'établît de force dans le delta du Song-Coï pour l'occuper définitivement, si la cour de Hué s'obstinait à faire traîner en longueur la conclusion du traité qui devrait être fait depuis des années (2). »

Telle fut cette seconde politique proposée par

(1) Dépêche du 19 mai 1873.

(2) Lettre au Ministère de la Marine, 5 juin 1873.

l'Amiral au gouvernement de la Métropole. Mais l'un ou l'autre projet, suggéré par les récents événements du Tong-kïn, devait aboutir à un seul et même but, depuis longtemps poursuivi, celui d'obtenir de l'An-nam la conclusion d'un traité qui régularisât notre situation en Cochinchine et ratifiât notre occupation des trois dernières provinces conquises. Un traité avec l'An-nam, voilà le fond, le seul but et le terme de toute la politique de l'amiral Dupré. Serait-ce un traité de commerce ou un traité de paix? Les événements se chargeraient de le dire, comme aussi bien de donner de l'extension au programme de l'Amiral, s'il y avait lieu.

Les pourparlers à ce sujet duraient ce que les Annamites savent les faire durer et, en juillet 1873, l'Amiral n'ayant encore rien obtenu, la situation lui arrachait ces paroles : « Je considère comme un devoir de saisir toutes les occasions pour faire entendre la voix de la raison à ces vieux enfants obstinés, en m'armant de patience jusqu'à ce que le gouvernement français juge que sa dignité lui commande de mettre un terme à mes efforts si souvent répétés. »

Comment l'Amiral s'assur que l'occasio d'interveni est bonne.

Telle était la situation, lorsque la cour de Hué adressa à l'Amiral les lettres citées plus haut. Elles fournissaient à ce dernier le meilleur des prétextes pour intervenir dans les affaires du Tong-kïn. De cette intervention, il fallait faire sortir « l'occasion », si longtemps attendue, de forcer les Annamites à signer le traité tant désiré. Tel était le problème.

Les plaintes réitérées et de plus en plus pressantes de Hué contre moi révélaient une grande faiblesse des Annamites. Cette faiblesse était-elle bien réelle? On comprend que l'Amiral se le soit demandé, si l'on se rappelle les idées erronées qui avaient cours alors dans la marine sur la puissance du Royaume d'An-nam (1). En tout cas, le Gouverneur de la Cochinchine voulut en avoir le cœur net. Voici ce qu'il répondit aux réclamations de Hué :

Lettre adressée au Ki-vi-ba, à Hué.

23 juin 1873

« J'ai reçu les deux lettres que Votre Excellence m'a fait l'honneur de m'écrire le 17 mai et le 8 juin au sujet de M. Dupuis et de la conduite répréhensible tenue par lui comme par les gens qui l'accompagnent.

(1) Après s'être emparé de la Basse-Cochinchine, on avait songé un instant à prendre le Tong-kïn. Or, on n'évaluait pas à moins de vingt mille hommes les troupes de débarquement nécessaires pour faire la conquête du pays. La guerre du Mexique fit oublier ce projet.

. . . .

« Celle du 8 juin m'a fait connaître..... que, malgré les représentations des autorités annamites, le sieur Dupuis persiste à demeurer dans un pays qui ne nous est pas ouvert par les traités; qu'il foule aux pieds les lois et les représentations des magistrats; que par la violence il occupe les marchés, qu'il s'empare du sel et du riz et qu'il a l'effronterie de menacer les autorités de ma colère. Je comprends et je partage le mécontentement, qu'une conduite aussi coupable, aussi contraire aux lois et aux traités, inspire à Votre Noble Gouvernement.

« Je m'empresse de donner l'ordre au sieur Dupuis de s'éloigner du Tong-kïn, avec tous les gens qui l'accompagnent et les navires qui les portent. Je l'informe que, s'il refuse d'obtempérer à cet ordre, les conséquences de son refus retomberont sur sa tête et qu'il n'aura à espérer aucune protection contre l'exécution des lois du Noble Royaume. Donc, je prie Votre Excellence de vouloir bien faire parvenir au sieur Dupuis la lettre qui lui porte mes ordres ainsi que l'ordre de rappel de l'Annamite interprète Cham.

« Votre Excellence verra que ma conduite en cette circonstance est dictée par la justice, que je respecte par dessus tout, et par les sentiments d'amitié que j'ai si fort à cœur d'entretenir et de développer avec le Gouvernement de Votre Noble Royaume.

« Le Contre-Amiral Gouverneur et Commandant en Chef.

« *Signé :* Dupré. »

La lettre du 7 juillet redit les mêmes choses e conclut : « Si Dupuis refuse de se retirer, la Nobl Cour peut employer les moyens de rigueur pou l'y contraindre.

« En agissant comme je l'ai fait, je pense avoi donné toute satisfaction aux justes doléances d Votre Excellence. »

Ces lettres demeurèrent sans résultat, et l'A miral avait la preuve de l'impuissance annamit En effet, de mon côté, je restais indifférent au ordres de Saïgon qui me parvenaient par la voi de Hué ; je ne pouvais pas prendre au sérieux d ordres de cette nature. D'une autre part, les ma darins annamites n'avaient pas attendu d'y êt autorisés par le Gouverneur de la Cochinchi pour chercher à me jeter dans le fleuve et pour tendre tous les piéges. Cet échange de lettr entre Hué et Saïgon n'avait été en quelque sor qu'une escarmouche diplomatique. Tu-duc, réclamant le secours de l'Amiral, ne cess pas de voir en lui l'ennemi de l'An-nam, le « ch de ces brigands de Saïgon », qui lui avaient vo six de ses plus belles provinces. Il ne compta jamais sur ce secours. L'Amiral, en se donnant l'air d'épouser les intérêts de Tu-duc contre un Français, espérait flatter la cour de Hué et la rendre plus favorable à ses projets. Tout en se ménageant de chaque côté, on allait jouer de ruse l'un contre l'autre et, « en voulant ruser avec les Annamites, on s'exposait, comme il arriva, à se faire battre par eux (1). » En tout cas, la lutte était inégale.

L'ambassade de Tu-duc croit pouvoir obtenir de l'Amiral les secours qu'elle allait chercher en Europe pour expulser Dupuis.

En même temps que Tu-duc portait ses plaintes à Saïgon, dans le même esprit, il laissait entrevoir à l'Amiral que bientôt une ambassade annamite passerait à Saïgon pour se rendre en France, où elle irait s'adresser directement au Gouvernement de la République. Nous verrons tout à l'heure quel était le vrai but de cette ambassade. Notons d'abord les réflexions que suggèrent à l'Amiral les lettres de Hué : « J'attends, dit-il, d'un jour à l'autre, l'ambassade qui doit se rendre en France. Elle arrivera ici sur un vapeur annamite que l'on me prie de faire réparer dans notre arsenal. C'est une première marque de confiance qui pourra avoir d'heureuses suites.

« J'ai reçu coup sur coup deux lettres de Hué

(1) *Vie de Mgr Puginier*, par E. Louvet, p. 203.

dans lesquelles on se plaint amèrement de M. Du puis. Après avoir réussi dans sa première opér tion et fait arriver les armes dont il était charg jusqu'au Yûn-nân, d'où il a rapporté du cuivre e de l'étain, il trouve la place bonne, fait acheter me dit-on, de nouvelles armes à Hong-Kong, pou les expédier en Chine avec du riz et du sel. Il s conduit au Tong-kïn comme en pays conquis, et i faut que le Gouvernement annamite se trouve bie peu fort pour me demander, comme il le fait, de le décider à vider les lieux.

« Si M. Dupuis les tient en échec avec les misérables forces dont il dispose, que nous en coûterait-il pour prendre pied dans le pays?

« Je ne désespère pas d'y parvenir par les moyens de persuasion et de douceur, bien préférables à la violence, à laquelle il ne faudrait recourir qu'à la dernière extrémité (1). »

Un mois plus tard, mon représentant, M. Millot, débarquait à Saïgon pour éclairer l'Amiral sur la réalité de mes rapports avec l'An-nam et sur la situation générale du pays. Ses renseignements étaient de nature à enthousiasmer plus que jamais le Gouverneur de la Cochinchine, et, dès lors, il était décidé à intervenir réellement au Tong-kïn. Il pria donc M. Millot « de me recommander d'u-

(1) *Lettre de l'amiral Dupré à M. de Chappedelaine*, consul à Canton, 25 juin 1873.

ser de toute mon influence pour arrêter tout mouvement insurrectionnel de la population tongkinoise, de me garder d'appeler les troupes chinoises au Tong-kïn, enfin de tenir le *statu quo* pendant trois mois (1) pour lui permettre de choisir son heure. »

Le 31 août, arrivait à Saïgon l'ambassade annoncée par Tu-duc. L'intention qu'elle affichait d'aller en France entamer des négociations n'était qu'un prétexte pour se rendre en Espagne ou ailleurs afin de chercher des alliés contre les Français. A Saïgon même, elle avait la mission de tâter la situation et de chercher par quels moyens et dans quelle mesure elle pourrait tirer parti, contre l'expédition et l'entreprise Dupuis, du désir de l'Amiral de conquérir son traité.

Celui-ci n'eut pas de peine à faire comprendre à l'ambassade qu'il était inutile qu'elle poussât plus loin et qu'il avait tous les pouvoirs nécessaires pour mettre fin à sa mission, à Saïgon même. En effet, il n'avait pas fallu un temps trop long pour que l'ambassade, tournée et retournée par l'Amiral, découvrît le fond des choses et laissât échapper l'aveu pénible que l'An-nam était impuissant contre l'expédition Dupuis. « Ce n'est plus nous

(1) Trois mois, parce que l'Amiral voulait attendre le 30 septembre, jour où devait avoir lieu l'évacuation totale du territoire français par les troupes allemandes.

qui commandons au Tong-kïn, » disait-on, « c'est lui. » Les ambassadeurs étaient acculés. L'Amiral fit ressortir les avantages d'une alliance avec la France, et le traité fut promis, mais non, toutefois, sans que les Annamites eussent réclamé, comme une preuve des bonnes dispositions dont on se disait animé à leur égard, l'expulsion de M. Dupuis du Tong-kïn. L'Amiral promit aussi.

Toutefois on ne pouvait signifier à Dupuis de quitter le pays qu'en envoyant au Tong-kïn un représentant autorisé du Gouverneur de la Cochinchine, et c'est là que l'Amiral en voulait venir. Il amena peu à peu les ambassadeurs à lui demander eux-mêmes l'envoi d'un officier pour me faire partir. L'Amiral y réussit et considéra ce fait comme une grande victoire sur la diplomatie annamite.

La cour de Hué prévoit les dangers de l'intervention française et cherche à se dégager.

Il fallait encore faire accepter cette idée à la cour de Hué. Les événements servirent l'Amiral. En effet, je me maintenais toujours sur le fleuve, et les Annamites continuaient à porter à Saïgon leurs impuissantes doléances.

Le 5 septembre, l'Amiral leur répondit donc « qu'il ne pouvait plus s'exposer à faire méconnaître son autorité, en écrivant à M. Dupuis une seconde lettre qui ne serait pas plus respectée que la première.

« Dans cette situation », ajoutait-il, « je ne

vois d'autre moyen de répondre convenablement au désir de Votre Excellence que d'envoyer un officier, accompagné de quelques hommes, à Hanoï, pour signifier à M. Dupuis l'ordre de se retirer et pour le faire exécuter de force s'il refuse d'obéir de bonne grâce. »

Puis, exagérant le danger que peuvent courir les Annamites, il suppose une complication de pure invention (1). « Je crois cette mesure d'autant plus nécessaire, que je sais que Dupuis projette de réunir en grand nombre des marchands de tous pays pour s'ouvrir une route à travers le Tong-kïn et qu'il attend des troupes du Yùn-nàn pour l'aider dans cette opération.

« S'il n'est pas promptement arrêté dans ses projets, il est à craindre que l'autorité du roi Tu-duc, déjà fort ébranlée au Tong-kïn, n'y soit complètement méconnue et que ce riche et beau pays n'échappe à la souveraineté d'An-nam. Je ne vois d'autre moyen assuré de lui faire quitter le pays, que l'envoi d'un officier, porteur de mes ordres et capable de les faire exécuter. »

La cour n'était pas à même de refuser ces offres. Elle voulait bien qu'on se chargeât de chasser Dupuis en échange d'une promesse de traité qu'elle

(1) *Histoire de l'Intervention française au Tong-kïn*, par M. Romanet du Caillaud, p. 383. Extrait d'une lettre de l'amiral Dupré à la cour d'An-nam.

serait toujours libre de ne pas tenir, à condition pourtant que les moyens qu'on emploierait pour me chasser ne fussent pas un prétexte pour prendre ma place sur le Fleuve Rouge, ce qui serait encore pis... Aussi répondit-elle avec une extrême circonspection dans sa dépêche du 22 septembre: «... Je prie Votre Excellence d'examiner attentivement les choses, en tenant compte de nos coutumes et de nos lois, et de donner l'ordre aux bateaux Dupuis de s'en aller au plus vite, ou d'envoyer jusque-là un officier français avec quelques hommes d'escorte seulement. » En même temps, inquiète, la cour cherche à détourner du Tong-kïn l'attention trop empressée de l'Amiral ; elle continue à s'adresser à droite et à gauche, où elle peut, à Hong-Kong, à Pékin, à Canton, cherchant à susciter des ennemis à la France.

Ces démarches n'eurent jamais aucun résultat sérieux. Mais à Saïgon on avait tout intérêt à en exagérer l'importance. Il fallait désormais, sous un prétexte ou sous un autre, intervenir à tout prix au Tong-kïn. Il ne serait pas dit que ce riche pays, voisin de la Cochinchine française, serait ouvert au commerce sans le concours de la Marine. Or, comme Tu-duc devenait moins pressant dans ses demandes de secours, il fallait trouver d'autres prétextes, accumuler les raisons d'intervenir. Le moindre incident devenait un événement à Saïgon : « Suivez le mouvement de l'opinion en Angleterre; les chambres de commerce (300 environ) ont pétitionné à l'envi pour la construction d'un chemin de fer du Yûn-nân à Rangoun. On veut établir un consulat anglais à Ta-ly. On dénonce l'ambition de la France. On agit à Pékïn pour pousser la Chine à la conquête du Tong-kïn et pour faire bénéficier ainsi Hong-Kong du commerce du Song-Coï (Fleuve Rouge) au détriment de Saïgon.

...... « La cour de Hué s'entête dans ses illusions au sujet de l'évacuation des provinces que nous lui avons prises, sans s'apercevoir que nous seuls pouvons lui assurer encore quelque temps d'existence. Elle porte ses plaintes au gouverneur de Hong-Kong (1). »

L'Amiral impose son intervention. Protestations de la cour de Hué.

L'occasion était trop belle pour ne pas la saisir aux cheveux. L'Amiral n'eut garde d'y manquer. Notons d'ailleurs, pour plus de clarté, que l'officier qu'il avait choisi pour exécuter ses volontés au Tong-kïn était déjà auprès de lui. Le ton des lettres de l'Amiral change brusquement.

Lettre de l'amiral Dupré à Hué.

6 octobre 1873.

« Les démarches à Hong-Kong ont profondé-

(1) Lettres de Fr. Garnier, septembre, octobre 1873.

ment changé la situation. Je ne puis attendre pour agir au Tong-kïn les résultats des pourparlers engagés avec le gouvernement de cette colonie. Je ne saurais souffrir, sans manquer à mon devoir, que des étrangers se mêlent d'une affaire qui ne regarde que vous et nous. Je vais donc prendre des mesures pour envoyer à Ha-noï un officier chargé de faire exécuter le traité par les Français qui se trouvent au Tong-kïn. Si cet officier est directement ou indirectement entravé dans l'exécution de sa mission par le fait des autorités annamites, je serai forcé de rendre Votre Noble Gouvernement responsable, et il faudra renoncer, à mon grand regret, à toute espérance d'amitié prochaine. ».

Le 11 octobre (1), l'Amiral écrit encore, après avoir renchéri sur ses motifs de mécontentement :

« En conséquence, je donne l'ordre à M. Garnier de demeurer à Ha-noï jusqu'à ce que l'affaire de la navigation du Song-Coï soit réglée, et d'insister auprès des autorités locales pour qu'en même temps le port de Ha-noï soit librement ouvert à notre commerce, qui attend et demande depuis tant d'années le libre accès des ports du Tong-kïn. »

(1) Le même jour, Fr. Garnier partait pour Ha-noï.

Pour le coup, les véritables intentions de l'Amiral étaient trop évidentes. Le Ministre des Affaires Extérieures de l'An-nam répond à ces lettres par une protestation formelle (1) :

. . . .

« Nous avons vu, dit-il, que le droit de tous les peuples de l'univers dit que, lorsque deux nations sont en paix mais n'ont pas fait de traité pour les choses ordinaires, l'une ne peut s'occuper des affaires intérieures de l'autre. Maintenant, Votre Excellence, parce qu'on lui a transmis quelques paroles en l'air, veut tout décider et arranger, au lieu et place de chacun, ce qui n'est pas réglé ni prévu par le traité. Je crains encore que ce ne soit pas convenable de pourvoir de force à des nécessités quelconques en contrevenant aux règles du droit des gens. A plus forte raison, pour discuter et méditer les articles d'une convention commerciale, il faut absolument que le traité de paix soit fait. C'est alors seulement que l'on pourra en parler.

. . . .

« Ce n'est certainement pas un fonctionnaire subalterne n'ayant qu'une courte mission temporaire qui peut régler tout cela. Si ce noble envoyé, parce qu'il a été chargé de venir au

(1) Dépêche de Nguyen à l'amiral Dupré, 23 octobre.

Tong-kïn donner un ordre aux bateaux Dupuis, argue de cela pour s'occuper d'autre chose, telle que la discussion relative à l'ouverture de relations commerciales, alors les étrangers qui verront ces faits penseront et diront que dans ses actes il agit comme Dupuis... Je crains que cela ne soit contraire à l'ancien traité et une bien grande extension du motif mis en avant par Votre Excellence qui est de nous protéger.....

« Que le vent d'or, etc... »

Tel fut l'échange des correspondances officielles entre Hué et Saïgon. Avant de pousser plus avant, il nous reste à rechercher ce que, soit à Hué, soit à Saïgon, chacun pensait en son particulier.

II

choix de F. arnier pour égler les af- aires du Tong- ïn éclaire la olitique de 'Amiral. — Dé- eloppement e cette poli- ique.

Arrêtons-nous d'abord à Saïgon. Aussitôt que le Gouverneur de la Cochinchine entrevit la possibilité d'une intervention effective au Tong-kïn, il manda auprès de lui l'homme qu'il pensait devoir être l'exécuteur le plus fidèle de ses secrètes intentions. Cet homme était Francis Garnier. Le choix de cet officier était significatif, étant donné l'importance et la difficulté de la mission. Il jette une lumière nouvelle sur la politique de l'Amiral. Le lieutenant de vaisseau Francis Garnier (1) était déjà célèbre alors par son exploration du Mékong avec M. Doudart de Lagrée. On connaissait son caractère impétueux et son esprit d'initiative.

Aussitôt débarqué à Saïgon, Garnier devient l'âme des projets de l'Amiral. Plusieurs documents en font foi. Ce sont d'abord deux lettres fort habiles aux vice-rois du Yûn-nân et de Canton pour les prier de ne pas intervenir au Tong-kïn et de laisser à la France « tout le fardeau de la protection des intérêts du commerce » sur le Fleuve Rouge (2). C'est ensuite un projet de dépêche du contre-amiral Dupré à M. de Geofroy, ministre de France en Chine :

« Monsieur le Ministre,

« J'ai l'honneur d'appeler votre plus sérieuse attention sur la situation actuelle du Tong-kïn et sur les mesures qu'elle réclame.

« Vous connaissez sans doute par les journaux de Hong-Kong et M. le Consul de Canton les principaux résultats de la tentative de M. Dupuis. S'ils sont de nature à nous inspirer confiance en l'avenir de la route commerciale nouvelle qu'il

(1) Né à St-Étienne le 25 juillet 1839.

(2) Ces lettres ont été publiées dans « *les Origines de la question du Tong-kin* », p. 226 et suiv.

a ouverte, ils sont loin encore d'en assurer à la Cochinchine et à la France le bénéfice immédiat. La question se trouve même engagée de telle sorte, que d'un moment à l'autre peut surgir une circonstance qui amène une intervention étrangère et déconcerte tous nos projets d'avenir.

« En effet, les résistances du gouvernement annamite, son refus de reconnaître la validité des pouvoirs donnés à M. Dupuis par les autorités du Yûn-nân, ont forcé celui-ci à une sorte de prise de possession, au nom du gouvernement chinois, du cours du fleuve du Tong-kïn. Il se maintient à Ha-noï dans une position indépendante depuis plusieurs mois.

« Les traités conclus avec la cour de Hué défendent à nos nationaux de résider à l'intérieur du Royaume d'An-nam. J'ai dû, devant les réclamations du gouvernement annamite, rappeler M. Dupuis à l'exécution de cet article. Il s'y est refusé, en se réclamant des autorités du Yûn-nân dont il a arboré le pavillon. Les quelques soldats chinois qui lui ont été déjà envoyés doivent être renforcés au mois d'octobre ou de novembre par cinq cents hommes, et toutes ces troupes sont armées de fusils à tir rapide et comptent quelques instructeurs européens.

« Cet état de choses n'est pas sans danger.

D'un côté, l'impuissance où se sont trouvées les autorités annamites à forcer à la retraite une poignée d'Européens peut encourager d'autres aventuriers à les imiter et à aller s'établir dans un pays aux dépens duquel il est si facile de vivre. De l'autre, les autorités du Yûn-nân, disposant d'un effectif militaire considérable et bien armé que la répression de la rébellion mahométane laisse sans emploi, peuvent être tentées de prolonger et de rendre définitive l'occupation du cours du Song-Coï. Cette occupation leur assure des avantages commerciaux d'autant plus considérables, que, dans la situation prise par M. Dupuis, il ne peut être question d'acquitter au gouvernement annamite les droits de douane qui lui sont dus.

« Or, nous ne devons pas perdre de vue qu'avec l'action du gouvernement annamite sur le Tong-kïn disparaîtrait la raison d'être de notre influence sur cette contrée. Le roi Tu-duc est aujourd'hui en présence de difficultés tellement graves, que nous pouvons raisonnablement espérer lui faire accepter un protectorat, qui, en donnant à notre commerce un accès facile au marché chinois, rétablirait l'ordre et la prospérité dans les provinces annamites du Nord et, par une organisation douanière analogue à celle qui a été créée en Chine, rendrait quelque nerf aux finances épuisées du royaume. Mais nous resterons impuissants à réprimer toute tentative faite au Tong-kïn par d'autres que nos nationaux, et la conquête de ce pays par les Chinois n'aurait d'autre résultat que de faire bénéficier la colonie anglaise de Hong-Kong des avantages commerciaux que nous devons nous efforcer d'assurer à Saïgon.

« Pour parer à ces deux éventualités également menaçantes et détendre un peu la situation, j'ai pris la résolution de demander aux vice-rois de Canton et du Yûn-nân (1) le retrait, tant du corps de troupes auxiliaires, envoyé il y a deux ans déjà sur la demande de la cour de Hué pour combattre les rebelles du Tong-kïn, que des soldats du Yûn-nân attendus par M. Dupuis. En même temps, pour donner satisfaction aux plaintes du gouvernement annamite et enlever tout prétexte d'une intervention étrangère officieuse ou officielle au Tong-kïn, j'envoie à Ha-noï un officier chargé de faire une enquête et d'imposer au besoin à M. Dupuis l'exécution de mes ordres. Cette démarche me donnera le droit d'exiger de la cour de Hué et la sauvegarde complète des intérêts commerciaux engagés, et la réglementation, sous notre sauvegarde exclusive, de la cir-

(1) Ces deux lettres figurent au volume précédent : « *les Origines de la question du Tong-kïn.* »

culation sur le Song-Coï. Le gouvernement annamite, éclairé aujourd'hui sur les dangers de l'intervention chinoise, se joindra à moi, je l'espère, pour demander qu'il y soit mis un terme. Je fais auprès de lui une démarche dans ce sens. Il ne peut espérer cette concession qu'en consentant à la continuation des relations nouées avec le Yûn-nân, et il a tout à gagner à ne plus les laisser se produire en dehors de lui et de ses douanes.

« Je n'ai pas besoin d'insister auprès de vous, Monsieur le Ministre, sur l'extrême importance de la demande que j'adresse aux autorités chinoises du Sud. Le succès en serait assuré par une démarche directe et pressante faite par vous auprès du gouvernement de Pékin. Les intérêts du Yûn-nân et de notre colonie sont identiques. Aussi ne voulons-nous compromettre en rien les heureux résultats commerciaux déjà acquis; nous désirons leur donner plus de stabilité et d'avenir. Nous nous engageons à maintenir ouverte, d'accord avec le gouvernement annamite, une route qui est nécessaire à la Chine méridionale. Nous promettons nos bons offices pour faire arrêter par le gouvernement de Hué, d'accord avec les autorités du Yûn-nân, un tarif douanier équitable. Mais nous voulons éviter toute chance de conflit dans un pays déjà divisé en tant de factions et éprouvé par tant de guerres.

« Il se peut que l'officier que j'enverrai au Tong-kïn ait à entrer en pourparler avec le vice-roi du Yûn-nân, soit pour la discussion des conditions les plus avantageuses au développement des rapports commerciaux entre les deux pays, soit pour réclamer contre les agissements des chefs militaires chinois envoyés au Tong-kïn et le traitant en pays conquis. La mission de cet officier sera des plus difficiles et demandera autant de fermeté que de prudence. Il ne disposera guère que d'une influence morale, qu'il convient de faire aussi puissante que possible.

. . . .

« Il serait urgent de se hâter pour que le vice-roi de Canton, de qui dépendent tous les pays tributaires du Sud, reçût de Pékin des instructions conformes au sens de cette lettre. Grâce à la malencontreuse publicité qui a été faite autour de l'expédition Dupuis, les Anglais ne tarderont pas à être complètement au courant de la situation, et ils pousseront alors de toutes leurs forces le gouvernement chinois à la conquête du Tong-kïn. Leur commerce y trouverait facilement un port plus heureusement situé que celui de Haï-nan ; il est donc urgent de se hâter. »

Cette lettre, prise sur un brouillon de l'écriture de Garnier, est tout entière inspirée par lui. Le programme qu'elle contient est explicitement développé dans une lettre du 8 septembre, où il ajoute ceci : « l'Amiral m'a appelé pour me consulter sur les affaires du Tong-kïn. Il était en train de s'engager dans une voie bien dangereuse, celle d'une expédition armée, et j'ai été assez heureux pour l'en détourner. Je ne l'ai pu qu'en acceptant la mission d'aller, en marchant autant que possible d'accord avec le gouvernement annamite, dénouer moi-même sur les lieux les complications..... J'ai montré à l'Amiral que la disparition du pouvoir annamite au Tong-kïn serait en même temps la fin de notre influence dans cette contrée ; qu'en faisant respecter les droits de Hué, nous nous plaçons sur un terrain diplomatique inattaquable ; qu'une expédition que rien ne motive nous vaudrait peut-être des interventions inattendues et se heurterait à de plus graves difficultés ». Enfin Garnier ajoute : « J'ai rédigé moi-même toute la correspondance de l'Amiral dans ce sens avec Paris, Pékin, Canton, Yûn-nân-sen et Hué.

« J'irai donc sur les lieux faire une enquête sur les plaintes réciproques de M. Dupuis et du gouvernement annamite.

« ..... Il est évident que, si je réussis, c'est mon grade de capitaine de frégate ; mais si j'échoue, ce qui est possible !..... D'un autre côté, pouvais-je refuser?

« Je ne renonce pas à mes projets scientifiques. L'affaire du Tong-kïn n'aura qu'un temps très court..... »

nstructions de l'Amiral à Fr. Garnier. Des troupes accompagnent son intervention pacifique.

Ici se pose une question. Quelles furent les instructions de l'Amiral à Garnier?

Nous hésitons à répondre, car nous touchons là au point le plus délicat de toute cette histoire. Garnier est mort d'une façon inattendue et prématurée. Il a été désavoué par le Gouverneur de la Cochinchine, et les documents se sont faits rares sur le chapitre des instructions de l'Amiral. Garnier a emporté son secret dans la tombe, s'il y avait là un secret. Les instructions écrites qui nous restent ne nous apprendront jamais le dernier mot des ordres verbaux que Garnier dut recevoir.

M. Romanet du Caillaud blâme, non sans raison, l'illégalité de cette situation, et il en indique les conséquences... « L'envoi de M. Garnier au Tong-kïn, dit-il, eût dû être précédé d'une convention signée et par l'Amiral Gouverneur et par les ambassadeurs annamites. En d'autres termes, les instructions écrites que M. Garnier emporta au Tong-kïn auraient dû être contresignées par ces mêmes ambassadeurs. Et, de plus, M. Garnier n'aurait dû recevoir que des instructions écrites. Alors il n'aurait pas rencontré, de la part des mandarins du Tong-kïn, les difficultés qui l'ont obligé à user de la force pour faire respecter son caractère de « représentant du Noble Royaume de France (1) ».

Quant aux instructions écrites, voici le texte le plus complet dont nous ayons connaissance (2) :

« Vous vous rendrez à Ha-noï, à la sollicitation du gouvernement annamite, qui m'a demandé mon assistance pour faire partir M. Dupuis de cette ville, où il s'est établi, il y a environ onze mois, et qu'il refuse de quitter. Les plaintes du gouvernement annamite et celles de M. Dupuis sont mutuelles. Vous ferez une enquête pour découvrir ce qu'il y a de fondé de part et d'autre. Quel qu'en soit le résultat, vous devrez insister pour le prompt départ de M. Dupuis, dont la présence à Ha-noï est contraire au traité, sauf à vous charger de faire valoir ses réclamations, si vous les jugez conformes à l'équité.

« Votre mission ne saurait se borner là. L'impuissance du gouvernement annamite étant démontrée comme elle l'est, ainsi que la facilité des communications avec le Yûn-nân, il est évident que, si des mesures efficaces ne sont prises, le même désordre se reproduira, soit du fait de M. Dupuis, soit de celui de tout autre aventurier.

(1) *La France au Tong-kïn*. 1874.

(2) *Vie de Mgr Puginier*, par E. Louvet, p. 212.

Il est donc indispensable que votre séjour à Ha-noï se prolonge après le départ de M. Dupuis et que des mesures soient prises pour empêcher le renouvellement de pareilles aventures.

« La mesure la plus efficace sera l'ouverture provisoire, aussi prompte que possible, du Fleuve Rouge à la navigation annamite, française et chinoise, depuis la mer jusqu'à la frontière du Yûn-nân, moyennant des droits de douane modérés. Cette mesure ne peut plus être ajournée. Vous ferez tous vos efforts pour la faire accepter sans retard, et vous exigerez le versement entre vos mains d'une partie des droits de douane, à titre de remboursement des frais de notre expédition.

« Pour obtenir du vice-roi des deux Kouang et de celui du Yûn-nân le rappel de leurs bandes, j'ai promis à ces hauts fonctionnaires d'employer toute mon influence à faire ouvrir cette voie de communication, indispensable à la Chine. Vous représenterez aux autorités annamites qu'après le bruit fait dans le monde entier par le succès de la tentative de Dupuis, ce résultat est obligatoire, et qu'on le leur imposera de force, s'ils ne l'admettent de bon gré. J'insisterai de mon côté auprès du gouvernement annamite; je demanderai que l'article du traité, qui nous ouvre le libre accès d'un port au Tong-kïn, reçoive enfin une exécution provisoire par l'ouverture de celui de Ha-noï.

« Si le gouvernement annamite nous donne des preuves sérieuses de ses bonnes dispositions, de son désir sincère de marcher d'accord avec nous et d'écouter nos conseils, mon intention est de lui prêter un loyal appui et de mettre à son service toute notre influence pour calmer les esprits et rendre au pays la sécurité qu'il a depuis si longtemps complètement perdue.

« Si, au contraire, il persiste dans ses habitudes de duplicité, s'il cherche à exploiter nos bienveillantes dispositions, à nous retirer d'une main ce qu'il nous aura parcimonieusement accordé de l'autre, à garder pour lui tous les bénéfices de l'assistance que nous lui accordons, en ne nous laissant que les charges, vous vous abstiendrez de toute intervention; vous laisserez les événements s'accomplir, et vous réserverez toute notre liberté d'action, afin que nous puissions choisir, selon les éventualités, la ligne de conduite le plus conforme à l'humanité, à la justice et à notre intérêt.

« Je préviens officiellement les évêques de la mission que vous allez remplir, et je les prie de vous prêter tout leur concours. Vous leur recommanderez de prêcher aux chrétiens la patience, une soumission momentanée complète aux autorités, de s'opposer à toute fanfaronnade, à toute réaction prématurée, à tout acte, en un mot, qui pourrait m'être opposé, quand je réclamerai pour eux l'intégralité de leurs droits. Vous trouverez auprès des missions une source utile d'informations de toute nature et peut-être des moyens de communication sûrs avec Saïgon. »

Voilà les instructions données à Garnier.

« Sans chercher à lire entre les lignes, ajoute Mgr Puginier, elles vont bien au-delà du but officiel annoncé à la cour de Hué : aider les mandarins à se débarrasser de la présence de Dupuis. Il s'agit bien évidemment d'asseoir l'influence française aux bords du Fleuve Rouge et de préparer au Tongkïn un véritable protectorat. Dans son ardeur patriotique et s'appuyant très probablement sur les communications extra-officielles que l'Amiral lui avait faites de vive voix, Garnier ne doutait pas que ce ne fût le but réel de sa mission. »

La lettre aux vicaires apostoliques pour leur demander le concours de leur haute influence est encore plus explicite. Elle est adressée à Mgr Sohier, vicaire apostolique de Hué, pour être communiquée à ses collègues dans l'épiscopat.

Saïgon, le 6 octobre 1873.

« Monseigneur,

« Le gouvernement annamite est menacé de

perdre très prochainement le Tong-kïn. Il serait atteint dans son existence même, si cette riche et populeuse province lui échappait. Une poignée d'aventuriers l'y tient en échec; les pirates ravagent les côtes, enlèvent les navires sous les yeux du roi, les bandits pillent les campagnes; l'impuissance du gouvernement à rétablir l'ordre, à faire respecter les lois, est aujourd'hui manifeste. Il n'y pourra parvenir qu'en demandant notre assistance, qui nous imposera des charges sérieuses, si nous la lui accordons. Quelles compensations est-il disposé à nous offrir en échange? Quelles garanties, pour nous assurer contre le retour de ses mauvaises dispositions passées?

« Ces compensations et ces garanties, je suis prêt à les formuler, quand la cour de Hué se décidera à commencer les négociations sur des bases sérieuses, en donnant à ses ambassadeurs les pouvoirs dont ils ont besoin. Je me suis attaché à bien convaincre ces derniers de mes sentiments bienveillants pour le gouvernement et pour le peuple d'An-nam (et je crois qu'ils n'ont plus de doute à cet égard), à leur faire comprendre les avantages que leur pays retirerait d'une alliance étroite et sincère avec la France, alliance dont le grand bénéfice serait pour eux et la plupart des charges pour nous. Je suis patient et j'attends le résultat de mes efforts.

« La situation du Tong-kïn a paru cependant assez grave à la cour de Hué elle-même pour qu'elle m'ait demandé d'intervenir, en me priant d'ordonner à Dupuis de quitter le pays. La demande était juste. La position de Dupuis était irrégulière. Je lui ai adressé l'invitation de se retirer. Il n'en a pas tenu compte. Nouvelles instances du Ministère des Affaires Étrangères. J'ai refusé de donner à un aventurier (1) une nouvelle occasion de fouler mes ordres aux pieds, et j'ai proposé d'envoyer un officier, avec une force suffisante, pour les faire respecter. Mes offres ont été acceptées, et les ambassadeurs insistent vivement aujourd'hui pour que le départ ait lieu le plus tôt possible. Je pense que la petite expédition pourra se mettre en route vers le 11, sous le commandement de M. Garnier, dans la prudence duquel j'ai toute confiance.

« M. Garnier a l'ordre d'inviter M. Dupuis à renoncer momentanément à son entreprise, pour la reprendre plus tard dans des conditions régulières, et de l'y contraindre en cas de refus; d'exiger, aussitôt le renvoi de celui-ci, que le Fleuve Rouge soit ouvert aux barques annamites, françaises et chinoises, moyennant des droits modérés

(1) Il est à noter que cet aventurier, traité si durement, touchait à la même époque, par ordre de l'amiral Dupré, une avance de 30.000 piastres pour achever son entreprise.

à la remonte et à la descente ; de faire respecter les stipulations protectrices des chrétiens et de se maintenir au Tong-kïn jusqu'à la conclusion du traité.

« Mes intentions sont loyales. Mon but est d'initier le gouvernement et le peuple annamite à la civilisation chrétienne, de leur servir de guide et d'appui, de les aider à réformer leur administration et leurs finances, de leur refaire une armée et une flotte, enfin de rendre la sécurité au Tong-kïn, depuis si longtemps ravagé par la guerre civile, le brigandage et la piraterie. »

« Qu'on me permette de placer ici une réflexion, ajoute l'auteur auquel nous empruntons ce document. Si tout cela, dit-il, ne constitue pas bel et bien un protectorat, je me demande ce que c'est; et, si l'amiral Dupré s'est imaginé que Garnier obtiendrait ce résultat sans tirer un coup de fusil, on ne peut que le plaindre de ses illusions. »

L'Amiral continue ainsi :

« Si la cour de Hué veut entrer franchement dans la voie que je lui ouvre, la France remplira fidèlement ses engagements; si, méconnaissant jusqu'au bout mes intentions vraiment chrétiennes, elle s'obstine dans son aveuglement, nous suscite des difficultés, cherche des faux-fuyants pour éluder les engagements qu'elle aura pris, nous retirerons d'elle la main amie que nous lui tendions, et ses destinées s'accompliront fatalement sans que nous soyons forcés de les hâter par la violence.

« Je ne doute pas, Monseigneur, d'obtenir, dans la voie que je me propose de suivre, le sincère concours de Votre Grandeur et celui de tous vos vénérés collègues. Je n'ai pas le temps d'écrire aux différents chefs de missions pour les mettre au courant de la situation, mais je prie Votre Grandeur de vouloir bien se charger de ce soin.

« Veuillez agréer, Monseigneur, l'assurance de mon respectueux et sincère dévouement.

« Le Contre-Amiral,
« Gouverneur et Commandant en chef,

« DUPRÉ. »

Ces instructions étaient parties de Saïgon en même temps que Garnier. Les événements en ont peu à peu fait modifier l'application. Notamment les ordres d'expulsion contre moi s'atténuèrent. M. Garnier devait exiger, si cela était absolument nécessaire pour la conclusion du traité, mon éloignement temporaire de la capitale du Tong-kïn, à moins toutefois que cette mesure ne fût trop contraire à nos intérêts, à cause de l'influence que je pourrais avoir sur la population tongkinoise et la colonie chinoise.

Comme on le voit, l'Amiral laissait à Francis Garnier la plus grande liberté d'action. Il serait juge de la situation, une fois au Tong-kïn. C'est d'ailleurs ce que Garnier écrivait à son frère, le 8 octobre, en lui annonçant que son expédition était prête et qu'il allait partir :

« Comme instructions : carte blanche. L'Amiral s'en rapporte à moi. En avant donc pour cette vieille France. »

Enfin, à l'appui de la dernière partie de ses instructions, l'Amiral, à la même époque, faisait diriger sur le Tong-kïn les forces matérielles nécessaires.

Garnier était parti sur l'aviso le « *d'Estrées* » et emmenait à la remorque l'« *Arc* », une chaloupe canonnière, dont l'équipage ordinaire, de 17 marins et de 8 annamites, fut renforcé de vingt-huit hommes (1). — Cette canonnière sombra pendant la traversée.

Garnier arrivait le 5 novembre à Ha-noï. Le 11, un second aviso, le « *Decrès* » et une seconde petite canonnière, l' « *Espingole* », étaient signalés à l'embouchure du fleuve. Le 13 au matin, le « *Scorpion* », une canonnière de mer destinée à

(1) *Histoire de l'Intervention française au Tong-kïn*, par M. Romanet du Caillaud, p. 94.

remplacer l'« *Arc* », partie de Hong-Kong par les ordres de l'Amiral, abordait à Ha-noï. Tous ces navires avaient leurs troupes de débarquement au grand complet.

Telles étaient les intentions de l'Amiral en envoyant Garnier au Tong-kïn.

III

Le véritable souverain en An-nam est Nguyen, l'ennemi juré des Français. Garnier fait escale à Tourane. La cour refuse d'agréer sa mission.

A la cour de Hué aussi, on prépare et on discute les événements. La cour, les grands mandarins, les ministres, le roi Tu-duc se réunissent en conseil; mais ils ne font rien. Celui qui parle et qui agit, c'est Nguyen, le véritable chef de l'État, dont l'esprit inspirait la direction générale des affaires.

Lui-même est absent. Dès le mois de mai, il était parti pour Ha-noï en vue d'en finir avec moi et mes hommes. Les humiliations qu'il eut à subir au Tong-kïn de la part de mes hommes ne firent qu'augmenter, si c'était possible, la haine profonde de cet adversaire traditionnel des Français. Elles n'ont cependant pas diminué son prestige auprès des siens. C'est encore lui qui commande, et la cour obéit.

Le maréchal Nguyen-tri-phuong ayant donc été impuissant à me mettre à la porte, — je ne reviendrai pas ici sur ses proclamations violentes contre moi, ni sur le prix qu'il offrait de ma tête, — la cour dut chercher ailleurs. L'Amiral voulait un traité. On crut pouvoir obtenir quelque chose de lui en faisant miroiter à ses yeux ce que d'ailleurs on était décidé à ne pas donner... Nguyen n'accorde rien aux Français, et contre eux toutes les duplicités sont de bonne guerre.

On s'adressa donc au Contre-Amiral Dupré, Gouverneur et Commandant en chef de la Cochinchine française, à celui que, dans leurs correspondances, les Annamites appelaient toujours « le chef des brigands de Saïgon », pour se faire l'exécuteur des volontés de la cour de Hué et en particulier du maréchal Nguyen.

Nous l'avons vu, l'Amiral accepta ce rôle. Du moins, il le laissait supposer à Hué, qui n'en croyait rien, mais qui faisait semblant de le prendre au sérieux. Tel était le plaisant imbroglio de cette tragédie.

Dans sa route pour le Tong-kïn, Garnier fit escale à Tourane. Ses instructions lui ordonnant d'être l'exécuteur des volontés de l'An-nam, il devait se mettre en rapport avec la cour de Hué et obtenir d'elle deux mandarins pour l'accompagner et donner par leur présence une sanction officielle à tous ses actes. Garnier resta à Tourane, où les autorités annamites vinrent le rejoindre afin de s'entendre avec lui.

4

Mais les instructions données à Garnier portaient encore bien d'autres choses. « L'Amiral Gouverneur l'avait chargé de conclure avec la cour de Hué un traité ouvrant le Tong-kïn au commerce et plaçant cette partie du royaume sous la protection de la France qui garantirait le territoire. Cette dernière question ne devait admettre ni retard ni discussion. L'expédition Dupuis avait fait du bruit dans le monde entier. Le gouvernement ne peut donc plus ajourner l'ouverture du Tong-kïn et du Fleuve Rouge jusqu'au Yûn-nàn. En conséquence, la çour de Hué est invitée à adjoindre au lieutenant Garnier deux mandarins avec pleins pouvoirs pour traiter ces questions au Tong-kïn. Il a l'ordre de demeurer à Ha-noï jusqu'à ce que la navigation du Fleuve Rouge soit réglée et aussi pour protéger les Annamites contre les troubles qui pourraient éclater dans le pays... (1). »

On répondit sans plus de détours au jeune officier qu'on n'avait plus besoin de lui et qu'il pouvait retourner à Saïgon. « D'après les rapports pc notre ambassade à Saïgon, la mission de M. Garnier n'a pour but que d'amener l'expulsion de M. Dupuis. Si elle en poursuit un autre, il est inutile que M. Garnier aille au Tong-kïn. Nous nous en-

(1) V. *Mon journal de voyage et d'expédition*. Challamel, Paris, p. 263.

tendrons avec M. Dupuis; d'ailleurs, tout est tranquille dans ce pays. »

Même, la cour de Hué écrivait immédiatement à l'amiral Dupré pour le prier de rappeler M. Garnier, alléguant que sa présence n'était plus réclamée au Tong-kïn.

Mais Garnier ne l'entendait pas ainsi : « J'ai mission d'aller au Tong-kïn, j'irai au Tong-kïn. Si vous ne voulez pas m'adjoindre des mandarins pour m'accompagner, je m'en passerai. »

Voyant l'officier français appuyé par des forces respectables, la cour de Hué se décida à détacher deux mandarins pour traiter de toutes ces questions avec le délégué français. En même temps, elle avisait Nguyen.

Aussitôt arrivé au Tong-kïn, Nguyen, déclarant qu'il était au-dessus des ordres de la cour de Hué et qu'il agirait à sa guise, refusa de reconnaître les pouvoirs de ces envoyés. Les deux mandarins n'avaient donc été que des espions chargés de surveiller Garnier et de porter des instructions à Nguyen. L'officier français les avait emmenés sur son navire et, aussitôt débarqués, ils avaient couru se mettre en rapport avec le Grand Maréchal et les mandarins pour prendre des mesures contre Garnier.

Quant à Nguyen, son attitude était franchement hostile. « Il refusa péremptoirement de traiter avec l'envoyé français la question de l'ouverture du fleuve à la navigation et lui posa cet insolent ultimatum : « Vous êtes au Tong-kïn pour expulser Dupuis. Emmenez-le et partez avec lui (1). »

Peu de jours après, le 10 novembre, le vice-roi faisait une proclamation dans laquelle il disait au peuple que M. Garnier n'avait d'autre but, en venant au Tong-kïn, que de me chasser de ce pays, par ordre du Roi, et que ceux qui propageraient des nouvelles contraires seraient sévèrement punis.

Tout cela était clair, et il semblait qu'il n'y eût plus à jouer aux « bons amis des Annamites. »

Ceux-ci n'ayant pu interdire à Garnier l'entrée de leur province du Nord, ne cherchèrent point à soulever en masse contre lui un peuple qui n'eût pas obéi; mais partout ils tendirent aux Français de perfides traquenards, comme ils avaient fait contre moi. Malgré d'excessives précautions, presque toute la correspondance entre Ha-noï et Saïgon était décachetée par les Annamites. On tenta, en outre, d'empoisonner les eaux; on confisqua les biens de tous ceux ayant quelques rapports avec les Français. — Quelques-uns même furent condamnés à mort. — On construisit des barrages sur

(1) *Vie de Mgr Puginier*, E. Louvet, p. 221.

le fleuve; on alluma des incendies; on fit tout afin de gagner du temps, le temps nécessaire pour enrôler les pirates et les Pavillons Noirs.

Ceux-ci organisèrent autour de Garnier un réseau d'hostilités sournoises, et le jeune officier eut bien de la peine à échapper aux embuscades qui l'attendaient partout.

Voilà comment à Hué on comprenait l'intervenvention pacifique de la France au Tong-kïn.

IV

Arrivée de Ga nier à Ha-n Les Annamit témoigne clairement leurs inte tions hostile

Le 5 novembre, Francis Garnier arrivait à Hanoï. Il fut accueilli par moi et mes hommes avec la plus grande joie et avec tous les honneurs dignes du représentant de la France.

« La traversée, raconte Garnier (1), a été des plus accidentées. Un gros temps a occasionné la perte de ma canonnière l' « *Arc* », qui a sombré à la remorque du « *d'Estrées* ». Ce petit navire en tôle, fait pour les rivières et déjà vieux, n'a pu supporter l'action combinée des remorques et des coups de mer. Les tôles ont crevé.

« Nous avons relâché à Tourane pour faire parvenir à Hué la lettre de l'Amiral, annonçant

(1) Lettre de Garnier à son frère, du 10 novembre 1873.

ma venue et demandant l'envoi d'un plénipotentiaire à Ha-noï pour régler, d'accord avec moi, toutes les questions en litige. Repartis de Tourane, le 20 octobre, nous sommes arrivés à la bouche la plus nord du fleuve, le 23. Le « *d' Estrées* » ne pouvant remonter à Ha-noï, et ma pauvre canonnière étant défunte, j'ai dû faire ce petit voyage en jonque avec tout mon personnel et mon matériel, et je ne suis arrivé que le 5 novembre à la capitale du Tong-kïn.

« M'y voici depuis cinq jours, assez inquiet de ne pas apprendre l'arrivée du « *Decrès* » et de l' « *Espingole* » et ayant à faire face à des complications qui exigeraient des forces plus considérables que celles que je possède. »

En effet, dès son arrivée, les Annamites avaient manifesté leur mauvais vouloir. Ils avaient préparé au délégué français une bien misérable réception ; mais Garnier refusa de subir cette première humiliation : « J'avais demandé, dit-il (1), au gouvernement annamite de loger mes hommes et mon artillerie dans un endroit où ils fussent à l'abri d'une surprise. C'est bien le moins, puisque nous venons l'aider à ramener la paix dans le pays, qu'il nous loge convenablement. J'avais proposé la citadelle de Ha-noï, fortification à la

(1) Même lettre du 10 novembre.

Vauban, qui a six kilomètres de développement et où il y a place pour bien du monde. Ils se sont crus très malins en me choisissant une auberge au milieu de la ville. Dès qu'elle m'a été désignée, à mon débarquement, j'ai poussé avec une escorte de 15 hommes jusqu'à la citadelle, et je suis entré *tout de go*, avant qu'on n'eût pu me fermer les portes, chez le Grand Maréchal, vice-roi du Tong-kïn, l'ancien commandant des lignes de Ky-hoa. Ce vieillard, plein d'énergie et de patriotisme, plein de haine aussi contre nous, — et cette haine aveugle va le perdre, je le crains pour lui, — a fait contre mauvaise fortune bon cœur; il m'a parfaitement reçu, mais il s'est trouvé fort embarrassé quand je lui ai déclaré qu'il m'était impossible de loger dans son auberge, que je me trouvais bien dans la citadelle et que j'y resterais si on ne m'offrait un local présentant les conditions d'isolement et de sécurité que j'étais en droit d'exiger. On s'est rappelé alors qu'il existait un camp retranché, avec de grands logements à l'intérieur, dans le voisinage de la citadelle. Nous nous y sommes installés le soir même. »

La petite troupe de Garnier se composait alors de cinquante-six hommes d'équipage, dont neuf Asiatiques, et de trente hommes d'infanterie de marine. Son état-major se composait de MM. de

Trentinian, sous-lieutenant d'infanterie de marine; Esmez, enseigne de vaisseau, commandant en second l'expédition; Chédan, médecin de marine; Lasserre, secrétaire particulier. Il y avait, en outre, deux interprètes annamites.

L'armement de son expédition était de trois pièces de 4 et d'un canon de 16.

Le lendemain de son arrivée, Garnier adresse à ses hommes la proclamation suivante :

« Marins et soldats,

« En vous envoyant au Tong-kïn sauvegarder les intérêts de la civilisation et de la France, l'Amiral Gouverneur vous a fait une faveur et donné une preuve de confiance. Vous mériterez l'une; vous justifierez l'autre.

« Vous vous rappellerez que vous êtes au milieu de populations inoffensives et malheureuses; que votre séjour au milieu d'elles ne doit pas être une charge ajoutée à toutes celles qui pèsent déjà sur elles; qu'il doit inaugurer, au contraire, une ère de soulagement et de paix.

« Vous vous abstiendrez donc de tout acte de brutalité; vous vous efforcerez de faire aimer et respecter le drapeau qui vous abrite, en ne négligeant aucune occasion de vous rendre utiles, en vous montrant en toute circonstance justes et bienveillants.

« Vous êtes peu nombreux; mais vos armes, votre discipline, la cause que vous servez, vous rendent redoutables. Vous conserverez soigneusement ce prestige par une fidélité absolue aux règlements militaires, par une subordination complète à vos supérieurs de tout grade et de toute arme, par cet esprit d'union et de camaraderie qui allège les devoirs les plus pénibles, qui est la source d'une féconde émulation.

« J'aurai beaucoup à vous demander et je compte sur vous. Je me montrerai inflexible à réprimer tout acte de violence, d'intempérance ou d'indiscipline; mais vous ne trouverez pas de chef plus ardent que moi pour vous faire obtenir les récompenses que vous aurez méritées. De ces deux devoirs, vous ne me laisserez, j'espère, que celui-ci à remplir.

« Le Lieutenant de vaisseau, Envoyé politique et Commandant militaire au Tong-kïn.

« *Signé :* Francis GARNIER. »

Aussitôt arrivé sur les lieux, Garnier fut promptement mis au courant de la situation. Dans la lettre qu'il m'écrivait en voyage pour m'annoncer son arrivée, il disait ceci : « je compte beaucoup sur votre expérience du pays pour m'éclairer. » Aussi me suis-je mis à sa disposition sans aucune arrière-pensée. D'ailleurs, les renseignements que je pouvais fournir sur l'hostilité des Annamites, sur la servitude du peuple, sur le parti des Lê, se confirmaient tous les jours sous les yeux mêmes de Garnier.

Sans se lasser, les partisans de la dynastie nationale viennent me faire des offres avantageuses ; je les renvoie toujours auprès de Garnier, qui décidera pour le gouvernement français. Le 7 novembre, un de leurs chefs me demande une entrevue; le 15, une lettre nous répète que, si nous désirons voir les partisans de la dynastie des Lê marcher avec nous, il ne tient qu'à nous; il suffira de les avertir. Le 17, l'auteur de cette lettre se présente en personne. C'est un chef de la province de Thanh-hoa. Il me dit qu'ils sont 2000 hommes prêts à marcher au premier signal. Le lendemain, ce même chef Lê alla jusqu'à pénétrer dans la citadelle, puis il revint nous dire qu'il avait dans son parti trois sergents de l'escorte du Maréchal, qui tâcheront de lui couper la tête si celui-ci tentait de partir comme le bruit en courait. Il ajoutait qu'il pouvait réunir ses 2000 hommes dans la ville même.

Ce ne sont pas seulement les partisans des Lê qui viennent secrètement nous témoigner leurs sympathies et nous offrir leur concours ; ce sont encore les marchands cantonnais, c'est le peuple tout entier. Ce qui en était pour Garnier la meilleure preuve, ce furent les mesures de rigueur prises par le gouvernement annamite contre ceux qui avaient eu un rapport quelconque avec les Français.

C'est ainsi que, le 6 novembre, j'apprends que, dans le courant de la 7e lune (du 23 août au 22 septembre), ordre a été envoyé de Hué de s'emparer des chefs des deux maisons Tong-taï et Sun-ki et de les mettre à mort, afin de servir d'exemple aux autres négociants de Ha-noï. — Ces hommes étaient nos amis. Heureusement qu'il était plus facile à la cour de Hué de donner des ordres que de les faire mettre à exécution. En effet, les mandarins de Ha-noï savaient bien qu'il ne fallait pas aller trop loin; car la corde, déjà très tendue, se serait rompue. Du reste, à cette époque, la ville marchande était interdite aux mandarins, et il leur était difficile de s'emparer d'un négociant chinois dans un quartier dont nous occupions presque tout le centre.

C'est encore ainsi que, le 7 novembre, douze des principaux négociants chinois voulaient aller voir M. Garnier et lui souhaiter la bienvenue au nom de la colonie chinoise de Ha-noï; mais le préfet s'y opposa, et, Garnier ayant demandé à voir quelques négociants pour obtenir des renseignements sur le commerce, on ne donna l'autorisation de conférer avec lui qu'à un seul négociant, qui passait pour être l'espion des mandarins. — Le 8, le petit mandarin, qui était chargé de garder la porte de la citadelle, avait été jeté en prison pour avoir laissé entrer Garnier. Le 9, celui-ci dut menacer d'aller prendre de suite la citadelle pour obtenir qu'on relâchât le prisonnier, ce que l'on promit immédiatement, mais sans s'exécuter.

Le 11, le petit mandarin était encore en prison; en outre, le chef de la justice et le général avaient reçu chacun trente coups de bâton pour avoir laissé entrer Garnier.

D'autre part, des mécréants étaient soudoyés par le gouvernement pour nous faire tout le mal possible. Leurs entreprises étaient autrement dangereuses pour nous que les coups de bâton trop patiemment supportés par les Tongkinois pour l'amour de nous. Dans mon journal, je lis, à la date du 7 novembre, ce qui suit : « Cette nuit, vers 3 heures du matin, le feu a été mis à une paillotte située dans la cour de la maison voisine des nôtres. Cette paillotte touche au corps de bâtiment, mitoyen de celui où sont renfermées toutes nos munitions de guerre : plus de 200,000 cartouches et une grande quantité de poudre, de fusées, etc. Les habitants de la grande maison dormaient et ont été réveillés en sursaut par nos cris. Ce sont de braves gens appartenant à une ancienne famille chinoise, autrefois très riche, mais que les Annamites ont presque ruinée, comme tant d'autres.

« Il y a quinze jours déjà que l'on a commencé à lancer des briques avec du coton imbibé d'huile et des sachets à poudre munis d'une mèche fusante, pour faire sauter notre magasin à poudre. J'ai fait installer immédiatement un belvédère avec une guérite, où deux hommes passeront la nuit en observation. Ce belvédère domine toutes les habitations voisines.

« Je sais d'une manière certaine que le nombre d'hommes, chargés par les mandarins de mettre le feu à nos magasins, s'élève à douze. On a fait sortir ces hommes de prison. Ils reçoivent un franc par jour pour accomplir cette triste besogne. Celui qui mettra le feu recevra dix barres d'argent, et ses compagnons une barre chacun. (Une barre d'argent vaut 80 francs.) »

Le 9 novembre, je lis encore dans mon journal : « Ce matin, j'ai vu M. Garnier pour l'entretenir d'une nouvelle tentative d'incendie, qui a eu lieu, comme le 7 novembre, dans la maison voisine de notre magasin de munitions. Le feu a été mis par une personne de l'intérieur à une pièce qui servait de chambre de débarras. M. Garnier envoie son secrétaire, M. Lasserre, et un officier pour faire une enquête; mais nous ne pouvons rien comprendre à cette affaire, car tous les gens dormaient dans la maison et, sans nous, ils brûlaient dans leur lit. Mes hommes, qui faisaient tous bonne garde, ont vu le commencement d'incendie mais n'ont aperçu personne.

« Depuis longtemps aussi, on me prévient que l'on cherche à empoisonner l'eau dont nous nous servons; mais aujourd'hui on nous engage à redoubler de prudence. »

La Politique de Garnier.

En présence de ces faits, la ligne de conduite à suivre par Garnier pour répondre aux instructions de l'Amiral était tout indiquée. Celui-ci ne lui avait-il pas dit : « Si le gouvernement annamite se montre hostile, vous vous tiendrez à l'écart et vous laisserez s'accomplir les événements? »

Solidement établi dans un camp isolé, Garnier ne risquait rien. Il pouvait rester neutre, l'arme au bras, et laisser faire le peuple tongkinois, qui, en quelques jours, aurait purgé le pays des mandarins annamites et rétabli la dynastie nationale des Lê avec le concours de tous les Chinois établis au Tong-kïn.

Dans le sens où Garnier l'aurait voulu, j'aurais prêté mon concours et dirigé cette œuvre d'émancipation sans engager le drapeau français. Enfin, c'est la France qui eût bénéficié de mon intervention puisqu'en échange des services rendus les Tongkinois étaient tout disposés à solliciter son protectorat.

Mais Garnier avait sans doute apporté avec lui des idées différentes. Pourquoi ne répondit-il pas aux propositions des Lê? Il ne l'a jamais dit. Serait-ce Mgr Puginier qui l'en aurait détourné? On pourrait le croire, à entendre le P. Louvet : « Dès son arrivée au Tong-kïn, Garnier, sur les ordres secrets de l'Amiral, avait cherché à se mettre en relations avec les partisans de l'ancienne famille des Lê. Dans l'état présent des esprits, c'était une révolution politique et le renversement de Tu-duc à brève échéance. Mgr Puginier, effrayé, à bon droit, des suites d'une pareille entreprise, conjura Garnier de ne pas se lancer à la légère dans une aventure si grosse de dangers, et, sur ses conseils, le commandant de l'expédition écrivit à l'Amiral que décidément les partisans de l'ancienne dynastie étaient sans racines dans le pays et qu'il valait mieux, au point de vue des intérêts français, tâcher de s'arranger avec la dynastie actuelle. Ce jour là, Mgr Puginier sauva peut-être le trône de Tu-duc, le persécuteur acharné du christianisme (1). »

Ce langage est étrange. Dans ses conversations

(1) *Vie de Monseigneur Puginier*, par E. Louvet, p. 220.

avec moi, Mgr Puginier ne se montra jamais un adversaire du rétablissement de la dynastie légitime, et il était loin d'y voir d'aussi graves dangers. En parlant ainsi à Garnier, a-t-il cru devoir obéir à l'ordre que reçoivent tous les missionnaires catholiques de ne jamais se mettre en opposition avec les gouvernements établis, ou bien obéissait-il à un principe de doctrine ou de foi? Cette appréciation du P. Louvet ne demeure pas moins ici en contradiction avec la pensée de Mgr Puginier, telle que j'ai cru la comprendre dans de nombreux entretiens.

D'ailleurs, une autre raison décisive nous défend de voir ici dans la politique de Garnier l'influence de Mgr Puginier. Garnier arrivait à Ha-noï, le 5 novembre; le 10, son plan d'action était explicitement élaboré et achevé comme nous le verrons tout à l'heure. Le même jour, Mgr Puginier arrivait à Ha-noï, et sa première entrevue avec Garnier n'eut lieu que le 11.

Le véritable motif qui empêcha toujours Garnier d'adhérer au rétablissement des Lê, c'est qu'il ne voulut pas restaurer un gouvernement qu'il faudrait renverser bientôt après pour y substituer l'autorité française. Il craignait que le rétablissement d'une dynastie nationale indigène rendît difficile la transformation du Tong-kïn en colonie française.

Le projet de ramener les Lê au pouvoir étant écarté, Garnier jugea qu'il ne lui restait qu'une seule alternative, celle de dissimuler ses intentions en paraissant marcher d'accord avec la cour de Hué et en se donnant pour le mandataire de l'An-nam. C'était le projet qu'avait préconisé l'Amiral, en disant qu'ainsi on se placerait sur un « terrain diplomatique inattaquable. »

Mais, pour obéir à cette politique, il fallait commencer par prouver aux Annamites qu'on était vraiment leurs amis. Ceux-ci ne manquèrent pas de le rappeler souvent. Il fallait commencer par chasser Dupuis du Tong-kïn et ne pas insister sur l'ouverture du fleuve au commerce puisque cette ouverture leur déplaisait si fort.

Au lieu de cela, Garnier se contente de faire quelques tentatives pacifiques, comme on le verra par les documents ci-après :

« *Lettre de Garnier au délégué de la cour de Hué au Tong-kïn :*

Ha-noï, le 7 novembre 1873.

« Le fonctionnaire Européen, délégué par son Gouvernement pour s'occuper des affaires du Tong-kïn, envoie cette lettre au mandarin délégué par le Gouvernement de l'An-nam pour énumérer toutes les choses dont il y a lieu de s'occuper immédiatement. Je vous en ai déjà entretenu verbalement. De cette façon, il sera possible d'attendre le moment de chasser toutes les bandes d'individus rebelles aux lois, Chinois ou Européens, et d'éviter leurs excès et leur pillage dans ce pays. L'Amiral de Saïgon a déjà fait avec les gouverneurs du Yûn-nân et du Kouang-tong les conventions suivantes : ces gouverneurs feront tous leurs efforts afin d'arriver au plus vite à ouvrir au commerce les fleuves du Tong-kïn, pour que tous les royaumes puissent venir librement y faire ensemble leurs opérations commerciales. C'est pourquoi l'Amiral désire que je m'associe pour cet objet avec les autorités annamites. Mais, pour chaque entrée de fleuve, il faut un règlement particulier auquel doivent se conformer tous ceux qui viennent faire du commerce, et je dois indiquer de quelle façon devront payer les droits au Gouvernement annamite les bâtiments qui viendront faire le commerce afin de terminer cette affaire suivant les règles admises par l'équité. L'Amiral ne peut consentir à un long délai parce qu'il y a déjà une convention entre lui et les Gouverneurs du Kouang-tong et du Yûn-nân, ainsi que je l'ai dit plus haut. C'est pourquoi je ne puis accepter l'offre de Votre Excellence d'en référer à votre Ministère et d'attendre une réponse.

« Sa Majesté l'Empereur d'An-nam connaît déjà les intentions de l'Amiral depuis plus de 20 jours et en a informé Votre Excellence en vous indiquant et vous ordonnant ce qu'il y avait à faire. Lorsque Sa Majesté a reçu la lettre de l'Amiral, elle a envoyé deux mandarins du Ministère pour travailler avec moi. Ils sont maintenant arrivés ici, et il est impossible que Votre Excellence ne connaisse pas les intentions de son Gouvernement. Alors pourquoi ne voulez-vous pas vous entendre avec moi pour régler et discuter ensemble les articles relatifs au commerce?

« Je vois que vous désirez qu'avant toute chose nous terminions l'affaire Dupuis. Je ne demande pas mieux que de le faire immédiatement avec vous. C'est pourquoi j'ai ordonné au nommé Dupuis de faire un rapport écrit, contenant tout ce qui s'est passé depuis son arrivée à Ha-noï jusqu'à ce jour, afin que je puisse en prendre connaissance. J'ai aussi prié tous les mandarins annamites de me renseigner à ce sujet, mais je n'ai encore eu aucune réponse parlant des faits reprochés à Dupuis. L'accusation portée contre lui ne peut se prouver que dans un certain laps de temps, car il est nécessaire de faire venir et d'entendre un grand nombre de témoins de part et d'autre. Dans cette accusation, se trouve aussi inculpé le Gouverneur de la province du Yûn-nân. C'est pourquoi il est nécessaire, pour juger, de bien examiner cette affaire à fond. Aussi je ne puis attendre jusqu'à la complète terminaison de tout ce qui concerne Dupuis pour commencer à régler les articles relatifs au commerce, car c'est une question trop importante pour tout le monde et très pressante, qu'il est nécessaire de régler au plus vite et tout d'abord.

« Je prie Votre Excellence d'examiner et de peser les dangers qui peuvent se présenter d'ici deux mois environ. Si le Gouvernement annamite ne sait pas se protéger et se défendre, alors le Tong-kïn cessera de lui appartenir. C'est pourquoi je mets mon espoir dans Votre Excellence, qui s'inspirera dans cette circonstance de son amour profond pour son pays et ne refusera pas de régler d'un commun accord avec moi tout ce qui est relatif au commerce, car j'ai été envoyé ici pour m'occuper de toutes ces choses et en délibérer, et cette affaire est la plus pressante. Si, dans quelque province, des bandes de rebelles s'opposent au commerce, alors j'appuierai, pour les combattre, les autorités annamites, car mes intentions sont bonnes. Je désire garder avec tous les mandarins annamites des relations amicales. C'est pourquoi je prie ces fonctionnaires de n'avoir aucun soupçon, et je désire que, d'ici à un très petit nombre de jours, Votre Excellence me réponde pour m'informer.

« A-t-Elle les pouvoirs nécessaires pour traiter cette affaire avec moi?... Si Elle les a, il convient dès maintenant de conférer ensemble.

« Si Elle ne les a pas, alors je demande à la régler seul afin de pouvoir arriver au but que poursuit l'Amiral. J'attendrai trois jours pour permettre à Votre Excellence de réfléchir et de savoir si Elle a ou non les pouvoirs nécessaires. Sa Majesté le Roi d'An-nam vous a investi de quelle autorité? Je prie Votre Excellence de vouloir bien, en conséquence, me répondre le 22e jour du 9e mois annamite, afin que je sois informé à ce sujet.

« Je prie Votre Excellence de prendre en considération la présente lettre et je lui souhaite bonheur et tranquillité.

« *Signé :* GARNIER. »

« Commandant des troupes françaises
dans la province de Ha-noï (1). »

Cette lettre, qui est une tentative de rapprochement, contient déjà un ultimatum. Garnier parle en maître et laisse pressentir ses réelles intentions,

(1) Ce document, comme plusieurs de ceux qui suivront, est reproduit d'après la traduction officielle du texte chinois. Malgré leur style embarrassé, nous avons préféré les reproduire sans changement.

celles de gouverner le Tong-kïn au nom de Tu-duc. Une chimère!

En même temps qu'il écrivait au délégué de la cour de Hué et sans attendre sa réponse, Garnier faisait la proclamation suivante :

Ha-noï, le 7 novembre 1873.

« Le représentant du Noble Royaume de France, Garnier, fait savoir à tous les habitants que, les mandarins du Noble Royaume Annamite étant venus à Saïgon demander assistance, l'Amiral nous a envoyés au Tong-kïn pour voir comment les choses s'y passaient. De plus, ici, au Tong-kïn, les côtes sont désolées par de nombreux pirates qui font beaucoup de ravages; nous avons l'intention de pourchasser ces bandits, afin que tous les habitants de ces lieux puissent en paix vaquer à leurs affaires.

« Quant à nos soldats, si quelqu'un d'entre eux commet quelque acte repréhensible, que l'on vienne porter plainte, et nous ne manquerons pas de faire justice.

« Tout peuple se laisse facilement entraîner par les exemples de vertu; pour nous, en parlant au peuple, nous n'avons en vue que la vertu. Population du Tong-kïn, il faut bien vous convaincre d'une chose, c'est que les mandarins et soldats français sont unis avec les mandarins et soldats annamites comme des frères entre eux. En conséquence, nous désirons procurer au Tong-kïn la facilité de faire le commerce et, par là, lui apporter la richesse et la paix. Telles sont nos intentions; nous vous les faisons connaître, à vous tous, mandarins, soldats et population du Tong-kïn. »

Cette proclamation, comme la plupart de celles qui suivirent, causa une profonde déception au peuple tongkinois et aux négociants chinois. Elle n'eut d'autre effet que d'aliéner les sympathies pour l'officier français, dont on attendait impatiemment l'heureuse intervention pour mettre fin à l'insupportable tyrannie annamite. Le peuple ne comprenait pas, en effet, comment Garnier pouvait être à la fois son protecteur et l'allié de ses oppresseurs.

Ces proclamations éloignèrent aussi de l'envoyé français les chrétiens qui pouvaient lui être d'un grand secours dans le pays. En effet, craignant de les voir se compromettre, Mgr Puginier leur défendit de se mettre, pour leurs difficultés, en rapport direct avec les Français et pria Garnier de revenir sur une proclamation, dans laquelle il appelait les chrétiens à venir lui exposer leurs griefs. Plusieurs villages avaient déjà répondu à cet appel (1).

(1) *Vie de Mgr Puginier*, par E. Louvet, p. 220.

Des proclamations ultérieures ne rendirent pas au peuple sa première confiance. Le 16, par exemple, huit négociants chinois, y compris le chef de la communauté, s'adressèrent à moi pour faire retirer le caractère *kieou* de la proclamation de M. Garnier, qui les compromettait. Ce caractère indiquait que les négociants chinois du Tong-kïn sollicitaient la protection de la France contre les Annamites.

La persistance des hostilités annamites amène Garnier à proclamer : d'abord l'indépendance de sa conduite, puis l'ouverture du fleuve au commerce sous le protectorat de la France.

De leur côté, les Annamites continuent les hostilités, et les événements se précipitent.

Le 8, une proclamation du vice-roi annonce au peuple que Garnier n'a d'autre but en venant au Tong-kïn que de me chasser de ce pays par ordre du Roi et que ceux qui propageraient des nouvelles contraires seraient sévèrement punis.

Le soir même, Garnier se rendit chez le vice-roi, dans la citadelle, pour lui dire de détruire immédiatement cette proclamation qui dénaturait sa mission, puis il en fit afficher une, à son tour, en ces termes :

« Le vice-roi de cette ville vient de faire une proclamation au peuple, qui dénature ma mission. Je l'ai invité à la retirer, mais j'apprends qu'il ne l'a pas encore fait.

« J'ai été envoyé ici par l'Amiral Gouverneur pour examiner les différends survenus entre M. Dupuis et les autorités annamites et tâcher de les aplanir, si faire se peut, mais nullement pour expulser Dupuis. Je ne suis pas venu, comme le dit la proclamation du vice-roi, sur l'ordre et à la demande de la cour de Hué, pour chasser le même Dupuis et partir avec lui.

« Ma mission a un autre but et qui est le principal : c'est de protéger le commerce en ouvrant le pays et son fleuve, pour aller au Yûn-nân, à tout le monde sous la protection de la France. »

Le 9, Garnier pose un ultimatum pour s'entendre sur l'ouverture du pays au commerce. Il n'accorde qu'un délai de deux jours. Ce délai dut être prorogé.

A la même date du 9, le « *Mang-hào* » descend au bord de la mer pour y chercher les troupes de débarquement du « *Decrès* ». Garnier a compris qu'il n'y a rien à obtenir par la conciliation.

Le 10, son plan est arrêté; il en indique lui-même les grandes lignes dans la lettre suivante adressée à un ami :

. . . .

« Le lendemain de mon arrivée, j'ai ouvert les conférences avec le Sous-Secrétaire d'État envoyé de Hué pour traiter avec moi. Je n'ai pas tardé à m'apercevoir qu'on voulait que je chasse M. Dupuis et que je m'en aille ensuite. Le délégué de Hué ne s'est pas trouvé les pouvoirs nécessaires pour traiter la question commerciale. J'ai appris que le Maréchal avait fait jeter en prison l'officier qui commandait à la porte de la citadelle que j'avais franchie. Ce malheureux n'avait dû la vie qu'à l'intervention du délégué de Hué, qui avait conseillé d'attendre au moins mon départ. Bien entendu, j'ai fait mettre le malheureux en liberté; mais, depuis ce moment, le Maréchal semble prendre plaisir à accumuler les griefs contre lui. Les commerçants chinois et annamites ont reçu l'ordre de ne pas venir me voir. Les chrétiens n'osent pas m'approcher. On fait autour de moi l'isolement et le vide. On n'a pas craint de dire dans une proclamation, que je n'étais venu que pour chasser M. Dupuis et que l'on me ferait partir ensuite, comme si j'étais l'exécuteur à gages de la justice annamite.

« M. Dupuis se montre plein de bon sens et de patriotisme et défère à toutes mes indications; mais il n'y a qu'un coup d'éclat qui puisse contre-balancer l'effet des menées annamites, redonner confiance en moi, rétablir l'autorité et le prestige dont je suis arrivé entouré. Ce coup d'éclat, j'y suis décidé. Le 15 novembre, j'attaquerai la citadelle; avec mes 80 hommes, j'arrêterai le Maréchal et je l'enverrai à Saïgon sur un des bateaux Dupuis que je requerrai à cette occasion; car je suis de ce côté absolument démuni, la perte de l'« *Arc* » me laissant sans moyen de communication avec la côte. Je déclarerai officiellement à Hong-Kong et sur toute la côte de Chine, le pays ouvert au commerce et les douanes me donneront de quoi subsister comme Gouvernement. J'espère que, peu après, malgré la frayeur qu'on a de l'Angleterre, on reconnaîtra que j'ai rendu service à mon pays! (1). »

. . . .

Le 11, je recevais de Garnier, pour les faire traduire, une lettre au Maréchal et un projet d'arrêté proclamant l'ouverture du Tong-kïn au commerce. En me les faisant parvenir, Garnier m'écrivait :

Ha-noï, le 11 novembre 1873.

« Mon cher Monsieur Dupuis,

« Merci de vos renseignements, en retour desquels je vous envoie les deux pièces ci-jointes. Je voudrais que vous fissiez traduire la première (lettre au Maréchal) le plus exactement possible, en mettant le texte chinois en regard du texte français, et que vous me la renvoyiez quand ce serait fini. Vous seul et le traducteur devez la

(1) *Rapport à la Chambre des députés*, session de 1879.

connaître. Je vous recommande le plus grand secret.

« La seconde pièce (projet d'arrêté) suppose l'assentiment des négociants chinois. Veuillez sonder discrètement les plus influents d'entre eux et essayer d'avoir leur avis à ce sujet. S'il était favorable, je vous prierais également de faire traduire et de me renvoyer cette pièce.

« Pressez aussi vos Chinois de m'envoyer le projet de tarif que je leur ai demandé et joignez-y vos propres indications. Serait-il possible d'entrer dès à présent en relations avec le vice-roi du Yûn-nân? Que penseriez-vous de l'établissement d'une communication télégraphique, entièrement d'ailleurs à l'usage des Chinois, entre Yùn-nân-sèn et Ha-noï.....

« J'ai vu Mgr Puginier, qui est d'avis que je diffère un peu l'action projetée pour avoir le temps de me mettre en relations avec quelques notables influents. Je ne sais encore si je me rendrai à cet avis, qui a du bon, mais qui a aussi des inconvénients. J'attendrai, pour me décider, des nouvelles de la côte qui ne peuvent tarder d'arriver.

« Gardez aussi, en attendant, le secret le plus strictement possible, afin de ne pas accélérer les préparatifs de la citadelle. Le Maréchal vient d'ordonner une levée de 2000 hommes ».

Le même jour déjà, Garnier affichait une première proclamation d'indépendance : « Les mandarins de cette ville, déclare-t-il, empêchent les commerçants de venir me trouver pour me renseigner sur les mesures à prendre dans l'intérêt du commerce. Qu'on se rassure! Je suis venu ici pour protéger ces mêmes intérêts du commerce, qui est maintenant sous la protection de la France et pour toujours. Les vice-rois de Canton et du Yûn-nân sont nos amis. Qu'on ne craigne plus les menaces des Annamites pour vaquer en paix aux affaires commerciales!

« A l'avenir, tous les commerçants de ce pays seront sous la haute protection de la France. Ceux qui continueraient à écouter les Annamites et entretiendraient des relations avec eux seront expulsés du pays.

« Si quelque mandarin se permet de pénétrer chez un commerçant pour l'arrêter ou pour faire une enquête sur un sujet quelconque, ce fonctionnaire sera mis en état d'arrestation et envoyé immédiatement à Saïgon. »

Enfin Garnier se résume ainsi : « En conséquence, j'ai décidé de demeurer longtemps au Tong-kïn pour y protéger les commerçants. Pour l'acquit des droits de douane, on n'aura à faire à l'avenir qu'à moi. »

De là à la proclamation de l'ouverture du

fleuve au commerce sous la protection de la France, il n'y avait qu'un pas. Dans les intentions de Garnier, ce pas était franchi; mais, avant d'agir, il adressa à Nguyen un dernier ultimatum pour arranger les choses d'un commun accord.

« Je salue Votre Excellence, écrit-il à la date du 12 novembre, et je l'informe que j'ai reçu la lettre qu'Elle m'a adressée hier, mais qui ne répond pas sur tous les points dont je lui ai parlé ou dont je l'ai entretenue dans mes lettres précédentes. Je reviendrai maintenant encore une fois sur toutes ces choses pour les rendre plus claires. Pour l'affaire de M. Dupuis, Votre Excellence me dit de le chasser simplement et de me borner là. Elle pense qu'il est sans importance d'interroger des témoins et que cela est inutile, qu'il ne servira de rien de faire une enquête sur cette affaire. Que M. Dupuis s'en aille et Votre Excellence sera satisfaite!

« Quant au Gouverneur du Yûn-nân, Elle ne veut le mêler en rien dans ce différend et ne désire pas qu'il soit interrogé à ce sujet. Pour l'ouverture du commerce, Elle ajoute que cette affaire ne peut se régler à Ha-noï. En vertu de l'article 6 de l'ancien traité, c'est à Hué que cela doit se faire.

« Toutes ces paroles sont peu précises. Si l'Amiral voulait se conformer aux paroles de Votre Excellence, alors il ne m'eût pas envoyé ici pour terminer, après l'avoir examinée, l'affaire de Dupuis et pour régler, d'accord avec les autorités annamites, les choses commerciales, de peur de créer des complications ultérieures.

. . . .

« J'ajouterai quelques explications pour rendre la chose claire à Votre Excellence. Lorsque les fils de Phan-tan-gian ou d'autres individus suscitaient des rébellions à Gia-Dinh, l'Amiral a-t-il demandé au Gouvernement annamite de juger tous ces gens-là?

« Lorsqu'ils se sont réfugiés sur le territoire du Royaume d'An-nam, l'Amiral a fait des démarches pour obtenir purement et simplement leur extradition.

« Lorsque le Gouvernement annamite a prié le Gouvernement de la Cochinchine de chasser M. Dupuis, ce n'est pas par considération pour sa qualité de Français qu'il a agi ainsi, en ne voulant pas le renvoyer lui-même, mais bien parce qu'il était dans l'impossibilité de le faire. C'est pourquoi il s'est adressé à l'Amiral pour lui demander secours. L'Amiral demandant en retour quelques concessions, n'est-ce pas là une chose très juste? Le Royaume d'An-nam, en ouvrant le commerce, ne fait que lui payer sa dette de reconnaissance. De plus, l'ouverture des voies de navigation aux commerçants sera d'un immense bénéfice pour votre Royaume, et il n'y aura plus à craindre de voir se produire des complications semblables à celles de M. Dupuis, parce que le Gouvernement Français les empêcherait. Si le Royaume d'An-nam ne permet pas aux royaumes voisins d'y venir, il est à craindre que des gens des pays étrangers ne prennent les voies de navigation pour y pénétrer. Si, au contraire, on décide la liberté du commerce, toutes ces choses cessent d'être à redouter.

« Ensuite Votre Excellence dit que l'Amiral m'a envoyé pour chasser Dupuis seulement et qu'il n'est pas nécessaire pour cela d'examiner quelle a été sa conduite. Elle déclare qu'elle n'a pas les pouvoirs nécessaires pour s'occuper d'aucune autre affaire. Alors pourquoi votre Gouvernement a-t-il détaché ici des délégués?... Pourquoi, lorsque j'étais à Tourane et que j'ai envoyé à Hué la lettre de l'Amiral parlant de toutes ces choses, la Cour de Hué ne m'a-t-elle pas prévenu que le Royaume d'An-nam ne pouvait accepter ce qui y était contenu?...

« Si Votre Gouvernement n'a rien dit et a agi de la sorte, il en résulte clairement que son intention était de se conformer aux demandes de l'Amiral, contenues dans la lettre.

« Pourquoi me laisser remonter à Ha-noï et entraîner ainsi des dépenses semblables? Mais, lorsque je suis arrivé ici, Votre Excellence m'a ordonné de suite de chasser Dupuis et de m'en retourner sans faire aucune autre chose pour secourir le Royaume d'An-nam. Est-ce une manière de faire loyale et convenable?... N'est-ce pas, au contraire, une conduite déloyale et très fausse? Je ne me permettrai pas d'en attribuer la responsabilité à Votre Gouvernement, car il y a aujourd'hui 25 jours qu'il a reçu la lettre de l'Amiral. Si Votre Excellence n'a pas encore les pouvoirs suffisants pour traiter de l'ouverture du commerce, libre à Elle d'agir à sa guise. Pour moi, je prendrai la décision suivante :

« Votre Gouvernement n'a rien dit et a consenti à me laisser venir ici. Donc il me permet de décider, moi seul, l'ouverture du libre commerce. Quant aux tarifs douaniers, Sa Majesté le Roi d'An-nam consent à ce que l'Amiral les fixe à sa volonté. Il reste encore à déterminer tous les articles indiquant les conditions dans lesquelles se fera le commerce; pour régler toutes ces choses, on ne peut choisir un meilleur endroit que celui où se fait ce commerce.

« J'ai déjà dit à Votre Excellence comment les deux Gouverneurs de Canton et du Yûn-nân voulaient que se fît l'ouverture du commerce qui leur sera avantageuse. Comment cela se réglera-t-il lorsqu'ils s'en occuperont? Que Votre Excellence pense ou ne pense pas qu'il y a là de grands dangers, Elle est libre; ce n'est pas mon affaire et cela ne regarde qu'Elle.

« Pour toutes les raisons précédentes, Votre Excellence doit voir clairement que l'affaire de M. Dupuis et celle de l'ouverture du pays au commerce sont intimement liées ensemble et que la première ne pourra être réglée que lorsque la seconde aura été accordée.

« Je consens à donner l'ordre à M. Dupuis de partir; mais, immédiatement après, je déclarerai la liberté du commerce.

« Ce n'est que dans le cas où Votre Excellence aurait les pouvoirs suffisants pour traiter avec moi, que je pourrais y apporter quelque retard. Si Elle ne veut pas que nous examinions ensemble l'affaire Dupuis, libre à Elle, mais je ne dois pas moins vous en entretenir afin de vous informer. »

. . . .

...(Suit le récit de l'arrivée de M. Dupuis, de l'intervention du « *Bourayne* » et du vice-roi de Canton).

. . . .

« Votre Gouvernement ne permet pas aux gouverneurs chinois de délivrer des autorisations de passage. Si la province du Yûn-nân manque de sel ou de quelque autre objet, les autorités annamites n'en autorisent pas le transit sur leur territoire et pensent que le Gouverneur ne doit prendre aucune décision à ce sujet et qu'il doit s'incliner devant leur volonté sans demander aucune explication.

« Je suis très étonné de la tranquillité de Votre Excellence, qui ne s'en préoccupe pas.

« En dernier lieu, je pense qu'il convient de permettre à M. Dupuis de quitter Ha-noï et de remonter au Yûn-nân, province dans laquelle il est impatiemment attendu. Ce négociant est complètement libre de transporter les marchandises qui lui conviendront, à la condition d'acquitter les impôts dus au Gouvernement annamite. Je donnerai provisoirement l'autorisation de faire le commerce, et le Gouvernement Français prendra immédiatement sous sa protection tous ceux qui voudront venir faire le négoce au Tong-kïn.

« Je me conformerai également aux ordres que m'a donnés l'Amiral, de veiller à ce que les autorités annamites puissent administrer paisiblement toutes ces provinces. C'est S. M. le Roi d'Annam qui décidera si ce que je fais est bien, et c'est l'Amiral qui jugera ma conduite. Je n'ai pas la moindre intention de m'immiscer dans l'administration des populations. Je veux, au contraire, aider les autorités annamites dans l'accomplissement de ces fonctions ainsi que dans la destruction des bandes rebelles. Mais, si quelque mandarin veut s'opposer aux mesures que je prendrai pour le commerce ou commet quelque acte qui me soit préjudiciable, je le considérerai comme un ennemi me faisant la guerre et je le traiterai comme tel.

« Enfin, je prierai Votre Excellence de me répondre clairement : 1° Si Elle veut donner à M. Dupuis l'autorisation de remonter au Yûn-nân, ainsi que je l'ai dit plus haut ; 2° Si Votre Excellence a les pouvoirs nécessaires pour régler avec moi les affaires de commerce, sans quoi, je ferai seul.

« Votre Excellence s'opposera-t-Elle à mes mesures?... J'attendrai sa réponse sur ces deux questions jusqu'au 29 du 9me mois (18 novembre), et je La prie aussi d'envoyer cette lettre à son Gouvernement afin qu'il puisse également en prendre connaissance.

« Je salue respectueusement Votre Excellence,

« *Signé :* GARNIER. »

Le lendemain de cette lettre, Garnier annonçait à son frère l'arrivée de l' « *Espingole* » à Ha-noï et du « *Scorpion* » à Cua-Cam. « Toute mon escadre, dit-il, se trouve donc réunie à la fois.

Puis il ajoute : « il est plus que probable que le

« *d'Estrées* », qui portera cette lettre à Hong-Kong, y portera aussi la déclaration officielle de l'ouverture du Tong-kĭn au commerce européen. C'est une grosse détermination que je vais prendre là et qu'il va falloir que je soutienne envers et contre tous;... mais, avec un peu d'activité, j'y suffirai (1).

. . . .

Jusqu'au 18, cette activité se traduit par une profusion de proclamations partielles que nous épargnerons au lecteur et qui ne change en rien la situation.

Celle-ci se tend de plus en plus. Garnier agit indépendamment du gouvernement annamite; mais, le 17, il lui adresse encore des explications sur l'une des mesures qu'il a prises au sujet de l'ouverture au commerce. « Lorsque j'ai demandé au gouverneur annamite de ne pas laisser à ses fonctionnaires la liberté de percevoir les droits à toutes les embouchures des fleuves, je n'avais pas l'intention de causer la moindre perte au Royaume d'An-nam sur les bénéfices qu'il réalise. Le montant intégral des sommes que je percevrai sera remis tous les mois aux autorités annamites qui m'en délivreront un reçu. Je n'en retrancherai qu'une ou deux parties pour payer les dépenses

(1) *Histoire de l'Intervention française*, M. Romanet du Caillaud, p. 352.

que la France sera obligée de faire à cause de cela. Je prie Votre Excellence d'envoyer cette lettre et tous les articles qui y sont joints à Votre Gouvernement, afin qu'il en prenne connaissance. J'ai déjà reçu deux lettres du Ministère : l'une, du 2 du 9me mois; la 2me, du 20 du 9me mois. J'ai déjà répondu clairement à tout ce qui est dit dans la première. Lorsque j'étais encore à Tourane, j'attendais avec la plus vive impatience une réponse du Ministère à la lettre de l'Amiral Gouverneur de la Cochinchine.

« Si, à ce moment, Votre Gouvernement m'eût fait connaître ce qu'il comptait faire, alors tout se fût facilement arrangé; mais maintenant il est bien tard (1). »

Le 18 novembre, Garnier proclama enfin officiellement et publiquement l'ouverture du Tong-kïn au commerce. Voici sa proclamation :

« Le Grand Mandarin Garnier, envoyé au Tong-kïn par l'Amiral Gouverneur de la Cochinchine française pour s'entendre avec les autorités au sujet de l'ouverture du pays au commerce étranger, fait savoir qu'il a décidé ce qui suit :

« 1° A partir de ce jour, le Fleuve Rouge est ouvert au commerce français, espagnol et chinois, de la mer au Yûn-nân.

(1) Lettre de Garnier au Gouverneur de Ha-noï, 17 novembre.

« 2° Les ports ouverts seront : Haï-phong, par 20°42′ de latitude N. et 104°30′ de longitude E. du méridien de Paris ; Thaï-binh, par 20°35′ de latitude N. et 104°20′ de longitude E. Le mouvement des marées ne nous est pas encore assez connu pour l'indiquer. Nous le ferons connaître le plus tôt possible, ainsi que les renseignements sur l'hydrographie de ces mers.

« 3° Les droits de douane seront *ad valorem* 2 0/0, tant pour les importations que pour les exportations.

« 4° Les négociants feront leurs déclarations au préposé de la douane à Ha-noï, qui aura à percevoir le droit de 2 0/0 sur la valeur des marchandises et à délivrer un permis d'embarquement ou de débarquement.

« 5° Les marchandises qui passeront en transit pour le Yûn-nân (Chine) paieront 1 0/0 à l'importation comme à l'exportation.

« 6° Les marchandises, provenant de Saïgon (Cochinchine française) ou à destination de cette dernière ville, ne paieront que demi-droit, soit 1 0/0 pour le Tong-kïn et 1/2 0/0 pour le Yûn-nân.

« 7° La révision du présent tarif sera dénoncée six mois à l'avance.

« 8° Les commerçants chinois et les autres commerçants intéressés seront sous la protection du pavillon français et ne dépendront en rien des autorités annamites.

« 9° Les négociants de toutes nations pourront acheter des terrains et des maisons à Ha-noï pour leurs établissements.

« 10° Toutes les douanes annamites qui existent sont et demeurent supprimées. »

Quelques hommes armés allèrent afficher cette proclamation dans les rues de la ville; mais, à peine ces placards étaient-ils posés que les mandarins en firent arracher le plus grand nombre.

La proclamation avait dû se faire le 15; mais, comme elle pouvait soulever de l'opposition et provoquer la prise immédiate de la citadelle, Garnier avait attendu d'avoir réuni toutes ses forces et d'avoir reçu le renfort de chrétiens qu'on devait lui envoyer comme étant des hommes sûrs.

Cette proclamation encouragea de nouveau les témoignages de faveur populaire auprès de l'officier français. Les Cantonnais parlent d'établir une milice dans leur quartier pour le protéger contre les incendiaires; Kïn, un négociant chinois de nos amis, vient me prier d'engager Garnier à s'emparer du Maréchal. Ce dernier une fois prisonnier, dit-il, tous les Chinois seront avec nous; mais, tant qu'il donnera des ordres, il peut leur faire beaucoup de mal, sinon à Ha-noï, du moins dans les autres villes.

Mais, avant de s'emparer du Maréchal, il fallait prendre la citadelle. Le 19, Garnier rédige encore, pour l'envoyer à Nguyen, une dernière mise en demeure.

« Monsieur le Maréchal,

« Dans une proclamation en date du 16 courant, le Gouverneur de Ha-noï affirme que je ne suis venu au Tong-kïn que pour chasser M. Dupuis, que ma présence n'a pas d'autre objet. On m'avait promis que cette proclamation serait retirée. Elle ne l'a pas été. Vos agents répandent contre moi des bruits faux, des accusations haineuses; vous défendez aux commerçants, aux chrétiens, de venir me trouver. Vous ordonnez que toute réclamation, toute plainte, passe devant vous avant d'arriver à moi.

« Cela ne saurait être, Monsieur le Maréchal; je ne suis point un serviteur du Gouvernement Annamite, venu à Ha-noï pour se faire l'exécuteur de ses hautes œuvres. J'y suis venu représenter les intérêts de la civilisation et de la France, disucter librement, au nom du Gouverneur de Saïgon, les mesures à prendre pour calmer l'effervescence des esprits, régulariser la situation commerciale, prévenir le retour de complications analogues à celles qu'a produites l'arrivée de M. Dupuis.

« Si la cour de Hué, impuissante à faire respecter son autorité au Tong-kïn, se refusait à admettre cette partie de ma mission, après avoir demandé le concours de l'Amiral pour faire quitter Ha-noï à M. Dupuis, elle pouvait me le faire dire à Tourane où je me suis arrêté pour lui faire connaître les intentions du Gouverneur. Elle m'a laissé venir jusqu'ici, j'y resterai. J'examinerai librement l'état des choses, et j'arrêterai, avec vous ou sans vous, telles mesures qui me paraîtront nécessaires pour rendre à cette contrée la prospérité et la vie.

« Je déclarerai à tous que, contrairement à votre dire, ma mission ne consiste pas à punir M. Dupuis, mais à examiner sa conduite. Comme sujet français, il ne relève que du Gouverneur de Saïgon, et les tentatives d'assassinat, d'incendie, dont ses soldats et lui ont failli être victimes, sont aussi misérables que coupables (1). Il a violé les traités, dites-vous, en résidant à Ha-noï. Que ne le laissiez-vous passer pour se rendre à sa destination, ou que ne lui déclariez-vous au début de son entreprise que vous vous opposiez ouvertement à son passage, au lieu de lui promettre une réponse de Hué, qui, au bout d'un an, n'est pas encore venue?...

« Je déclarerai aux commerçants que la protec-

(1) Le 16 novembre, on a essayé de brûler les maisons Dupuis l'eau et les fruits du camp ont été empoisonnés. Sans les espions de l'évêque, il serait arrivé un malheur.

tion de la France leur est assurée pour toujours; que sa main ne se retirera jamais d'eux; qu'elle veillera soigneusement à leurs intérêts, à la stricte observation des règlements et des tarifs que l'Amiral aura établis.

« Je déclarerai aux habitants que leur indépendance et leurs droits trouveront dans l'Amiral un protecteur éclairé, que son vif désir est de les voir gouvernés suivant les règles de l'humanité et de la justice et qu'ils peuvent librement lui adresser leurs plaintes et leurs vœux.

« Fidèle aux instructions que j'ai reçues de l'Amiral, je suis résolu, Monsieur le Maréchal, à faire exécuter les traités, si, de votre côté, vous les exécutez loyalement. Je suis résolu aussi à ne pas tolérer plus longtemps les menaces dont je suis entouré, les terreurs que vous répandez dans les populations à mon sujet.

« J'honore votre grand âge et votre patriotisme, je déplore la haine aveugle contre les Français qui caractérise tous vos actes. Que la responsabilité de leurs conséquences retombe sur votre tête!

« Le Lieutenant de vaisseau, Envoyé politique et Commandant militaire au Tong-kïn,

« *Signé :* Garnier. »

A la même date, le 19 novembre, Garnier écrivait à son frère (1) :

« Après avoir essayé tous les moyens pour décider les autorités annamites à ouvrir le pays au commerce, et, répugnant à employer la force, j'ai pris un terme moyen, celui de gouverner à côté d'elles et de proclamer le pays ouvert. Le « *d'Estrées* » est parti, emportant la notification du nouveau régime commercial du Tong-kïn aux différents consuls de la côte. Je n'entre pas dans plus de détails à cet égard : tu verras dans les journaux très probablement les mesures très simples que j'ai adoptées, la mise sous la protection de la France des résidents étrangers, etc.... Les autorités annamites ont laissé faire, mais elles sont préparées à la lutte. Le Maréchal a envoyé demander à Hué la permission de me combattre ou de se retirer. Hué m'a écrit deux lettres insolentes pour me dire que je me mêlais de ce qui ne me regardait pas et qu'on allait en appeler aux « pays voisins (Hong-Kong). » Je n'ai pas bronché; mais, devant des menaces directes d'attaque, j'ai posé un ultimatum : le désarmement de la citadelle, l'ordre à envoyer par le Maréchal à tous les gouverneurs de province de se conformer à mes arrêtés, enfin la permission pour M. Dupuis de ren-

(1) *Histoire de l'Intervention française au Tong-kïn*, par M. Romanet du Caillaud, p. 352.

rer librement au Yûn-nân. J'attends la réponse vant 6 heures du soir. Si elle ne vient pas, j'at-aquerai la citadelle au point du jour. J'ai fait as-ez d'efforts pour éviter l'effusion du sang. Mes ordres sont donnés, mes deux navires embossés en rade.

« Le délai que j'ai pris avant d'en arriver à l'action n'a pas été perdu. J'ai commencé à organiser secrètement le pays et à nommer des préfets et des sous-préfets pour remplacer ceux qui feront cause commune avec Hué. J'ai également formé les cadres d'une milice, établi des courriers pour correspondre avec les diverses provinces. Somme toute, en regardant en arrière, en quinze jours, j'ai abattu beaucoup de besogne. Il est vrai que j'y ai passé mes nuits. »

Vers 8 heures du soir, M. Garnier me prie de passer chez lui pour être seuls et tranquilles, car il veut m'entretenir d'affaires sérieuses. A l'heure indiquée, je trouve M. Garnier qui m'attend dans son logement privé. Il est question de la prise de Ha-noï. M. Garnier me demande si je suis d'avis de commencer l'attaque demain matin. Nous convenons ensemble de ce qui suit.

Demain matin, vers 6 heures, les canonnières le « *Scorpion* » et l' « *Espingole* », sous le commandement de M. Balny d'Avricourt, commenceront le feu en tirant sur les portes du Nord et de l'Est, ainsi que sur les établissements publics de la citadelle, principalement sur le *ya-men* du Maréchal et sur celui du vice-roi, qui sont l'un à côté de l'autre. A 6 heures et demie, les canonnières cesseront le feu.

M. Garnier, ayant avec lui vingt-cinq hommes d'infanterie de marine, commandés par M. de Trentinian, deux pièces de 4 de montagne et des matelots de M. Esmez, attaquera la porte Sud-Est. Il enverra une colonne, sous les ordres de M. Bain, avec MM. Hautefeuille et Perrin, attaquer la porte Sud-Ouest, mais avec mission surtout d'arrêter les fuyards qui chercheraient à s'échapper dans cette direction. Les deux colonnes d'attaque comprendront au total 90 hommes environ. De mon côté, nous nous tiendrons le plus près possible de la porte de l'Est, pendant que les canonnières tireront sur cette porte. Au moment où le feu de la rade cessera, nous attaquerons la demi-lune, et, une fois maîtres de cette position, nous enfoncerons la porte à coups de canon pour pénétrer dans la place pendant que M. Garnier entrera du côté Sud. Nous ferons également garder la porte Nord pour que les mandarins ne se sauvent pas de ce côté.

M. Garnier n'a pas encore fait connaître cette décision à ses officiers, de crainte que ses Annamites ne l'apprennent et n'informent les mandarins.

Il préviendra ses officiers vers minuit, lorsque tout son monde dormira. Il me recommande aussi de ne faire connaître cette affaire qu'aux capitaines de mes navires et à M. de la Haille.

Je fais simplement dire aux soldats que demain matin il faudra qu'ils soient prêts pour aller faire une promenade militaire. Comme on s'attend tous les jours à l'assaut de la citadelle, on se doute bien un peu de la promenade qu'il s'agit de faire; mais tout le monde est content.

A 10 heures du soir, Garnier ajoutait un post-scriptum à la lettre que l'on vient de lire : « Alea jacta est ! » ce qui veut dire : « les ordres sont donnés ! » « J'attaquerai demain, au point du jour, 7,000 hommes derrière des murs avec 180 hommes. Si cette lettre te parvenait sans signature, c'est-à-dire sans nouvelle addition de ma part, c'est que j'aurais été tué ou grièvement blessé ! Dans ce cas, je te recommande Claire et ma fille. Que mes amis se réunissent pour leur obtenir une pension convenable ! »

V

Prise de la citadelle de Hanoï le 20 novembre 1873.

Nous avons vu que le premier homme qui oserait impunément braver les autorités annamites serait considéré de ce seul fait comme un sauveur et un libérateur par tous les Tongkinois. Ce titre m'avait été acquis par un heureux concours de circonstances dont je voulus faire bénéficier mon pays. C'est bien ainsi que le peuple avait compris l'intervention de Garnier au Tong-kïn; et, en dépit des proclamations équivoques et compromettantes du jeune officier français, le peuple étendit à Garnier les sympathies dont j'avais joui seul jusqu'à ce jour. Désormais la conquête du pays était assurée. Que dis-je! Elle était faite. Les portes qu'on venait enfoncer s'ouvraient d'elles-mêmes. Sous les menaces des chefs annamites, les fusils tongkinois tireront mais ne porteront pas coup; les pièces seront mal pointées, et nos seuls adversaires, ce seront quelques soldats annamites mandés tout exprès de Hué et clairsemés dans les rangs des troupes indigènes.

Le maréchal Nguyen s'attendait depuis plusieurs jours à l'assaut de la citadelle de Ha-noï. Il avait concentré ses forces dans la demi-lune qui protège l'accès de la porte de l'Est. C'était là, en effet, le point faible de cette immense fortification à la Vauban, parce que de ce côté se trouvait la ville marchande et qu'on pouvait arriver tout près des murs sans être vu. Au Sud, à l'Ouest et au Nord, le terrain était à découvert et battu par les canons des remparts.

A quatre heures et demie du matin, tous les

hommes sont sur pied, et à cinq heures on sonne la diane comme de coutume pour ne pas éveiller l'attention des Annamites.

Garnier a divisé sa petite troupe en deux corps. Le premier, sous les ordres de MM. Bain, Hautefeuille et Perrin, court se déployer en tirailleurs devant la porte Sud-Ouest; le second, commandé par MM. Garnier, de Trentinian et Esmez, se dispose de même pour monter à l'assaut de la porte Sud-Est, la plus voisine du camp des Français.

M. Bain s'empare sans coup férir du redan de la porte Sud-Ouest, et, comme il arrive au pas de charge sur le terre-plein du pont pour attaquer la grande porte, sa troupe est accueillie à bout portant par une volée de mitraille... qui ne tue personne; elle portait beaucoup trop bas. Quelques coups de canon défoncent la porte; M. Bain l'occupe aussitôt et fait cesser le feu.

En même temps, Garnier montait à l'assaut de la porte Sud-Est. Elle résiste à la hache. Alors Garnier fait sauter à coups de mitraille les barreaux de bois qui descendent de la clef de voûte jusqu'au sommet de la porte massive; puis il se hisse jusqu'à l'ouverture et s'élance à l'intérieur. « En avant! » crie M. de Trentinian; mais deux hommes seulement parviennent à rejoindre leur chef. Pendant ce temps, les marins de Garnier, déployés au pied des remparts, empêchaient tout défenseur de se montrer sur la courtine ou sur le mirador.

Nguyen, surpris par cette attaque matinale, était accouru en toute hâte pour exciter lui-même les hommes à la défense et donner l'exemple du courage. Il ramassa une brique et se dressa sur le parapet pour la lancer contre les assaillants; une balle l'atteignit alors au bas ventre.

A la même heure aussi, nous attaquions du côté de la ville marchande. Dès 6 heures du matin, les projectiles des navires passent, en sifflant, au-dessus de nos têtes pour aller s'abattre sur la citadelle. Nous plaçons une pièce de canon sur le terre-plein d'une des portes d'entrée de la ville marchande, d'où l'on domine la porte que nous attaquons. Cette pièce bat le mirador et la demi-lune, où la défense se trouve concentrée. Il y a là un millier d'hommes, les meilleurs du Maréchal. Le capitaine Georges se glisse le long des maisons jusque tout près des remparts.

A six heures et demie, les canons du fleuve cessent le feu. Nous dirigeons aussitôt un peloton sur la porte Nord pour en garder la sortie, et nous partons au pas de course avec le reste des hommes pour attaquer la demi-lune. Ici, même manœuvre qu'à la porte Sud-Est. Dès qu'une tête se montre au-dessus du parapet, les balles sifflent autour d'elle et l'obligent à disparaître. Pendant qu'une partie de mes hommes grimpent sur les toitures des maisons pour mieux découvrir les Annamites, les autres escaladent la lunette à l'aide d'échelles en bambou et nous ouvrent la porte. Aussitôt que nous avons pénétré à l'intérieur, tous les défenseurs se sont sauvés en sautant dans les fossés pour aller se cacher dans la citadelle ou ont fui par la porte de la demi-lune vers la ville marchande. Comme nous nous apprêtons à enfoncer la grande porte, on nous a crié du dedans : « Ne tirez pas, nous ouvrons », et, quelques instants après, nous étions aussi dans la citadelle.

Lorsque Garnier fut enfin rejoint par sa troupe, il hissa le drapeau sur la porte Sud-Est et dépêcha M. Bain pour aller occuper la porte de l'Ouest. M. de Trentinian se portait en avant, et M. Esmez allait occuper la grande tour pour y arborer le pavillon français. C'était le signal qui devait faire cesser le feu.

Sans doute, pour ne pas éveiller les susceptibilités de ses officiers, Garnier n'avait pas parlé de ma coopération à la prise de la ville. Lorsqu'il fut maître de la porte du Sud-Est, il envoya M. Hautefeuille pour s'emparer de la porte de l'Est que j'occupais depuis quelques instants. En apercevant de loin mes hommes, on ne les reconnut pas de suite et on tira sur eux. Cette méprise coûta la vie à l'un de mes soldats chinois. Ce fut, du côté des assaillants, le seul mort de la journée.

Il n'y eut d'ailleurs que deux hommes de blessés : l'un des miens, capitaine de la jonque, et l'un des hommes de Garnier, légèrement effleuré par la balle, dit-on, d'un Pavillon Noir. On trouva le Maréchal Nguyen, entouré du commissaire de Hué et des deux fils de Phan-tan-gian, dans une paillotte, près de la porte du Sud-Est. Phan-tan-gian était gouverneur des provinces de l'Ouest en Cochinchine, à l'époque où l'Amiral de La Grandière en fit la conquête. Désespéré, il s'était empoisonné. Ses fils nous avaient donc voué une haine implacable et avaient pris part à toutes les insurrections de la Cochinchine. La blessure du Maréchal était très grave. A la porte de l'Est, plusieurs personnes importantes avaient été tuées, entre autres le fils du Maréchal, marié à la fille unique de Tu-duc. Les prisonniers furent nombreux. Les Annamites avaient en tout quatre-vingts morts, dont soixante à la porte de l'Est, et trois cents blessés.

Dans l'après-midi du 20, Garnier envoya M. Bain avec 65 hommes et une pièce de canon s'emparer de la petite ville de Phu-hoai, où se trouvait la préfecture, à six kilomètres à l'Ouest de Ha-noï, sur la route de Son-tay. Le même jour, Garnier achevait la lettre à son frère : « All's right! La citadelle a été enlevée avec ensemble! Pas un blessé! La surprise a été complète et réussie au delà de mes prévisions. Le feu des navires surtout (« *Scorpion* » et « *Espingole* ») a abruti ces pauvres gens qui n'avaient pas encore vu de projectiles explosibles. Le Maréchal a été blessé par une boîte de mitraille. L'envoyé de Hué et tous les grands dignitaires sont pris. C'est une opération modèle (sans me vanter!) »

En l'honneur de la prise de la citadelle, la communauté chinoise adressa des cadeaux à Garnier, ainsi qu'à nous. C'est un bœuf, avec quantité de volailles et de fruits, des tentures de soie avec des lettres d'or. La ville marchande est en fête; on ne rencontre partout que des visages heureux et souriants.

Grisé par ces succès, Garnier écrivait, le lendemain 21, à sa famille :

« J'ai pris hier une ville de plus. Pour empêcher les fuyards de se rallier, j'ai envoyé une pièce de canon et 65 hommes. La panique était telle, par suite de l'affaire du matin, qu'il a suffi d'un coup de canon et de dix coups de chassepot pour faire fuir les défenseurs. Mais, le soir, j'ai éprouvé qu'il est plus facile de prendre la citadelle que de la garder. Il m'a fallu, avec 50 hommes qui me restaient, passer la nuit dans un ouvrage qui a six kilomètres de développement et où se trouvaient encore 2.000 hommes armés, ayant des chefs et se croyant condamnés à mort par les vainqueurs.

L'incendie, les surprises, tout était à craindre! Nous n'avons guère dormi. Aucun de mes postes ne comptait plus de 6 hommes. Heureusement, ils faisaient du bruit comme vingt. Aujourd'hui, le désarmement est fait sans résistance. Je prends en main l'administration de la province. Elle a deux millions d'âmes. Les populations viennent à moi.....

« Je suis exténué de fatigue. Voilà trois nuits que je passe. J'expédie un long rapport à l'Amiral et je ne veux pas retarder le courrier, qui doit, — ou bien, là ! je suis ensorcelé, — me valoir ma nomination de capitaine de frégate !..... »

Persuadé que c'était uniquement à ses canons et à ses combinaisons stratégiques que Garnier devait ses succès, il oublia ceux qui faisaient sa seule et sa vraie force, c'est-à-dire la population indigène tout entière. Il négligea de même ceux qui lui avaient acquis et qui pouvaient lui conserver la faveur populaire. Dès le jour de la prise de Ha-noï, Garnier devint presque un étranger pour Mgr Puginier et pour moi-même, et j'eus beaucoup de peine à éviter entre quelques-uns de ses officiers et mes hommes, les capitaines Georges et d'Argence, des conflits regrettables.

Puisque Garnier avait ouvert les hostilités contre les Annamites, il fallait les pousser jusqu'au bout et étouffer dès ses débuts la résistance que

Hué organisait déjà très activement contre nous. Le Maréchal Nguyen étant entre nos mains, le seul homme qui pût rallier la défense était le prince Hoang-ké-vien. Par ses pouvoirs militaires, par son titre de prince et de commissaire royal, il était désormais le seul représentant de la cour au Tong-kïn. Lui seul pouvait donner des ordres au gouverneur et, seul, il avait le droit de réunir des troupes, ce qu'il ne manquait pas de faire activement. Beaucoup d'hommes, incertains de l'issue de toute cette affaire, ne voulaient pas se compromettre et finirent par se rallier au prince. Du pont de nos navires, nous pûmes les voir bientôt passer tranquillement, par bandes, de l'autre côté du fleuve, mandarins en tête, se rendant à Sontay. C'est dans cette ville que le prince avait ses quartiers, et c'est là aussi qu'il organisait et prenait à sa solde les Pavillons Noirs.

Il fallait donc, avant tout, s'emparer de Sontay et duprince : en un mot, décapiter la résistance. Il était facile de réduire ainsi les gouverneurs et mandarins, car jamais ils n'auraient consenti à se réunir autour d'un de leurs égaux. Seul, le prince Hoang pouvait leur ordonner de se réunir à lui.

Quant aux Pavillons Noirs, ils seraient venus faire d'eux-mêmes leur soumission. Pour le moment, ils étaient encore établis à Kouen-ce et à

Hung-hoa, au confluent de la Rivière Noire et du Fleuve Rouge, au nombre d'environ 300. C'est dans cette dernière localité que se tenaient les conférences avec le prince. Nous verrons qu'elles aboutirent à la concentration des Pavillons Noirs sur Son-tay, où leur nombre allait se grossir peu à peu d'une foule de maraudeurs et de pirates Chinois, jusqu'à former plus tard une troupe de 2.000 à 3.000 hommes, auxquels l'An-nam fournira armes et vivres pour nous combattre. Il fallait empêcher tout cela à l'heure où on pouvait le faire sans effusion de sang.

Le 22 novembre, j'entretins Garnier de toutes ces choses. Je lui conseillai vivement d'aller sans retard prendre Son-tay. Le 25, n'ayant plus l'occasion de le voir, j'en parlai à Mgr Puginier; même j'accusai très vivement l'évêque de s'être emparé de l'envoyé français et de le diriger ; mais, pas plus qu'à moi, Garnier ne communiquait plus ses projets à Monseigneur.

arnier se proclame le protecteur à la fois des intérêts de l'Annam, de ceux des indigènes tong-kinois et du commerce.

On aurait pu croire que la prise de Ha-noï ferait lever le masque de la politique équivoque et flottante qui avait été pratiquée jusqu'à ce jour; il paraissait désormais bien difficile de continuer à donner l'illusion d'une entente avec le gouvernement annamite.

Toutefois, le jour même de la prise de la citadelle, puis encore le lendemain avec plus de détails, Garnier proclame de nouveau qu'il est d'accord avec la cour et que, s'il avait pris la ville, c'était pour punir des mandarins, rebelles au roi Tu-duc et aux ordres de Hué, dont il se faisait, lui, l'exécuteur.

Pour rassurer le peuple, « l'Envoyé du Grand Royaume de France, Garnier, proclame qu'il est venu au Tong-kïn par ordre de l'Amiral afin de protéger le commerce dans le pays. Les mandarins de cette ville, le Maréchal Nguyen, le Vice-Roi Piche-tien, dit-il, et d'autres encore ont dénaturé auprès du peuple le but de notre mission en faisant courir de faux bruits sur nos réelles intentions. Ils ont cherché à se débarrasser de nous par des procédés iniques : en faisant construire des barrages pour empêcher nos navires de passer, en cherchant à nous empoisonner, à incendier nos magasins à poudre pour faire sauter nos habitations, en appelant les « bandits aux pavillons noirs » et d'autres rebelles et pirates pour nous exterminer. En présence de ces procédés barbares, il ne m'était pas possible de ne pas prendre des mesures énergiques et immédiates; alors j'ai envoyé des soldats pour s'emparer de ces mandarins dénaturés et je vais les expédier au Roi d'An-nam pour les punir.

« Tous ces mandarins n'avaient aucun amour

du peuple ni d'autre souci que de s'emparer de ses biens en le saignant jusqu'à la moelle des os. Le châtiment que nous leur infligeons est encore bien au-dessous de leurs crimes. »

Après cette apologie, Garnier parle du nouveau régime qu'il va introduire au Tong-kïn : « Nous sommes donc venus, continuait-il, par ordre de l'Amiral, pour vous tirer de l'état d'isolement où vous végétiez. Nous n'avons pas l'intention de changer vos usages ou de nous emparer de vos biens ; nous vous considérons comme des frères et nous nous appliquerons de toutes nos forces à faire votre bonheur.

« Pour ce qui concerne les commerçants, soit dans l'intérieur du royaume, soit à l'étranger, ils pourront être tranquilles et n'auront plus à craindre d'être molestés, car il y aura un traité de paix qui nous engagera réciproquement. En disposant les choses de la sorte, nous avons en vue vos intérêts, car jusqu'ici vous étiez asservis sous un joug tyrannique et nous vous en avons délivrés.

« Maintenant, que les gens, capables de gouverner le peuple, viennent nous offrir leurs services, nous les accepterons et leur donnerons des postes à occuper. Pour la manière de gouverner, nous la règlerons de concert. De pareilles fonctions sont importantes, mais faciles à remplir.

Lorsque nous aurons désigné ceux à qui elles doivent être confiées alors la paix la plus parfaite régnera parmi vous.

« Nous laisserons en place tous les mandarins des préfectures (1) et des sous-préfectures (2), qui nous feront leur soumission. Pour ceux qui ne voudraient pas nous reconnaître et se retireraient, nous les remplacerons par des hommes prudents et sachant prendre en main les intérêts du peuple.

« Nous n'avons aucunement l'intention de nous emparer du Tong-kïn et de chasser les mandarins. Nous choisirons seulement des hommes du pays pour mettre à la tête du peuple, puis nous recommanderons au Roi et aux mandarins de traiter le peuple comme un père traite ses enfants. Nous récompenserons dignement tous ceux qui nous auront rendu service. Tous les mandarins que nous aurons nommés seront maintenus en place et ne seront inquiétés d'aucune façon.

« Que tous les préfets et sous-préfets veillent à ce que rien ne trouble la tranquillité publique! Quant aux villages qui seraient incendiés ou qui auraient subi quelque dommage, qu'ils attendent l'arrivée des nouveaux mandarins, qui rendront les chefs de canton responsables de ces désastres !

(1) Phu.
(2) Huyen.

« Que les lettrés restent tranquilles, chacun dans son village, et qu'ils ne s'avisent pas de se révolter! Que, dans les marchés, on continue à commercer comme auparavant et qu'il n'y ait de trouble nulle part!

« Après la publication de cet édit, si quelque bande ose encore inquiéter et piller le peuple, nous en tirerons un châtiment exemplaire.

« Telle est notre volonté. »

Que le lecteur attentif compare maintenant lui-même ces proclamations avec une lettre de Garnier, adressée à un ami intime, M. Luro, et datée du 25 :

« Mon bon vieux,

« Je suis exténué de fatigue et de pose. Je me trouve une province de deux millions d'âmes sur les bras. Ce vieil obstiné de Maréchal m'a forcé à lui faire la queue; il a été jusqu'à appeler les rebelles chinois contre moi. Le pauvre diable en a porté la peine. La citadelle est prise, et il a une balle de mitraille dans la hanche. J'expédie en bloc tous les hauts fonctionnaires du pays à Saïgon, pour qu'ils ne se croient pas obligés de soulever les populations contre moi, et je reste toujours avec ma province sur les bras. Ne me réponds pas comme Sganarelle : « Mets-la par terre » ; mais viens me trouver. Je te demande avec instance à l'Amiral. Avec toi, tout marchera comme sur des roulettes; mais, vrai! je ne peux pas tout faire. Je n'ai pas le temps de t'expliquer le pourquoi du comment. Dis à Philastre que je n'ai pas tort et que j'ai tendu aux Annamites la perche le plus longtemps possible. Je la leur tends encore, s'ils veulent de ma convention commerciale, puisque je dis que je rendrai Ha-noï au Roi dans ce cas, ce qui fait hésiter encore beaucoup de gens, qui sans cela se rallieraient à moi.

« Ou il ne fallait pas m'envoyer ou je ne pouvais agir autrement.

« Viens, viens, viens; il y a beaucoup, beaucoup à faire ici. C'est certainement préférable, comme richesse, climat, densité de population, à la Cochinchine.

« Amitiés à Montesquiou, Philastre et Macaire.

« Ouf! voilà ma troisième nuit. Adieu, ou plutôt au revoir.

« *Signé :* F. GARNIER. »

« Impossible de répondre à Montesquiou. Je crève de sommeil et le vapeur va partir. Il est 7 heures du matin. »

Entre les réelles intentions de Garnier, entre ses proclamations et ses actes, le peuple ne savait que croire ni que faire. Le 26, vers 10 heures du soir, plusieurs chefs de quartier et quelques chefs cantonnais de la province vinrent me trouver pour savoir ce que voulait faire Garnier. Ils me disent qu' « ils ne comprennent rien à sa politique. M. Garnier fait un pas en avant, puis un demi-pas en arrière. M. Garnier dit que la cour de Hué n'est pas écoutée au Tong-kïn, que les mandarins n'obéissent pas au Roi, qu'ils sont des rebelles. La vérité, c'est que les mandarins reçoivent des ordres très énergiques de Hué et qu'on les prie de couper les Français en tout petits morceaux; mais comment faire pour y arriver? Le peuple sait bien tout cela. A chaque instant, M. Garnier parle de traiter avec les Annamites, de rétablir le gouvernement de Hué au Tong-kïn. C'est pourquoi les notables n'osent s'engager et suivre M. Garnier. Ils savent bien qu'une fois les Français partis du pays, ce serait à eux que les Annamites s'en prendraient. »

J'engage alors les Cantonnais à aller voir M. Garnier et à lui dire franchement ce qu'ils pensent.

Malgré ces équivoques, malgré le mauvais effet des proclamations et la crainte de se compromettre, qui retenait beaucoup de personnes, Garnier recevait de divers côtés des témoignages évidents de la faveur que la cause française rencontrait dans le peuple, tant celui-ci est prêt à ne croire que ce qui est conforme à ses réels désirs. C'étaient surtout les Lê qui revenaient toujours offrir leurs services. Le 21, les Lê des environs de Quang-yen viennent me demander ce qu'ils doivent faire, car ils craignent d'agir en présence des navires de guerre. Je les adresse à Garnier.

Le 23, le Vice-Roi de Ha-noï, cherchant à s'échapper sous un déguisement de coolie, fut reconnu par le peuple et arrêté immédiatement. Mes hommes durent l'accompagner jusque chez M. Garnier de peur qu'on ne lui fît un mauvais parti.

Plusieurs des patriotes le plus honnêtes et le plus intelligents étaient aussi tout disposés à répondre à l'appel pour concourir à la réorganisation de la province. Ils s'adressèrent à Mgr Puginier pour prier Garnier de leur donner lui-même un roi. Les cadres des milices, préparés dès avant la prise de Ha-noï, se remplissaient peu à peu. « Le lendemain même de la prise de la citadelle, deux chefs, l'un chrétien, l'autre païen, amenaient deux cent cinquante hommes environ, levés partie dans la province de Ha-noï, partie dans celle de Bac-ninh. Enfin, avant que le mois de novembre ne fût écoulé, d'autres chefs amenaient encore environ quinze cents volontaires, levés non seulement dans la province de Ha-noï, mais encore dans celles de Nam-dinh et de Bac-ninh qui ne nous étaient pas soumises.

« Le mouvement en faveur de l'intervention française se propageait de plus en plus. Des provinces de Son-tay, de Bac-ninh, de Hung-yen, les chefs de plusieurs grands villages païens venaient offrir le concours de leurs concitoyens au commandant français, s'il voulait les délivrer des mandarins royaux (1). »

Réorganisation de la province de Hanoï.

Cependant Garnier s'occupait activement des mesures de police et d'administration que réclamait la situation. Il fit d'abord rapidement inventorier les ressources que contenait la citadelle. Beaucoup de choses de valeur et surtout des barres d'argent avaient disparu, mais ce qui restait était encore important : « quarante canons en bronze ou en fonte, des fusils de toute forme, à mèche et à pierre, des gingoles ou fusils de rempart, des sabres, des lances, trente milliers de poudre, des boulets, des balles, des grenades, des fusées en bambou, et un fort approvisionnement de salpêtre. Environ cent cinquante mille francs en sapèques, de l'argent en barres, du cuivre en lin-

(1) *Histoire de l'Intervention française au Tong-kin*, par M. Romanet du Caillaud, p. 125.

gots, quarante-neuf mille hectolitres de riz, sept cent cinquante hectolitres de sel, furent trouvés dans les bâtiments du trésor. De plus, dans l'enceinte erraient de nombreux bestiaux, bœufs, vaches, porcs et chèvres ; on les réunit en troupeaux et on les parqua (1). »

Garnier organisa ensuite une milice pour garder la citadelle, car il n'avait pas assez d'hommes pour surveiller 6.000 mètres de fortifications. Il fit barricader toutes les portes à l'exception de la porte de l'Est, ouvrant sur la ville marchande. Au dessus de chaque porte, il plaça un factionnaire français. Pour encadrer ses miliciens, Garnier demanda à l'Amiral de lui envoyer cent hommes bien choisis, mais pas davantage. Il voulait aussi un bon administrateur pour l'aider à organiser le pays et, en outre, des munitions dont il manquait, trois ou quatre mille fusils, anciens modèles, qui restaient sans utilité dans les arsenaux de Saïgon.

La plupart des mandarins supérieurs s'étaient enfuis. Conformément à ses proclamations, Garnier écrivit aux mandarins subalternes de rester à leur poste, leur ordonnant de lui remettre leurs cachets. Il devait, ajoutait-il, leur en distribuer de nouveaux. Ces nouveaux cachets, dont l'Amiral

(1) *Histoire de l'Intervention française au Tong-kin*, par M. Romanet du Caillaud, p. 119.

avait préparé lui-même le modèle, constataient le protectorat de la France au Tong-kïn.

Garnier se chargea de même de réprimer le brigandage sur le fleuve. « Une proclamation fut lancée, qui rendait responsables des crimes commis dans leurs circonscriptions les préfets, les sous-préfets, les chefs de canton et les maires de villages. Elle leur ordonnait de courir sus aux voleurs, de s'en emparer et de les livrer à l'autorité française.

« Quatre ou cinq exécutions de ces malfaiteurs, qui eurent lieu devant la porte de l'Est, à l'entrée de la ville marchande, répandirent une salutaire terreur (1). »

Mais, pour assurer la police du fleuve, il fallait des navires, Garnier me proposa donc d'acheter mes deux canonnières le « *Hong-kiang* » et le « *Lao-kaï* » et ma petite chaloupe à vapeur le « *Son-tay* ». Puisque l'envoyé français se chargeait de protéger le commerce du fleuve depuis la mer jusqu'à Ha-noï, j'y consentis avec l'intention de remplacer ces canonnières par des navires marchands. L'affaire fut conclue, et bientôt le « *Lao-kaï* » partit pour Saïgon afin de la soumettre à l'Amiral, qui armerait de suite ces deux navires de marins français.

(1) *Histoire de l'Intervention française au Tong-kïn*, par M. Romanet du Caillaud, p. 125.

En amont de Ha-noï, c'est moi qui protégerais les convois avec le navire qui me restait, le « *Mang-hâo* ». C'est ainsi que, dès le 5 décembre, les Cantonnais se constituèrent en société pour faire le commerce avec le Yûn-nân sous la protection de mon expédition.

Comme on l'a vu, depuis le mois d'octobre déjà, j'avais établi un camp fortifié à Seau-tun dans la région des forêts, à quelques milles au-dessus de Kouen-ce (1), où se trouvaient les avant-postes des Annamites et quelques Pavillons Noirs. Depuis Kouen-ce jusqu'au Yûn-nân, s'échelonnaient, les peuples indépendants et, sur le Fleuve, les Pavillons Jaunes, dont la soumission m'était assurée, comme nous l'avons déjà dit. Quant aux Pavillons Noirs de Lao-kaï, ils avaient promis de me laisser circuler librement.

Par ces mesures, le fleuve était réellement ouvert au commerce ; mais, ce commerce, il fallait l'établir et l'organiser. Il fallait créer des douanes, des monopoles. Garnier se disposait à prendre des mesures dans ce sens et à se créer par ce moyen les revenus qui feraient subsister la nouvelle administration ; mais il n'en eut pas le temps.

(1) Kouen-ce et Seau-tun n'existent plus aujourd'hui, ou du moins les noms sont changés. Il y a aujourd'hui dans ces parages un camp fortifié, non loin des premiers rapides ; c'est le camp de Yen-bay.

VI

Garnier entreprend la conquête du Delta. Prise de Phu-ly.

Des bruits de toute sorte et sans fondement, des menaces des lettrés, des rumeurs de soulèvement, parvenaient aux oreilles de Garnier par la voix des nouveaux conseillers dont s'était entouré le jeune officier. Ces conseillers étaient surtout le P. Six et des missionnaires annamites de la province de Nam-dinh, où les chrétiens étaient nombreux et craignaient les représailles des gens de Hué. Plutôt que de monter à Son-tay, Garnier résolut donc de faire la conquête du Delta. Ce fut de ce côté qu'il dirigea toutes ses forces.

Dès le 23 novembre, Garnier avait commencé à envoyer ses officiers en promenade militaire dans les villes situées en aval, pour recevoir, pour y imposer la soumission et pour y établir les préfets de son choix, en un mot, pour assurer l'ouverture du fleuve en détruisant les barrages et en établissant de nouveaux postes de douane.

Le 26, M. Esmez rentrait déjà d'une expédition qu'il avait faite avec quarante-cinq hommes, deux pièces de canon et cent cinquante miliciens indigènes pour installer de nouveaux mandarins à Phu-thuong.

En même temps, la préfecture de Phu-dinh et la

sous-préfecture de Hoaï-yen apportaient leur soumission.

Le 28, les gouverneurs des provinces de Hong-yen, Bac-ninh, Thaï-nguyen, reconnaissaient l'autorité française et promettaient d'obéir aux ordres de Garnier.

Le 1er décembre, Garnier envoyait quelques marins et un détachement de miliciens s'emparer de la sous-préfecture de Ya-lam, dans la province de Bac-ninh. Voyant que Garnier disséminait de plus en plus ses hommes dans le bas du fleuve, je lui proposai de me laisser prendre Son-tay et même Hung-hoa pendant qu'il irait prendre Nam-dinh. « Ma troupe, lui disais-je, serait assez forte pour garder ces deux villes. Même, s'il le fallait, je ferais descendre les hommes de mon camp pour occuper encore la province de Bac-ninh. » Mais, pour le moment, Garnier déclina mes offres.

Revenons donc au Delta. Le 23, M. Balny quittait Ha-noï avec l'« *Espingole* », ayant à bord quinze soldats d'infanterie de marine commandés par M. de Trentinian et le docteur Harmand. Il s'agissait d'aller demander la soumission du gouverneur de Hong-yen, de détruire la douane et les barrages construits à peu de distance, puis de s'emparer de la citadelle de Phu-ly, sur le Daï.

En arrivant devant Hong-yen, M. Balny expédia M. Harmand avec quatre hommes et l'interprète.

Ils trouvent les portes fermées et le rempart garni de soldats; mais bientôt, à la demande des Français, on voit paraître le mandarin de la justice qui vient déclarer, que, puisque la grande citadelle de Ha-noï avait succombé, il ne prétendait pas défendre la sienne contre nous.

On obtient, après quelque hésitation, la lettre du gouverneur qui devait constater sa soumission.

« Reconnaissant, disait dans cette pièce le mandarin de Hong-yen, que les Français veulent rester bons amis des provinces voisines de celles de Ha-noï en se conformant aux traités de commerce, je déclare que je suis prêt à observer ces traités. Les douanes sont détruites. On a déjà commencé à démolir le barrage et je vais y envoyer un grand nombre d'ouvriers afin de le faire disparaître complètement.

« Désormais, les impôts ne seront plus payés entre les mains des autorités annamites, mais bien au commandant français à Ha-noï. » Le gouverneur promettait, en outre, de combattre le brigandage dont le pays était infesté.

Le 26 novembre, l'« *Espingole* » mouillait devant la citadelle de Phu-ly. Les troupes débarquèrent. Une rue menait en droite ligne à l'une des portes de la ville, défendue par un pierrier. De peur qu'on ne fît feu, la troupe se rangea à droite et à gauche, le long des maisons. Dès qu'on fut à portée de la voix, on cria aux Annamites qu'on venait rendre visite à leurs chefs. Arrivé à la porte de la ville, M. de Trentinian se hissa jusqu'aux barreaux qui la surmontaient et aperçut à l'intérieur soldats et mandarins, effarés, qui couraient à droite et à gauche. Le mur fut bientôt escaladé, et M. Balny, d'un côté, M. de Trentinian, de l'autre, accompagnés de leurs hommes, firent le tour des remparts, d'un développement d'environ deux kilomètres. De toutes parts, les fuyards sautaient dans les fossés et se sauvaient à travers la plaine. On aperçut de loin un palanquin qui devait être celui du préfet. Il servit de cible pendant dix minutes et fut démonté trois fois; mais enfin il fallut le laisser courir. On fit immédiatement l'inventaire des ressources de la citadelle. Elle contenait au moins 40,000 fr. de sapèques, et des bâtiments immenses étaient remplis de riz.

Dans la même journée, quelques missionnaires français arrivèrent de Ké-so, leur centre principal au Tong-kïn. M. Balny écrivait à Ha-noï pour signaler d'importants barrages à hauteur de Nam-dinh et demander l'autorisation d'aller les détruire. Le lendemain, MM. Harmand et de Trentinian se rendirent à Ké-so pour faire visite aux missionnaires afin de s'entendre et de se renseigner. Cette résidence, située sur les bords du fleuve, était organisée d'une manière remarquable. Elle possédait une chapelle, des écoles et une infirmerie. Une enceinte entourait complètement les bâtiments de la mission et, de distance en distance, des tas de pierres étaient préparés pour assommer les voleurs qui tenteraient l'escalade. En face, sur la rive droite, ce sont de hautes montagnes, derniers contre-forts de la grande chaîne qui sépare les bassins du Mékong et du Fleuve Rouge. Ces montagnes sont habitées par des tribus sauvages connues sous le nom de Moïs. Les missionnaires avaient pénétré chez ces peuplades et y trouvaient un refuge lorsqu'ils étaient persécutés par les Annamites.

Le 30 novembre, M. Balny avait achevé de reconnaître les lieux et les choses, et il allait pouvoir prendre les mesures nécessaires, lorsque, à son grand regret, des instructions nouvelles l'appelèrent ailleurs.

Prise et organisation de Haï-dzuong.

La citadelle de Phu-ly fut laissée entre les mains de troupes auxiliaires, commandées par l'Annamite Lé-van-ba, qui, plus tard, fut envoyé à Nam-dinh, et, le 2 décembre, l' « *Espingole* » se mit en route pour Haï-dzuong. Cette ville était le chef-lieu de la province maritime de ce nom ; elle est située sur le Thaï-binh.

Tandis que M. Balny faisait route pour Haï-dzuong à travers les arroyos du Delta, Garnier changeait d'idée ; il se décidait à aller prendre

Son-tay et dépêchait M. Hautefeuille pour rappeler l' « *Espingole* » à Ha-noï. D'après ce contre-ordre, M. de Trentinian devait rester à Ninh-binh et réorganiser la province; mais le contre-ordre arriva trop tard; M. Balny était déjà loin.

M. Balny avait ici une double mission à remplir : reconnaître si le passage était libre et s'assurer des intentions amicales du Gouverneur. La canonnière arriva en vue de Haï-dzuong, le 3 à la tombée du jour; mais la marée était basse et il fallut mouiller à deux kilomètres de la citadelle. « Je regrettai vivement ce contre-temps », écrit M. Balny dans son rapport, « car l'impossibilité, dans laquelle je me trouvais d'approcher de la ville, n'avait certainement pas échappé à Haï-dzuong et, tout en espérant n'avoir que des relations amicales, notre éloignement pouvait modifier un peu les dispositions des autorités, en nous enlevant l'appui moral d'une intervention immédiate en cas de mauvaises intentions. »

Il fallut renvoyer au lendemain matin la visite au gouverneur. A 10 heures, M. de Trentinian fut envoyé avec ses hommes pour demander au gouverneur une visite à bord de la canonnière. On le reçut au débarcadère et on le pria d'y attendre le gouverneur. Au bout d'un quart d'heure d'attente, M. de Trentinian prit la route de la citadelle et frappa violemment à la porte. A son approche, des terrassiers, qui creusaient des trous de loup sur le glacis, s'enfuirent; des soldats, tout tremblants, ouvrirent immédiatement et le conduisirent à la demeure du Grand Mandarin. Celui-ci arrivait en ce moment au milieu d'un cortège magnifique. Les apprêts de la cérémonie avaient seuls retardé sa visite.

Il reçut l'officier français, « le sourire aux lèvres, mais avec cette insolence polie, particulière aux Annamites, qui laissait voir, sous les dehors aimables qu'affectait le gouverneur, le sentiment de sa force et le peu d'effet de notre présence à une telle distance (1). »

Étant descendu de son palanquin, le gouverneur introduisit M. de Trentinian dans sa demeure. Ses gardes plantèrent leurs lances devant la porte; à peu de distance, les soldats se rangèrent avec ordre derrière leurs faisceaux d'armes.

La salle de réception était grande et bien construite. Au milieu se trouvait une longue table entourée de sièges et de bancs en bois de fer, sculptés avec goût et simplicité. Le gouverneur fit asseoir M. de Trentinian à côté de lui; les principaux mandarins, puis une foule d'Annamites, se placèrent debout derrière eux. Les serviteurs des

(1) Ce passage et les détails qui suivent sont tirés du rapport officiel de M. Balny à Garnier.

mandarins sont généralement témoins de toutes les conversations de leurs maîtres. Quelle qu'en soit l'importance, les mandarins se cachent rarement d'eux; du reste, ni force ni argent ne détermineraient un Annamite ou un Chinois à commettre une indiscrétion. Quand un chef adresse la parole à ceux qui l'entourent, chacun s'incline avec respect, et ses ordres sont exécutés avec la plus grande rapidité. C'est l'obéissance passive. Ceux qu'on introduit dans la salle s'étendent à terre, se relèvent et recommencent jusqu'à ce qu'on leur donne l'ordre de cesser leurs saluts. Les demandes sont généralement présentées sur des plateaux couverts de fruits; d'autres cadeaux sont apportés, et ils varient selon la position du solliciteur. Un lettré prend la supplique et la lit au mandarin; la réponse est attendue humblement.

On apporta des fruits, du thé et du sucre, et la conversation commença. M. de Trentinian la rapporte en ces termes : « On se demanda tout d'abord des nouvelles du Roi Tu-duc et du Gouverneur de la Cochinchine, puis je rappelai le bon accueil qui nous avait été fait à notre premier passage. Le gouverneur m'exprima ses regrets de voir que la canonnière n'avait pu approcher. Cette phrase me prouva que notre situation éloignait toute crainte de danger dans son esprit et que ma mission serait difficile à remplir. En effet, lui ayant exprimé le vif désir de M. Balny de recevoir sa visite à notre bord, j'eus un refus tout net. A toutes mes insinuations, il répondait qu'il fallait une autorisation du Roi. J'augmentai vainement mes exigences; j'en vins même à lui dire que nous avions pris Ha-noï et que nous prendrions Haï-dzuong, s'il ne nous rendait pas cette visite. Enfin, je le quittai en lui annonçant pour dans deux heures le bombardement de la citadelle.

« Ce mandarin resta aimable, malgré la violence de ma démarche. Rien dans sa figure ne trahit la moindre émotion. Il est vrai que notre bâtiment, arrêté à deux kilomètres, apparaissait comme un point noir à l'horizon, et que les Annamites ne supposaient probablement pas que nous pouvions, à cette distance, mettre le feu à leur citadelle, la terreur et la ruine dans leurs demeures. »

En sortant de la ville, M. de Trentinian observa avec soin quels étaient les moyens de défense de la citadelle. Depuis un mois, une série de travaux avaient été faits qui ne laissaient aucun doute sur les sentiments du gouverneur. La situation donnait à réfléchir, vu l'exiguïté des forces dont pouvait disposer l'« *Espingole* ». Une circonstance décida M. Balny. M. de Trentinian venait d'arriver, lorsqu'un officier annamite de grade inférieur accosta le commandant, apportant quelques œufs et des fruits. Cet officier, copiant les manières de son chef, annonçait, le sourire sur les lèvres, qu'il était envoyé par le gouverneur pour présenter ses compliments, apporter ses présents et dire qu'il ne fallait pas compter sur sa visite, la loi annamite s'y opposant. M. Balny refusa les présents et répondit que M. de Trentinian avait suffisamment expliqué combien les intentions des Français étaient amicales, mais que la visite du gouverneur était indispensable pour prouver qu'il y répondrait par des dispositions analogues. On attendait cette visite jusqu'à trois heures. L'officier repartit, ayant toujours le sourire sur les lèvres.

Personne ne parut. Les remparts, au contraire, se couvrirent de monde et de pavillons. A 3 h. 05, la pièce fut donc pointée sur la tour de la citadelle, à 10 encâblures, et l'on ouvrit le feu. La tour est touchée, ainsi que les maisons qui l'entourent. Au dixième coup, M. Balny fit cesser le feu et s'approcha de la citadelle pour parlementer. On lui envoya un simple caporal. A défaut d'autre messager, M. Balny chargea cet homme de dire qu'il attendrait l'envoi d'un parlementaire jusqu'à six heures, la visite du gouverneur jusqu'à huit. A six heures et demie se présenta le chef de la congrégation chinoise. Il venait demander à quelle condition M. Balny consentirait à ne plus tirer le canon. L'officier français répondit qu'il n'exigeait rien autre que la visite du gouverneur, dont il

8.

prolongeait le délai jusqu'au lendemain matin, 7 heures. Ce délai devait permettre à M. Balny de trouver une passe pour s'approcher de la ville.

Au jour, — c'était le 5 décembre, — une délégation se présenta. Le gouverneur n'en faisait pas partie et on refusa de la recevoir. Bien que la situation fût grave, MM. Balny, de Trentinian et Harmand avaient décidé d'un commun accord qu'il fallait agir, que l'honneur du drapeau français se trouvait engagé. Il ne s'agissait de rien moins que de s'emparer d'une immense forteresse hexagonale à la Vauban. Les courtines mesuraient 200 mètres et les bastions 100 mètres de côté. Chaque porte était protégée par un grand redan et défendue par une pièce de campagne. Chaque redan était armé d'au moins 6 pièces battant un glacis très étendu et entouré d'un double fossé. Du haut des bastions de droite et de gauche, 6 pièces défendaient l'accès des portes. Sur les remparts, il n'y avait pas moins de 80 pièces, dont plusieurs en bronze et d'un modèle récent. Pour s'emparer d'une citadelle aussi formidable, contre laquelle étaient venues échouer, quelques années auparavant, toutes les forces du prétendant Lê-phung, M. Balny n'avait avec lui que 28 hommes; — mais il avait pour lui la faveur du peuple et la haine profonde de celui-ci pour les mandarins annamites.

A 8 heures du matin, l'« *Espingole* » vint mouiller à 100 mètres d'un fort qui l'accueillit par une bordée de coups de canon, dont la décharge passa par dessus la canonnière sans l'atteindre. La pièce de quatorze fut aussitôt mise en batterie pour protéger le débarquement. Dès que la petite troupe eut touché terre, elle courut au fort, dont les défenseurs avaient tous disparu. « A 600 mètres du fort, raconte M. Balny lui-même, arrivés au bout d'une rue, nous nous trouvions devant la citadelle, à l'entrée d'un chemin découvert. A ce moment, nous fûmes salués d'une bordée du canon de la porte du redan. Toute la charge passa à 50 mètres, en nous couvrant de poussière. Après une seconde d'hésitation, voyant que, malgré notre tir, on rechargeait les pièces, nous nous portons au pas de course jusqu'à la porte du redan. La hache ne put pratiquer qu'une petite trouée. Il ne fallait pas songer à l'escalader ; elle était hérissée de pointes en fer sur lesquelles je me déchirai les mains. Heureusement les murs n'étaient pas très hauts et, en faisant la courte-échelle et nous frayant à coups de sabre un passage entre les bambous en saillie, nous pûmes pénétrer dans le redan dont tous les défenseurs disparurent à notre vue.

« Nous nous portâmes rapidement à l'un des angles pour reconnaître la porte et nous réunir.

En cet endroit, nous nous trouvions battus par les trois pièces du bastion opposé et la pièce de la porte. Ces 4 pièces tirèrent presque en même temps sur notre petit groupe sans atteindre un seul d'entre nous. Le pont fut rejoint au pas de course. Au moment où nous nous y engagions, le bastion de gauche, trop pressé, lâcha sa bordée qui passa devant nous et dont les projectiles tombèrent à droite et à gauche du pont. Le pont était franchi au moment où le bastion de droite recommençait le feu.

« La porte était dure et résistait aux coups de hache ; enfin un petit panneau fut arraché, mais la hache vint butter contre des gabions pleins de terre. La position était critique. Arrêté devant un obstacle inattendu, battu à 100 mètres par ces cinq pièces du bastion, notre petit groupe aurait dû être écrasé. Une seule décharge nous eût broyés. Toutes passaient à quelques mètres de nous ou tombaient dans l'eau, à nos pieds. Une pluie de pierres et de briques tombait sur notre tête et nous fit quelque mal.

« Reconnaissant l'impossibilité d'enfoncer la porte, quelque dur qu'il fût pour moi de battre en retraite, je demandai aux officiers leur avis et je songeai à donner l'ordre de se retirer. Un homme, le nommé Gautherot, demanda à tenter l'escalade, mais ses efforts furent impuissants.

Pendant cet essai, le docteur Harmand eut l'idée de tirer un coup de fusil sur un des larges barreaux qui terminaient la porte à son sommet. Le pied vola en éclats. Un second coup déchaussa le barreau voisin. M'accrochant aussitôt à la brèche faite dans la porte, je me hissai jusqu'aux barreaux que j'arrachai, et je me présentai, par cette ouverture, le revolver au poing. Cinq hommes étaient sous la porte avec des fusils. A ma vue, ils hésitèrent. Je fis feu sur l'un d'eux ; mon revolver rata, mais ce mouvement les détermina à tourner les talons, si bien que, lorsque mon second coup fut armé, je n'avais plus de cible.

« La citadelle était prise. Un homme me suivit, puis un autre. Je m'avançai à découvert de la porte ; tout le monde fuyait, les pièces étaient abandonnées précipitamment. Le seul fait d'un homme se présentant en haut d'une porte, d'où un coup de lance l'eût rejeté facilement, était le signal de la déroute (1). »

Avec deux hommes, M. Balny fit le tour des remparts, franchit la porte ouest sur le dos des fuyards et ramena des prisonniers. Tout à coup il se trouve en face d'une trentaine d'hommes, ayant leurs armes et du riz, arrivés trop tard pour s'enfuir avec les autres. Il est seul à ce moment et très isolé. Sans hésiter, il court sur eux..... Tous

(1) Rapport officiel de M. Balny à Garnier.

ces soldats jettent leurs armes en demandant grâce.

Quelques minutes après, le pavillon français flottait sur la tour. Il était dix heures du matin. Pas un homme n'était blessé.

On trouva à Haï-dzuong de grands approvisionnements. Le riz remplissait d'énormes greniers; il y avait aussi quantité de pierriers, d'armes, de salpêtre, de poudre, et de nombreux projectiles; mais les affûts des canons étaient en mauvais état, les fusils très vieux, à pierre ou à mèche. Le trésor contenait plus de 120,000 fr. en sapèques et environ 40,000 fr. en barres d'argent qui furent immédiatement portées à bord. Cette ville avait une grande importance commerciale et occupait une réelle position stratégique. Elle avait été souvent attaquée par les pirates, et les officiers français remarquèrent des boulets encastrés dans les murs, surtout du côté du fleuve! Le quartier chinois y était considérable, et l'arroyo qui y mène, toujours rempli de jonques de toutes dimensions.

Ne sachant si on pourrait garder cette citadelle, si éloignée de Ha-noï, M. Balny fit enclouer et démonter toutes les pièces. On mit quatre jours à cette besogne, en y employant 80 prisonniers. Plus de 2.000 lances et de 1.500 fusils furent réunis au pied de la tour et brûlés. On fit murer toutes les portes, sauf une, ainsi que les redans. Les casernes construites dans les demi-lunes furent brûlées. Elles gênaient la vue des sentinelles et eussent permis aux Annamites de s'approcher secrètement des murs.

Dès qu'il eut pris les premières mesures de sécurité, M. Balny fit prévenir la mission dominicaine espagnole de Ké-mot pour lui annoncer les événements et réclamer ses conseils. Il fit aussi demander le chef de la congrégation chinoise et les autorités municipales de la ville. Celles-ci s'empressèrent de venir. M. Balny fit rédiger séance tenante une proclamation qui informait les habitants de nos intentions pacifiques, disant que la prise de la citadelle n'avait été qu'un châtiment infligé à la mauvaise volonté, à l'insolence du mandarin. Quelques copies des arrêtés, pris par Garnier pour l'ouverture du fleuve au commerce, furent affichées dans la ville, à la grande satisfaction de tout le monde.

Toutefois je ne veux parler ici que des indigènes. La mission espagnole, à laquelle M. Balny communiquait ses succès avec tant d'empressement, voyait de fort mauvais œil l'établissement des Français dans le pays. Comme tout le monde, ces missionnaires désiraient aussi le rétablissement des Lê; mais ils n'en laissaient rien paraître et furent toujours manifestement les partisans dévoués de Hué et des mandarins; les preuves ne manquent pas. Mgr Colomer, évêque du vicariat apostolique du Tong-kïn oriental, écrivit à Garnier une lettre très dure pour protester contre « la usurpacion de los Franceses... (1). » Un exemplaire de cette lettre était envoyé aux autorités annamites, à toutes les préfectures et à tous les gouverneurs de province. Après la prise de Ha-noï, Mgr Colomer et son second Mgr Cezon écrivaient également aux chrétiens de leurs vicariats de n'accepter aucune fonction publique de la main des Français (2).

N'oublions pas que les missions en général n'avaient pas intérêt à voir s'établir des Européens dans le pays. En effet, ceux-ci, quels qu'ils fussent, n'étaient pas souvent des pratiquants zélés de la religion catholique, et leur indifférence pouvait être d'un exemple dangereux au sein d'une population naïve et crédule. Si ce peuple ne retrouvait pas chez les étrangers l'assiduité pieuse dont on lui faisait un devoir essentiel, l'œuvre et l'autorité des missionnaires risquaient évidemment d'être grandement compromises.

Dans la mission française du Tong-kïn occidental, les sentiments patriotiques faisaient taire ces

(1) *Histoire de l'Intervention française*, par M. Romanet du Caillaud, p. 146.

(2) Lettre de Mgr Riano, coadjuteur de Mgr Cezon.

considérations; mais tel n'était pas le cas dans les vicariats espagnols.

En réponse à la requête de M. Balny, le Père dominicain Masso vint apporter les conseils de la mission. Il assurait qu'à moins de recevoir des renforts sérieux M. Balny serait accablé par les troupes venant du Nord et du Sud et que tous les chrétiens du pays seraient massacrés.

Le 8 décembre seulement, arriva la réponse écrite de Mgr Colomer, « réponse brève, blessante dans la forme, écrit M. Balny, et indiquant peu d'empressement à me donner un concours dont j'avais tant besoin..... (1) ». Sur la demande renouvelée de l'officier français, Monseigneur vint, le lendemain 9, de nuit, à bord de l' « *Espingole*» . « Il se plaignit amèrement, me demandant des explications sur notre présence au Tongkïn, mettant toujours la question politique en avant et protestant contre les événements. Je lui dis que je n'avais pas qualité pour lui répondre...; que la question, pendante à Haï-dzuong — qui peut-être était de moindre importance — devenait actuellement la principale et que je le suppliais d'employer toute son influence à la régler. Je finis par le décider, après avoir lu article par article le traité que j'avais préparé, à faire recher-

(1) Rapport de M. Balny à Garnier.

cher les mandarins pour le leur proposer (1)

Par ce traité, les mandarins de Haï-dzuong s'e gageaient : « à faire respecter les arrêtés comme ciaux édictés par le Commandant français à H noï, Envoyé de l'Amiral Gouverneur à Saïgon

Art. 3 et 4. — Les douanes et les barrages s raient détruits et la navigation libre pour commerce.

Art. 5 et 6. — Tout Chinois ou résident étran ger serait sous la protection du Commandan français qui réglerait les différends.

Art. 7 à 12. — Les autorités de la province d Haï-dzuong s'engageaient au respect et à la sou mission dans leurs rapports avec le Commandan français.

Art. 13. — A ces conditions, le Commandan français s'engageait à évacuer la citadelle et à l remettre entre les mains du mandarin gouver neur de la province de Haï-dzuong en lui ren dant toute son autorité.

Art. 15. — Le Commandant français s'enga geait à ne se livrer à aucun acte d'hostilité tant que le traité serait exécuté et, au contraire, à maintenir de tout son pouvoir les autorités de la province (2).

(1) Rapport de M. Balny à Garnier.

(2) *Histoire de l'Intervention française,* par M. Romanet du Caillaud, p. 408.

Cependant les bons rapports se faisaient plus nombreux et plus sincères entre le petit corps d'occupation français, les autorités du pays et les missionnaires espagnols. A la demande du chef de la congrégation chinoise, la plupart des prisonniers furent relâchés. Trente chrétiens furent envoyés pour rendre des services aux Français. Il est vrai qu'ils se livrèrent à un vrai pillage de la citadelle sans qu'on pût songer à les en empêcher. Les chefs de canton, les maires, les notables, les commerçants chinois, venaient voir le commandant et lui apportaient des présents, l'assurant de leur dévouement aux Français et le remerciant d'être venu les affranchir d'un joug qui leur pesait tant (1). Ils prenaient d'eux-mêmes l'initiative de la réorganisation et demandaient à occuper les postes abandonnés par les mandarins. M. Balny accorda son cachet à six d'entre eux, mais, ne les connaissant pas suffisamment, il dut refuser de leur donner encore le pavillon français.

Le premier souci des indigènes et le premier secours qu'on attendait des Français c'était la poursuite et, si possible, l'extermination des pirates. Chaque nuit, des feux immenses éclairaient l'horizon. M. Balny éprouvait une tristesse profonde devant ces ruines et ces incendies qui depuis trente

(1) Rapport de M. Balny à Garnier.

ans désolaient ce malheureux pays. Les principaux fauteurs de toute cette misère étaient au nombre de 200 à 300, possédant 21 jonques et de gros canons. Leur audace était extrême. A deux heures à peine au nord de Haï-dzuong, ils avaient coupé toute circulation sur le fleuve. Ils pillaient les barques et les villages et massacraient les hommes ou les retenaient prisonniers. Leur chef A-hong alla même jusqu'à écrire à M. Balny pour lui demander l'autorisation de prendre Quang-yen, dont les mandarins venaient de solliciter du commandant français des secours contre ces mêmes pirates. Cette lettre était d'une audace inouïe. M. Balny y répondit en ces termes : « Les Français ne traitent pas avec les pirates ; lorsqu'ils les prennent, il les pendent ».

Pour arriver à purger le pays de ces bandes, il fallait de la persévérance et du temps ; il fallait surtout une direction ferme et nette à la tête de l'expédition française. Depuis le 30 novembre, M. Balny n'avait aucune nouvelle de Garnier ; jusqu'au 14 décembre, il dut prendre, de son chef, les mesures les plus pressantes, — des demi-mesures, — et il vécut jusqu'à cette date, c'est-à-dire pendant 10 jours depuis la prise de Haï-dzuong, dans une inquiétude perpétuelle.

Enfin, le 14, un courrier arriva. Il apportait à M. Balny l'ordre de quitter immédiatement Haï-dzuong et d'aller rejoindre son chef sous les murs de Nam-dinh. Il demandait à M. de Trentinian s'il voulait rester à Haï-dzuong avec ses quinze hommes d'infanterie de marine pour garder la province. Si M. de Trentinian considérait la position comme tenable, des instructions ultérieures lui seraient envoyées. M. de Trentinian accepta avec empressement, persuadé qu'avec l'appui de la population, qui était manifestement sympathique, il pourrait apaiser la province. Aussitôt M. Balny lui remit tous les pouvoirs ; une proclamation informait les habitants du départ de M. Balny et de son remplacement par M. de Trentinian, devant qui les chefs de quartier auraient à venir se présenter tous les matins. En outre, chaque homme fut muni de huit paquets de cartouches, et l' « *Espingole* » laissa dans la citadelle des vivres et des munitions en abondance.

Les instructions de Garnier ne tardèrent pas à arriver. Dans une première lettre du 17 décembre datée de Ninh-binh, Garnier envoya le texte d'une proclamation qui devait être affichée à Haï-dzuong. Elle disait que les maires avaient à rester en fonctions ; tous détenteurs d'armes ou d'embarcations appartenant au gouvernement devaient les livrer sous peine de mort. Les populations étaient rendues responsables de la conservation des archives. Les fonctionnaires qui se soumettaient seraient maintenus; les autres, traités en rebelles; tout voleur, pirate ou incendiaire, serait passé par les armes, et Garnier ajoutait que, pour les principaux postes, il ne tenait pas du tout à des chrétiens.

Une autre lettre, datée du 20 et de Ha-noï, insistait pour que Garnier fût tenu au courant des allées et venues des bateaux, des faits et gestes des pirates de Quang-yen, et de l'arrivée au Cua-Cam des navires de guerre qui devaient apporter de Saïgon des troupes fraîches.

M. de Trentinian ne savait pas combien de temps il aurait à se maintenir dans la province de Haï-dzuong. Il fit construire, au-dessus de l'une des portes qu'il occupait, un petit ouvrage imprenable, où furent accumulés du riz, du bois, de l'eau et des sapèques. Les bâtiments, occupés par les soldats, furent entourés d'un large fossé rempli d'eau. On était ainsi garanti contre les circonstances les plus défavorables et contre toute surprise.

Puis M. de Trentinian s'occupa de l'organisation de sa province. Il ordonna à tous les notables des Phu (préfecture) et des Huyen (sous-préfecture) de se rendre à Haï-dzuong pour avoir à désigner eux-mêmes les nouveaux chefs de ces divisions administratives. Il leur donna mission d'organiser les troupes pour assurer l'ordre dans le pays et les chargea de lui envoyer tous les Tongkinois qui voudraient combattre sous son drapeau. Pour assurer le succès de ces mesures, il leur fit distribuer l'argent nécessaire; les chefs désignés lui laissèrent leurs fils comme gages de leur fidélité. Le chef de la communauté chinoise, qui lui était entièrement dévoué, l'aida puissamment dans son travail.

Dans ce pays, l'organisation était de telle nature, que, malgré les révolutions continuelles, elle subsistait quand même.

Les maires, dont la puissance administrative était très grande, étaient presque inamovibles, quels que fussent les changements de mandarins. C'est ainsi que, du jour au lendemain, un étranger pouvait se mettre à la tête des affaires sans qu'il en résultât d'anarchie dans le pays.

Prise et réorganisation de Ninh-binh.

Lorsque, le 2 décembre, Garnier se décida à diriger ses forces sur Son-tay, il envoya à Phu-ly l'aspirant Hautefeuille porter ses nouvelles instructions à l'enseigne Balny. M. Hautefeuille devait ensuite remonter le Daï et se rallier au « *Scorpion* » et à l' « *Espingole* » sous les murs de Hung-hoa, où les Pavillons Noirs concentraient leurs forces. S'il ne trouvait pas l' « *Espingole* » à Phu-ly, il devait aller détruire le barrage situé aux limites de la province de Ha-noï, entre la Doquian et la Don-vi, reconnaître le fleuve jusqu'à Ninh-binh et même, s'il le jugeait sans danger, il avait ordre d'aller demander aux mandarins de Ninh-binh la réponse à la lettre de Garnier et de remonter ensuite à Hung-hoa.

C'est à M. Hautefeuille lui-même que j'emprunte tous les détails de son expédition et, autant que possible, les propres termes de son rapport à Garnier. Si certains événements paraissent inouïs et légendaires, qu'on se rappelle le désir unanime du peuple de voir dans la présence du drapeau français le signal de la délivrance si longtemps attendue!

« Je partis de Ha-noï, écrit M. Hautefeuille, le 2 décembre, à 8 heures du matin, dans une chaloupe à vapeur armée d'un canon de quatre de montagne. J'avais avec moi un quartier-maître, six marins, un chauffeur annamite qui parlait le français, un prêtre annamite, le P. Six, et un ancien maître de poste annamite, envoyé à Ninh-binh comme tuan-phu (gouverneur de 2e classe). Nos munitions se composaient de six obus, de six mitrailles et de cent cinquante cartouches environ.

« Le fleuve nous étant totalement inconnu, ce ne fut pas sans échouages que j'arrivai vers 5 heures du soir à l'arroyo qui conduit à Phu-ly. Là, je vis un poste avec pavillon annamite. Étant descendu à terre avec un homme et mon Annamite, je vérifiai que M. Balny avait passé par là. Il avait laissé le pavillon comme chose inutile à emporter, mais il avait désarmé le fortin; après quoi, il était parti pour Haï-dzuong le matin même.

« Le soir, à 8 heures, j'arrive à Phu-ly. Je débarque le mandarin Jushe-kon et le P. Six, puis, ayant appris par Lé-van-ba, qu'on travaillait activement à un barrage, je résolus d'y aller de très bonne heure et je demandai un pilote. Je me faisais comprendre en latin par le P. Six. Je n'avais pas perdu tout ce qu'on m'avait appris à Sainte-Barbe.

« Le 3 décembre, à 3 heures du matin, je me remis en marche et, à 5 heures, nous nous amarrions à Ké-so. Les missionnaires me virent arriver avec bonheur. Ils tremblaient depuis le départ de l' « *Espingole* » ; des bandes, levées par les mandarins, menaçaient Ké-so et Phu-ly. Je fis prévenir Lé-van-ba, et je me résolus de plus en plus à descendre jusqu'au barrage, quelque danger qu'il y eût pour mes hommes. Par bonheur, j'arrivai à temps. De forts piquets allaient d'une rive à l'autre sur deux lignes en échiquier, réunies par des bambous. Sur le rivage étaient environ deux cents petites barques chargées de pierres, prêtes à être coulées entre les piquets.

9.

C'eût été un barrage formidable qui aurait causé certainement l'inondation d'une grande partie du pays.

« Je descendis à terre, et tous les miliciens s'enfuirent. Je fis néanmoins quelques prisonniers, entre autres le phô-lanh-binh (colonel) qui commandait les corvées. Je brûlai toutes les barques, et bientôt la rivière avait un quai en pierre. Je repartis à 9 heures. A 10 heures, nous détruisîmes une batterie rasante construite sur le bord du fleuve, appelé Don-vi; mais, vers 11 heures, j'eus une avarie dans ma machine. Obligé d'éteindre les feux et de me faire haler, nous arrivâmes à la mission vers 4 heures.

« Le 4 décembre, je partis à pied avec cinq hommes et mon Annamite pour reconnaître le pays. On annonçait sept cents soldats de Ninh-binh à deux heures de marche. Je fus rejoint par une forte troupe de volontaires de Phu-ly. Après avoir marché trois heures et demie, au pas de six kilomètres à l'heure, et ne voyant rien d'inquiétant, je rebroussai chemin vers la mission, laissant les Annamites campés à la limite de Ninh-binh.

« Cette reconnaissance montra notre pavillon et fut d'un très bon effet. Pendant qu'on m'annonçait l'existence d'un deuxième barrage sous le feu de la citadelle de Ninh-binh, la mission recevait une lettre, dans laquelle le tuan-phu, effrayé par le récit du phô-lanh, qui commandait au premier barrage et que j'avais relâché, annonçait des intentions, sinon amicales, du moins non agressives.

« Je crus le moment propice pour aller demander la réponse à votre lettre. Je partis le 4 décembre, à 11 heures du soir, à petite vitesse, avec mes *sept Français*, mon Cochinchinois Nouy et un pilote tongkinois.

« Le 5 décembre, j'arrivai vers 4 heures devant le rocher de Ninh-binh. Il faisait encore nuit; mais nous sommes annoncés par le bruit de notre machine à haute pression. Les murailles se garnissent de lumières; on distingue les hommes aux pièces. On nous hèle. Je pensai qu'il valait mieux tirer le premier et j'envoyai un obus sur la batterie et un autre sur le fort du rocher.

« Nous ne pouvions plus reculer, et je voulais sonder sous le feu du fort pour savoir si le « *Scorpion* » pouvait passer, me rappelant ces paroles de Garnier : « Je veux prendre cette ville qui commande la boucle du Daï et est à cheval sur la route de Hué ».

« Mes coups de canon avaient produit leur effet; les lumières furent éteintes; nous ne vîmes plus rien. Aucun coup n'était parti de la citadelle. Comme on ne nous disait plus rien, je résolus d'attendre le jour ».

La ville était située sur le coude formé par deux bras du fleuve. La citadelle était une forteresse bastionnée, de près de deux kilomètres de tour et défendue par un rocher de trente mètres de haut qui domine les deux bras de la rivière. Il y avait un rempart en terre avec escarpes en briques. Trois bastions couvraient les portes, dont deux étaient masquées par des tenailles; le fossé était très long de deux côtés, le reste étant gardé par le fleuve. Vingt-six canons en bronze et vingt en fonte battaient le fleuve et la plaine. Sur la rive droite, il y avait des villages, dont un était réservé aux lépreux.

Au matin, lorsque l'épais brouillard qui s'était levé du fleuve se fut dissipé, il découvrit à M. Hautefeuille les remparts garnis de soldats.

« Je m'approchai de la place, lit-on dans son récit; mais, à ce moment, je m'échouai en travers à deux cents mètres des murs. Un seul canon pouvait m'atteindre; une batterie rasante nouvellement construite n'était pas armée. Étant en travers, mon canon devenait inutile. Les miliciens descendaient déjà sur la berge et démarraient les embarcations. Je mis la moitié de mes hommes à manœuvrer; les autres faisaient le coup de feu pour empêcher d'approcher de la pièce qui nous menaçait et pour maintenir loin de nous les assaillants. Enfin, nous parvenons à nous dégager et, présentant l'avant de notre canot, nous chargeons d'un coup de mitraille.

« Tout à coup nous sommes envahis par la vapeur. C'est la machine qui vient d'éclater. Nous voilà isolés à quarante heures de route! Ma décision fut bientôt prise; je jetai l'ancre, laissai dériver jusqu'à la rive, sautai dans une barque, et me voilà à terre, avec cinq hommes, mes deux Annamites, pavillon français en tête et baïonnettes au canon. Le mécanicien et son chauffeur s'attelèrent au faux-bras de l'ancre pour revenir au milieu du fleuve.

« Tandis qu'on faisait feu sur nous de la citadelle, les habitants du faubourg m'envoyaient un bœuf avec force signes d'amitié.

« Une fois à terre, les miliciens, tenus à distance par nos baïonnettes, se contentent de nous entourer. Arrivé au pont du fossé, j'aperçois quatre parasols abritant un mandarin à barbe blanche. C'était le tuan-phu (gouverneur). Je lui saute au collet et l'entraîne vers une construction voisine, le tenant entre les remparts et moi. Parvenu à cette maison, j'interrogeai le mandarin au moyen de mon Cochinchinois, qui, avec l'accent du midi, moins pur que celui du nord, se faisait assez difficilement comprendre.

« Je lui fis mes excuses d'avoir tiré et lui dis que c'était pour répondre à la provocation. Je lui demandai ensuite la réponse à votre lettre sur la liberté de navigation. Il me dit qu'il acquiesçait.

« Je lui montrai alors son propre édit, que j'avais trouvé l'avant-veille sur le pho-lanh. Cet édit convoquait les paysans corvéables pour construire un barrage.

« Il se troubla et je lui dis que je ne croirais à son acquiescement que s'il l'écrivait et le signait. Il me le promit. Il jouait avec moi, se croyant à bon droit le plus fort. Je lui dis qu'il me fallait cet écrit tout de suite et que je l'accompagnerais dans la citadelle pour le voir faire.

« Il refusa, disant que je pouvais compter sur sa parole, qu'il viendrait m'apporter la lettre et qu'il espérait que je partirais pour la porter de suite. Il voulait simplement s'échapper et me donner un papier non compromettant. Il sentait peut-être également qu'aussi longtemps que je restais auprès de lui, j'avais la vie garantie par la sienne. Je réitérai ma demande et posai mes conditions. Je voulais entrer avec lui dans la citadelle, escorté par son « an-sat » (grand juge), et j'exigeai qu'il me livrât celui de Ha-noï, qui s'était réfugié chez lui. « Vous m'en demandez trop et je m'en vais vous faire punir », répliqua le vieillard.

« Aussitôt, je le saisis au collet, et, mettant ma

montre sur la table (7 h. 30), mon revolver sur sa tempe, je lui déclarai que j'allais lui brûler la cervelle, si, dans un quart d'heure, je n'étais pas dans la citadelle, les troupes à genoux et tous les mandarins m'escortant.

« A ce mouvement, les miliciens s'étaient rapprochés; mais mes marins étaient là. Au commandement de *joue,* un grand cercle se fit autour d'eux.

« Enfin, après bien des supplications du tuan-phu portées à l'an-sat par le pho-lanh, qui se souvenait de la correction que je lui avais administrée au barrage, tous les mandarins arrivèrent.

« Il était temps. A 7 h. 44, j'entrais dans la citadelle. Mais, au lieu d'aller mener le tuan-phu à son palais pour prendre sa lettre, je le fis attacher avec ses collègues. Le pavillon français fut hissé sur la tour, les portes furent fermées, et, après avoir laissé mes mandarins sous la garde de quatre hommes, je partis avec les autres inspecter la place; je fis le tour des remparts, au milieu des miliciens en rangs, à genoux, les armes à terre ».

La ville ne manquait pas de beauté. Il y avait plusieurs palais, entre autres celui du Roi, vaste enceinte dallée, au milieu de laquelle se trouvait la maison royale avec escalier de marbre. Les arsenaux étaient abondamment pourvus de munitions et d'armes de toute sorte ; les magasins contenaient environ 80.000 ligatures, sans compter des saumons et des barres de zinc et d'étain, de nombreux vases en bronze, des cloches très artistiques, ayant jusqu'à un mètre de haut, des défenses d'éléphant, beaucoup de riz et de sel.

Les casernes se trouvant en dehors des murs, il y avait parade tous les jours, à midi, lorsque les cent gardes du mandarin sortaient de la citadelle pour être remplacés par cent autres.

M. Hautefeuille prit immédiatement des mesures pour appuyer ses premiers succès. Comme le quan-àn (nom annamite du an-sat) s'était échappé pendant qu'il faisait le tour des remparts, le Grand Mandarin gouverneur n'osait plus prendre à lui seul la responsabilité d'apposer son cachet sur l'acte de reddition. Il fut aussitôt attaché comme les autres mandarins et conduit au Fort du Rocher, sous la garde de trois marins. Les miliciens, voyant leurs chefs ainsi traités, s'enfuirent en abandonnant leurs armes. La ville était à nous. Une citadelle, garnie de mille sept cents soldats, était conquise par six Français et deux Annamites.

La chaloupe devenue inutile fut désarmée; le canon de quatre, les munitions et les vivres furent placés dans le fort, et ce fut le noyau d'une armée, qui, de cinquante, devait monter à cinq mille hommes. Ces cinquante hommes étaient d'anciens soldats païens, qui, le jour même de la prise de la citadelle, étaient venus d'eux-mêmes offrir leurs services.

Le même jour, le prêtre missionnaire Gélot et le P. Pinabel amenaient aussi cinquante hommes avec des armes prises sur les fuyards. « Il était six heures du soir », continue M. Hautefeuille, « nous n'avions pas mangé depuis vingt-quatre heures. Il était temps de prendre des forces, ce que je fis avec plaisir, en compagnie des deux prêtres qui avaient les larmes aux yeux en regardant les trois couleurs flottant sur la citadelle ».

Le 6 décembre, M. Hautefeuille fit une proclamation : « Habitants de la province de Ninh-binh », disait-il, « les Français sont venus dans ce pays en amis pour protéger le peuple, faire du commerce avec vous, vous défendre contre vos ennemis et réprimer le brigandage et le vol. J'espère que vous entrerez dans ces idées, comme les autres provinces l'ont fait avant vous. Si, au contraire, j'apprenais que vous cachez chez vous des lettrés ennemis, des soldats armés, pour nous nuire, à nous ou à nos amis, je n'hésiterais pas à brûler la ville ou le village, qui, dans ce cas, ne serait plus qu'un repaire de brigands.

« Au contraire, rangez-vous sous mon autorité, je vous protégerai; si des voleurs ou des brigands viennent chez vous, amenez-moi les coupables; justice vous sera toujours rendue impartialement, avec cette seule rétribution : la reconnaissance envers les Français, vos amis.

« Ne quittez pas la ville, ne craignez rien, reprenez vos travaux et votre commerce. Ne craignez pas les menaces des anciens mandarins, aveuglés par la haine. Nous sommes là pour vous défendre ».

Puis, tandis qu'il laissait reposer ses hommes, M. Hautefeuille s'occupa de prendre connaissance des lieux et des choses. Les missionnaires lui furent du plus grand secours et, sans eux, il eût été impuissant à organiser cette province frontière, dont il ne connaissait ni la langue ni les mœurs (1).

Le jeune officier s'en allait en tournées, d'abord dans la ville même, accompagné seulement de deux mandarins et suivi de quatre parasols, puis dans la province. Celle-ci est divisée en deux parties par la rivière Do-siang. Dans le Sud-Est, le pays est bas, formé de terrains d'alluvion; c'est une vaste plaine où on cultive le riz. Le Nord-Ouest, au contraire devient brusquement montagneux et boisé. Cette partie est très accidentée et habitée surtout par des Muongs soumis. « Ces montagnards sont plus grands et plus blancs que

(1) Le P. Six, missionnaire indigène très intelligent, fut l'âme de cette réorganisation.

les Annamites, dont ils ne parlent pas la langue. Grands chasseurs, ils méprisent les cultivateurs de la plaine. Ils sont divisés en peuplades, ayant leurs princes, leur aristocratie, chose qui n'existe pas dans le reste de l'An-nam. Les Muongs ont la permission spéciale de porter le fusil; ils le fabriquent eux-mêmes, l'enrichissent d'incrustations d'argent. Ces fusils, qui n'ont pas de crosse, s'appuient sur la joue, où ils font parfois d'assez grandes blessures. Beaucoup d'entre eux sont armés d'arcs en corne de buffle et d'arbalètes très puissantes ». La moitié des troupes de M. Hautefeuille étaient composées de ces Muongs, dont il n'eut jamais qu'à se louer.

Dans ses tournées, M. Hautefeuille put juger lui-même de l'esprit des populations. Elles accouraient pour le voir passer; les femmes n'étaient pas le moins curieuses. Partout le commandant était bien reçu; il entrait dans les métairies, dans les pagodes, et remettait au ly-truong du village quelques ligatures avec une lettre où il avait fait écrire d'avance en chinois : « Pour les plus pauvres ». Il y avait aussi toujours quelques sapèques pour les enfants. Les populations paraissaient très satisfaites de cette nouvelle manière de les gouverner, et bientôt la vie régulière et les habitudes reprirent leur cours habituel. De nombreux volontaires répondirent à l'appel de l'officier français. Le 6 décembre, c'était une troupe de chrétiens qui fut organisée immédiatement; le 7 au matin, une troupe de païens; le soir, le P. Six amenait cent cinquante hommes. Le 8, les anciens greffiers, commis et lettrés, viennent redemander leurs places, et le 9 les mandarins, rétablis à leur poste, recevaient de nouveaux cachets, substitués aux anciens. Les circonstances ne voulurent pas qu'on fît grand usage de ces cachets de l'Amiral, mais leur exergue n'en était pas moins caractéristique. Cette substitution de cachets était plus importante qu'une prise de forteresse. C'était l'administration française imposée; ce n'était plus un gage de sécurité qu'on cherchait, comme à Hanoï.

Le 9, Garnier passait à Ninh-binh sur le « *Scorpion* ». M. Hautefeuille lui remit l'ancien cachet du Grand Mandarin : il était en argent et valait environ 200 fr.; mais Garnier le rendit au jeune aspirant en lui disant : « Prenez, mon cher monsieur, ce sera un souvenir de votre glorieuse action, sans compter celui, plus important, que j'espère vous faire avoir ». Puis il le félicitait chaudement sur la prise de Ninh-binh et le maintenait à la tête de la province. Cependant, le 11 décembre, le « *Scorpion* » repartait, emmenant les sept hommes solides de M. Hautefeuille, remplacés par dix autres, les plus mauvais de l'expédition, qui causèrent à leur chef bien des tracas. Le soir même, trois d'entre eux, de garde aux portes, étaient ivres-morts.

Le 12, la nomination de nouveaux préfets et sous-préfets portait le drapeau français jusqu'aux frontières du Laos. Les troupes, qui accompagnaient ces nouveaux fonctionnaires, furent acclamées partout sur leur passage.

Au milieu de ces nombreux témoignages de la faveur populaire, quelques tentatives hostiles demeurèrent sans effet et passèrent inaperçues. Un soir, une explosion arrêta M. Hautefeuille au milieu d'une ronde. C'étaient des poudres entassées dans une maison, au pied du rocher, auxquelles des Annamites avaient mis le feu pour faire sauter les Français. Mais il n'y eut d'autres victimes que les auteurs mêmes de ce coup de main, dont l'un mourut et dont l'autre fut fusillé le lendemain avec deux individus pris les armes à la main, rôdant et pillant en ville.

Le 14, un homme et son domestique furent pris portant des armes à des bandits. Cet homme avait un fils, poursuivi depuis longtemps pour vol et incendie. Le prisonnier refusa obstinément de reconnaître ce fils parce que la loi annamite, qui donne droit de vie et de mort au père, le condamne même à mort s'il a laissé son fils mal tourner. Cet homme eut la vie sauve, mais les brigands auxquels il voulait fournir des armes furent arrêtés au nombre de huit. Cinq furent exécutés.

Grâce à ces mesures énergiques, la tranquillité fut rétablie dans cette contrée. Quant au Grand Mandarin, qui avait si bien laissé prendre sa ville, il est resté dix-sept jours au lit, grelottant la fièvre. Plus tard, il assurait qu'en voyant le navire français marcher tout seul il avait cru que soixante hommes étaient cachés dessous et que, s'il avait su M. Hautefeuille si faiblement escorté, il lui aurait fait couper le cou.

Prise et réorganisation de Nam-dinh.

Nous avons vu que, le 28 novembre, Garnier avait reçu de M. Balny l'avis que des barrages se construisaient à hauteur de Nam-dinh. Nous avons vu aussi que, malgré cela, le 2 décembre, Garnier dépêcha M. Hautefeuille pour rappeler M. Balny à Ha-noï afin d'aller prendre Hung-hoa et Son-tay. Deux jours après, le 4 décembre, Garnier changeait d'idée encore une fois et se décidait à descendre lui-même à Nam-dinh.

Le 4 décembre, le « *Scorpion* » quittait Ha-noï, ayant à bord, en plus de ses quarante hommes d'équipage, le reste de l'infanterie de marine et cinquante-six matelots du « *Decrès* » et du « *Fleurus* ».

Aussitôt que la canonnière se fut éloignée, les troupes de Son-tay s'enhardirent jusqu'à venir camper à Phu-hoai, à six kilomètres de Ha-noï.

M. Bain de la Coquerie, enseigne de vaisseau, qui devait commander et défendre la place avec trente-quatre marins, et non des plus valides, envoya une dépêche à son chef pour lui annoncer ce mouvement hostile. Garnier fut alors obligé de débarquer en route le détachement d'infanterie de marine et lui ordonna de reprendre, à pied, le chemin de Ha-noï.

Le « *Scorpion* » poursuivit sa route et atteignit Ninh-binh, le 9 décembre, comme on vient de le voir. En arrivant, Garnier fut très surpris de voir flotter sur le rempart le drapeau français et d'être salué d'une salve de tous les canons de la place. Il resta là deux jours. Un instant après son départ, les lépreux de Ninh-binh annoncèrent à M. Hautefeuille que le « *Scorpion* » serait attaqué au Ngahung-phu. Un homme à cheval fut immédiatement dépêché, mais il fut arrêté avant d'avoir rejoint la canonnière. Garnier eut, en effet, à vaincre plus d'un détachement, à désarmer plus d'un fort, avant d'arriver à Nam-dinh. Cette contrée comptait beaucoup de lettrés et de partisans annamites. Ceux-ci se groupèrent pour la résistance; leurs efforts furent énergiques. Ils attendaient le « *Scorpion* » dans trois petits forts, admirablement établis sur le bord de l'arroyo, masqués de bouquets d'arbres et armés de batteries rasantes. Sans le masque blindé de la canonnière, le pont pouvait être balayé, car jamais les Annamites n'avaient tiré si juste.

En combattant les mandarins de Hué, nombreux et puissants dans cette contrée, Garnier s'assurait les sympathies de la population qui ne tarda pas à lui témoigner sa reconnaissance. Comme il arrivait près de Nam-dinh, les indigènes accourus sur le rivage acclamaient les Français et saluaient leur drapeau; puis, brusquement, à un coude de la rivière, les batteries annamites lâchent leur bordée. Trois boulets de marbre viennent se briser à l'avant du bateau, un quatrième touche le mât de misaine et enlève le paratonnerre.

Aussitôt Garnier fait débarquer l'aspirant Bouxin avec quinze hommes et une pièce de 4 pour simuler une attaque sur la porte du Sud, pendant que l'ingénieur hydrographe Bouillet doit pénétrer dans la ville marchande avec une autre colonne et en chasser toute bande ennemie.

Au moment propice, la jonque qui portait la colonne de M. Bouillet largue l'amarre et se dirige vers la rive. Mais, sa vitesse n'étant pas assez grande, elle s'arrête à quelques mètres du bord. Alors on voit les indigènes, qui, malgré la canonnade, stationnaient en foule sur la rive, s'empresser de venir en aide aux Français. L'amarre leur est lancée et ils attirent la jonque à terre (1).

(1) *Histoire de l'Intervention française,* par M. Romanet du Caillaud, p. 172.

La forteresse qu'il s'agissait de prendre était la seconde du pays; c'était une vaste enceinte quadrangulaire d'environ trois kilomètres de tour, protégée par un fossé et un mur élevé et solide ; elle était protégée par des redans et des chevaux de frise à toutes ses portes.

Les forces des Annamites s'étaient concentrées sur la porte du Sud. Garnier résolut de surprendre la porte de l'Est. Il s'y porta avec quinze marins et fut bientôt rejoint par M. Bouillet. Le redan fut promptement abandonné par ses défenseurs, mais il fallut renoncer à enfoncer la porte à coups de canon ; elle était bouchée par de la terre jusqu'au sommet. Alors Garnier avisa l'un des chevaux de frise qui défendaient le pont. C'était une longue poutre de bois armée de piquants en bois de fer. Le commandant la fait dresser contre le rempart; elle atteint presque le parapet. Garnier allait y monter le premier, lorsqu'un des soldats de M. Hautefeuille passe devant lui. « Pour cette fois seulement je te cède », lui dit Garnier, puis il suivit.

Aussitôt que les Français émergent au sommet du rempart, c'est un sauve-qui-peut général. Bientôt après, le pavillon français flottait sur la tour de Nam-dinh.

Garnier établit sans retard un poste de soldats sur chacune des portes, puis il inventoria sommai-

10

rement les trésors et munitions de la ville. Au trésor, il y avait environ soixante dix mille ligatures et de l'argent en barres; comme dans les autres villes, des armes, du sel, du riz, en grande quantité. Le lendemain de l'assaut, il fit une proclamation pour expliquer au peuple sa conduite et ses intentions : « Après avoir rétabli la tranquillité dans la province de Ha-noï, disait-il, j'avais l'intention de me rendre ici à Nam-dinh pour voir les mandarins de la province et m'entendre avec eux au sujet de la liberté du commerce et de l'extermination des pirates et des bandits de toute sorte. Alors les populations auraient pu jouir de la paix. Mais, lorsque nous sommes passés devant les forts de Phu-sa, de Thuy et de Than-luong, les soldats de ces forts ont, je ne sais pour quel motif, tenté de nous arrêter, ce qui nous a forcés à nous battre. Le désastre qui a suivi retombe donc tout entier sur les mandarins de Nam-dinh, qui ont été cause que nous nous sommes emparés de la citadelle; nous vous l'expliquons pour vous tranquilliser.....

. . . .

« Nous ordonnons à tous les notables annamites et commerçants chinois, qui sont dans la ville, d'avoir à se rendre à la citadelle aujourd'hui à midi pour recevoir nos ordres. Nous leur assurons qu'ils n'ont rien à craindre. Nous donnons trois jours à tous les préfets et sous-préfets de la province pour faire leur soumission ou pour donner leur démission par la livraison de leur sceau, sinon nous les considérerons comme des ennemis et les traiterons comme tels. Les chefs et sous-chefs de canton et les maires continueront à administrer en paix jusqu'à ce que nous leur ayons distribué de nouveaux cachets; mais, si quelqu'un d'entre eux se permet de vexer le peuple comme autrefois, nous le jugerons en conseil de guerre.

« Que chacun reste tranquille chez soi; s'il y a des rassemblements, si des malfaiteurs troublent la paix publique, soit sur terre, soit sur eau, nous les ferons saisir et fusiller sur le champ.

. . . .

« Que chacun attache la plus grande importance à nos ordres et observe nos prescriptions, car nous punirons les coupables d'une manière exemplaire, et personne ne pourra se plaindre de n'avoir pas été averti.

« Telle est notre proclamation ».

La province de Nam-dinh était peuplée d'environ deux millions d'habitants, dont six mille lettrés, hostiles aux Français. Cependant, au bout de peu de jours, Garnier avait remplacé les fonctionnaires en fuite et rétabli le calme dans le pays. De nombreux contingents de volontaires indigènes vinrent s'enrôler sous le drapeau tricolore. Garnier rappela de Phu-ly le général Lé-van-ba pour le mettre à la tête de ces troupes, qui se grossirent bientôt de renforts envoyés de Ninh-binh par M. Hautefeuille.

Le 16 décembre, Garnier remonta à Ha-noï pour recevoir les ambassadeurs, qui lui étaient envoyés de Hué. La province était complètement réorganisée; il en confia la direction à M. Harmand, rappelé de Haï-dzuong à cet effet. Il lui laissait une garnison de vingt-cinq marins, et le curé indigène devait lui servir d'interprète. Les agissements des lettrés rendaient la position difficile; aussi dut-il prendre les mesures les plus énergiques. Chaque soir, les soldats et officiers de garde venaient prendre ses ordres; puis ils se répartissaient en quatre corps de cinquante hommes chacun, ayant la surveillance de l'une des portes. Les factionnaires étaient responsables les uns des autres, et un manque de vigilance dans la garde des portes pouvait entraîner la mort de l'officier et valoir cent coups de bâton à chacun des soldats.

Tous les jours, du lever du jour jusqu'à la nuit, M. Harmand recevait la visite de gens, qui, ayant assemblé des hommes, demandaient des armes. De leur côté, les lettrés ne chômaient pas.

Deux chefs étaient parvenus à réunir un millier de soldats près de Mi-loc. Disposant d'une fortune, considérable pour le pays, ils offraient neuf ligatures par mois à ceux qui voulaient se rallier à eux. M. Harmand crut devoir agir immédiatement, et, le 19 décembre, à 3 heures du matin, il partit dans trois jonques avec deux quartiers-maîtres, dix hommes et cent cinquante indigènes. Malheureusement, le guide qui devait le conduire lui fit défaut, par suite d'un malentendu du général Ba, et il dut renoncer en partie à son expédition qui se borna à tirer quelques coups de fusil. Cependant cette promenade militaire eut de bons effets. Parti de nuit et dans le plus grand secret, M. Harmand ne remonta la rivière que de jour; pour ce retour, il fit placer tous les Français sur le toit des jonques, de sorte que l'on crût à des renforts arrivant à Nam-dinh. Aussitôt les bandes reculèrent, et le huyen de Mi-loc ne fut plus troublé.

Des forces plus sérieuses s'étaient cantonnées à quatre heures de marche de Nam-dinh, dans les villages de Bao-long, Châu-ninh et Voc, qu'elles avaient fortifiés au moyen de palissades. Deux cents Tongkinois, envoyés contre elles, revinrent d'un air piteux annoncer à M. Harmand qu'ils n'avaient pu accepter le combat, la disproportion étant trop forte. Elles avaient des canons, des fusils.

M. Harmand essaya de déterminer le général Ba à y aller avec ses troupes. Voyant son hésitation, il partit dans la nuit du 20 avec onze Français et trois cents soldats tongkinois. Après une marche accélérée, M. Harmand arriva, le 21 à 8 heures du matin, auprès de Bao-long, qui lui était signalé comme la résidence de la bande. Le petit groupe de Français, aussi bien que les soldats tongkinois, se divisèrent en deux corps pour cerner le village. L'ennemi, complètement surpris, fit une résistance sérieuse tant qu'il ne vit pas les Français; mais, aussitôt que les premiers d'entre eux eurent franchi la palissade, ce fut une débandade générale. Le chef ennemi et son fils furent tués à bout portant en défendant la chaussée de leur maison.

Comme nos soldats prenaient quelques minutes de repos dans le village qu'on venait d'occuper, un messager vint en toute hâte prévenir M. Harmand qu'une seconde troupe, sortie des villages de Ngo-xa et de Quang-xan, arrivait au secours de la première. Au moment où M. Harmand débouchait au pas de course, trois de ses hommes venaient d'être tués et quatre ou cinq blessés. Après quelques coups tirés à bout portant dans les groupes compactes, la déroute commença. Cinq chefs furent faits prisonniers et exécutés. L'ennemi eut plus de cinquante morts et de nombreux blessés.

M. Harmand rentra ensuite à Nam-dinh, où il arriva vers quatre heures du soir, salué à son passage par tous les villages qui venaient lui apporter des présents et le remercier.

VII

La cour de Hué se plaint amèrement de la conduite de Garnier.

Nous avons suivi Garnier et ses officiers dans leur intrépide promenade de conquête à travers le Delta, si digne des armes françaises. Malheureusement, cette brillante excursion n'est qu'un incident dans l'histoire de la première intervention française au Tong-kïn. La trame des événements se noue ailleurs sournoisement.

Nous avons vu quel rôle la cour de Hué voulait faire jouer à l'Amiral Dupré en le priant d'intervenir au Tong-kïn pour me chasser ; nous savons aussi que l'Amiral accepta cette mission, mais non sans certaines arrière-pensées, dont Garnier dut seul connaître le secret. Le langage et l'attitude de l'officier français, à son passage à Tourane, eurent bientôt fait de dissiper à la cour de Hué le rêve d'une intervention désintéressée de l'Amiral.

Aussitôt on chercha à retenir Garnier, disant que tout venait de s'arranger. Garnier partit tout de même, nous avons vu dans quelles circonstances.

Tu-duc feignit alors d'ignorer les réelles intentions du Gouverneur de Saïgon, en se plaignant amèrement de son envoyé. Dans de longues lettres à l'Amiral, datées des 22 et 23 novembre, le Ministre des Relations Extérieures accuse Garnier de s'occuper de mille choses, dont il n'avait jamais été question, et de ne pas remplir sa mission. « Quant aux diverses questions relatives à une garnison, à la répression du brigandage et à la liberté du commerce, je ne les ai examinées ni discutées en aucune façon, et même la première dépêche de Votre Excellence n'en parlait pas. Votre Envoyé, à peine arrivé à Ha-noï, veut conclure au plus vite un traité de commerce et il proclame en langue vulgaire que, « sans attendre que les affaires Dupuis soient réglées, il faut discuter au plus vite les choses relatives au commerce parce que ces choses intéressent tout le monde. Sans cela, dit-il, je demande à faire ces affaires tout seul et à les régler absolument selon les intentions de M. l'Amiral Gouverneur ».

Entre beaucoup d'autres griefs, la cour de Hué glisse une observation plus grave encore. « Dans la lettre précédente de Votre Excellence, dit-elle, on ne parle que de trois bâtiments à vapeur de seconde et de troisième grandeur pour régler l'affaire Dupuis, et véritablement il y en avait déjà trop. Hier, j'ai reçu de la province de Haï-dzuong l'avis que cinq ou six nouveaux bâtiments étaient arrivés (1). On dit que c'est pour en imposer à Dupuis. Comment se fait-il que la puissante autorité de Votre Excellence et de son Envoyé ne l'ait pas effrayé? Et, si tous ces bâtiments qui viennent d'arriver ne sont pas envoyés par Votre Excellence et ne font pas partie de ceux qui suivent M. Garnier, alors d'où viennent-ils?

« Je connais parfaitement les idées sérieuses de Votre Excellence sur l'union et sur la justice, la bienveillance et la sincérité, qu'elle apporte dans toutes choses. Je sais qu'elle ne veut pas agir avec précipitation ni faire violence aux personnes. Je suis convaincu que c'est de M. Garnier que vient l'idée de conclure au plus vite ce qui est relatif au commerce, et que ce n'est pas Votre Excellence qui l'a conçue, du moins de cette façon. C'est pourquoi je vous fais part de toutes mes réflexions, heureux si vous pouviez les prendre en considération, et je vous supplie instamment d'envoyer immédiatement à votre délégué l'ordre de terminer l'affaire des bateaux Dupuis et de repartir. Quant aux nouveaux bâtiments qui sont arrivés, je prie également Votre Excellence de leur faire

(1) Tu-duc rapporte ici les rumeurs qui arrivaient à la cour, fort exagérées.

donner l'ordre au plus vite de ne pas remonter afin de ne pas prolonger l'attente où sera Votre Excellence d'avoir de leurs nouvelles. Pour moi, j'en serai éternellement reconnaissant ».

La seconde lettre, datée du 23, renchérit encore sur la première. Je n'en citerai que quelques phrases les plus curieuses. « La liberté de commerce, dit-elle, étend et augmente les profits, et c'est là le but que chacun poursuit sur la terre. Il n'y a certainement pas que nos deux royaumes qui le désirent. Mais, à l'heure qu'il est, il n'en a pas encore été question. Si, d'une seule parole et précipitamment, on règle tout ainsi, quelle autorité une chose ainsi faite aura-t-elle et quelle confiance inspirera-t-elle à l'univers?

« Je suis convaincu que ce n'est pas l'intention de Votre Excellence qui est suivie. D'après tout ce qui est dit dans les différentes lettres de M. Garnier, il n'est certainement pas un homme connaissant bien les convenances des choses et de la justice. Dans tout ce qu'il fait, il poursuit seulement son idée et se livre à des choses excessives.

« Je vois qu'il est dit dans toutes les lettres de Votre Excellence qu'elle se contente d'expédier un simple envoyé au Tong-kïn. Maintenant, M. Garnier prend faussement les titres de « délégué de son gouvernement, chargé de régler les affaires relatives au commerce », de « commandant supérieur des forces militaires », de « haut fonctionnaire ». Il ne convient pas à un simple envoyé de se grandir de cette façon.

« Au début, il voulait se rendre célèbre et se faire un nom en chassant Dupuis; maintenant, il n'en fait rien. Il veut de sa propre autorité décider l'ouverture du commerce et s'intitule de lui-même protecteur du Tong-kïn. Il songe à usurper un territoire pour permettre aux commerçants de toutes les nations d'y venir et de s'installer dans les maisons des habitants, auxquels il dit des paroles trompeuses. Il va jusqu'à faire aux gens une proclamation en dix articles, dans laquelle il se trouve des choses injustes. Ses actes, comparés à ceux de Dupuis, sont infiniment plus graves. Cependant, considérant que M. Garnier est l'envoyé de Votre Excellence, on ne tolère pas qu'il lui soit créé par la violence aucun empêchement;... mais on ne peut certainement pas permettre à un simple envoyé de se créer instantanément une idée et de la faire exécuter séance tenante.

« Les ambassadeurs sont encore à Saïgon; je désire qu'ils s'entendent avec Votre Excellence pour examiner, discuter et décider les articles du traité de paix ».

Survient la prise de Ha-noï. La cour de Hué en exprime sa stupéfaction dans une lettre que l'on s'attendrait à voir indignée et laconique et qui, tout au contraire, est longue, flatteuse et tout remplie de mots veloutés : sentiments d'union de justice, de sincérité, de paix profonde et de concorde mutuelle. Il va sans dire que Garnier continu à être le seul coupable en ne se conformant pa aux instructions de l'Amiral : « Je ne sais, dit-on, quelle peut être la lettre que Votre Excellence di avoir envoyée à M. Garnier. Je ne sais ce que signifient les paroles de M. Garnier, qui prétend qu'il se conforme aux ordres de Votre Excellence. »

Cependant, depuis longtemps, la cour de Hué est en possession des lettres de l'Amiral, qui, au sujet de ses intentions, ne laissent aucun doute; mais elle feint de les ignorer. Adressant ses critiques à M. Garnier, elle atteignait l'Amiral sans qu'il pût riposter; en même temps, elle se donnait le droit d'agir contre Garnier sans se compromettre vis à vis de Saïgon. Le même esprit et la même politique dictaient une lettre de Hué adressée à M. Garnier lui-même dans les premiers jour de décembre. Dans ce message, la noble cour di qu'elle accepte le traité; mais elle prie Garnier d mettre à la raison les flibustiers qui se sont emparé de la citadelle.....!

A toutes les plaintes de Hué, l'Amiral répond pa des plaintes analogues. Au moment où les Françai allaient venir au Tong-kïn, pourquoi la cour est elle assez imprudente pour laisser à la tête de affaires le maréchal Nguyen, connu de tous pour être notre ennemi implacable? La cour de Hué demeure donc seule responsable du conflit qui s'est produit. L'Amiral ne parle pas de rendre la citadelle de Ha-noï; mais il dit que ce malheureux incident ne modifie en rien ses intentions et ne change rien aux conditions auxquelles il était prêt à traiter auparavant. Cela doit faire désirer, au contraire, de conclure plus promptement un traité indispensable qui aplanira les difficultés présentes et préviendra les difficultés futures. Il dit encore que la France n'a aucune prétention sur le Tong-kïn; qu'elle désire y faire régner la tranquillité, y voir fleurir l'agriculture et le commerce sous la domination de l'An-nam. Il engage donc instamment le gouvernement à conclure ce traité, car la situation équivoque créée par les événements ne peut se prolonger sans danger pour son autorité. M. Garnier se trouvant momentanément forcé de prendre des mesures pour assurer la tranquillité du pays, il faut faire cesser le plus tôt possible cette nécessité; elle ne cessera que par le traité.

« Si, à mon grand regret, dit-il à la cour de Hué, malgré mes plus grands efforts, mes plus instantes prières, le gouvernement reste sourd encore cette fois à ma voix, je serai obligé de prendre des mesures pour assurer l'indépendance du Tong-kïn ou d'en compléter l'occupation pour administrer directement le pays ».

Nous verrons plus bas dans quelle mesure la cour annamite avait à tenir compte de cette dernière menace.

Ce qui demeurait évident, c'est que, par-dessus tout, l'Amiral était désireux d'aboutir à un traité, dont la présence de Garnier et de ses canonnières au Tong-kïn devait assurer la prompte signature.

Les réponses de l'Amiral aux plaintes de Hué contre Garnier étaient fondées. Les Annamites ne le contestent pas; mais, à mesure qu'il élève la voix, ils se font plus humbles et plus étonnés. Le 28 novembre, une longue lettre du Ministre des Relations Extérieures de l'An-nam développe l'hypothèse que « peut-être les traductions en caractères chinois ne concordent pas avec les pièces en français, à cause de la différence de langage, au point d'en arriver à de grandes dissemblances, ce qui rend inévitable les erreurs ». Puis, reprenant dans cette lettre et les suivantes ses plaintes contre Garnier, il se demande ce que vont penser les populations, « dont le cœur est si facilement poussé à l'emportement et à la colère. Se soulèveront-elles à cause de tout cela? Combien alors sera considérable le dommage causé à l'union et à l'amitié de plus de dix années entre nos deux royaumes! Combien ce motif doit être puissant! »

Après avoir renouvelé sa demande, qu'on mette à l'ordre Garnier! la cour de Hué ajoute ces mots qui devaient faire réfléchir l'Amiral : « Si on apportait un seul jour de retard et que M. Garnier continuât à occuper indûment la citadelle, je crains au fond de mon cœur que cela ne rende difficile la prompte conclusion du traité et qu'on ne puisse pas compter bientôt sur la réalisation des espérances déjà anciennes de Votre Excellence, ce qui ne manquerait pas de l'affliger profondément (1) ».

Survient encore la conquête du Delta. La cour de Hué s'en plaint amèrement et proclame toujours, avec plus d'insistance, les sentiments de justice et de confiance qui l'animent vis-à-vis de Saïgon. Tout allait se régler d'une façon satisfaisante, et voilà Garnier, qui, « sans aucun motif, complique et embrouille les choses. M. Garnier est venu, dit-elle, et, par les actes excessifs qu'il a commis, il semble mettre de côté tout procédé d'amitié et n'avoir d'autre but que celui d'agir en ennemi.

« J'ai beau y réfléchir longuement, je ne puis m'expliquer cela. Est-ce de son propre mouve-

(1) Lettre du 2 décembre.

ment que M. Garnier agit, ne voyant que son idée à lui?... Commet-il de semblables actes pour l'accomplissement de la mission que Votre Excellence lui avait confiée? Je n'ose encore me prononcer. Cependant, je considère que les populations et le territoire sont ce qu'il y a de plus précieux dans un royaume et que quiconque a la charge du gouvernement d'un pays doit s'occuper d'en conserver le territoire et d'en défendre les habitants. Maintenant, je suis profondément affligé des actes excessifs commis par M. Garnier. Notre royaume diffère énormément de la France dans ses habitudes; il ne se sert pas encore d'engins perfectionnés. Il n'a pas la même industrie ni les mêmes arts. Je sais que, si les deux pays se faisaient la guerre, les populations souffriraient beaucoup, quel que puisse en être le résultat. C'est pourquoi on n'ose pas la faire. Lorsque Votre Excellence est venue, on ne lui a pas fait d'opposition. On a déjà autorisé l'ouverture du commerce. Je réfléchis combien les dispositions prises à cet égard prouvent quelle confiance nous avons en votre illustre pays et combien elles rendront célèbre le mérite de Votre Excellence.

« Les philosophes ne cherchent pas à s'élever au-dessus des autres hommes. Combien ne doit-il pas à plus forte raison en être de même de royaumes amis?

« Si Votre Excellence veut s'inspirer profondément des sentiments de confiance et d'amitié, qu'elle donne immédiatement l'ordre à Garnier de restituer toutes les provinces afin de se conformer aux paroles précédemment dites et afin que le nouveau traité de paix puisse être promptement terminé! Ainsi tout ira très bien.

« Par l'union, on se rapproche de l'intention sublime du Seigneur du Ciel, qui veut que tout le monde puisse vivre et qui conserve nos royaumes pour que leur concorde soit inaltérable et que tous les autres pays en entendent parler ».

Les hostilités annamites se manifestent de plus en plus. Mort de Garnier le 21 décembre 1873.

L'Amiral demeurait indifférent à toutes ces plaintes; il ne soupçonnait probablement pas que, sous ces fleurs de style, se dissimulait une menace dangereuse contre le jeune officier.

Cette menace allait se confirmer par les guet-apens qui se préparaient dans le Nord pendant que Garnier et ses officiers guerroyaient dans le Delta. Nous avons vu qu'au lieu de promettre l'amnistie du nouveau gouvernement à tous les pirates et brigands qui rentreraient dans le devoir et ne troubleraient pas la circulation sur le fleuve, Garnier proclama partout qu'il était décidé à exterminer « rebelles et pirates » jusqu'au dernier. Les Pavillons Noirs étaient directement visés par ces proclamations. Aussitôt les mandarins avaient songé à se servir de ces bandits contre Garnier. Ils n'eurent pas de peine à leur faire entendre qu'une fois les Français établis sur le Fleuve Rouge, c'en était fait de leur existence. C'est ainsi qu'en s'appuyant des proclamations même de Garnier, le Prince Hoang-ké-vien put lancer contre lui des hommes que l'on n'avait jamais réussi à enrôler contre ma petite expédition.

Les Hé-ki (Pavillons Noirs) entrèrent désormais dans la lutte avec d'autant plus de bonne volonté que les Annamites les rétribuaient largement.

Aussitôt décidés, ils se sont montrés ce qu'ils étaient, entreprenants et audacieux.

C'est le 2 décembre qu'ils font pour la première fois le coup de feu contre les Français. Le 5, deux à trois cents Annamites, au nombre desquels il n'y avait pas encore de Pavillons Noirs, ayant attaqué la petite garnison de Ya-lam, en aval de Ha-noï, sur la rive opposée, M. Perrin alla lui porter secours avec quatre marins; mais, le 6, les Annamites, ayant reçu le renfort de deux éléphants armés en guerre et de deux à trois cents pirates commandés par un chef, revenaient à la charge. M. Perrin, s'étant de nouveau porté au secours du petit poste, fut refoulé sur le bord du fleuve, où bientôt ses hommes eurent épuisé presque toutes leurs cartouches. Déjà les Annamites formaient le cercle autour du petit groupe, lorsque le capitaine Georges fit pointer une pièce contre les assaillants. En éclatant au milieu de leur troupe, les obus de douze du « *Hong-kiang* » leur firent lâcher prise et prendre la fuite.

Averti par un messager, je courus avec trois de mes hommes rejoindre M. Perrin et donner la chasse aux Annamites. Ceux-ci se sont retirés dans un pli de terrain derrière un village auquel ils ont mis le feu. Nous y courons; mais, en arrivant au point culminant, nous apercevons leur troupe à 1.500 mètres dans la plaine, disséminée à droite et à gauche de la route.

Nous marchons sur eux en suivant la chaussée qui est très large et domine les terres. Nous étions dix hommes bien armés. Au fur et à mesure que nous avançons, les Annamites, qui se trouvent au loin sur la chaussée, reculent lentement, pendant que ceux qui se tiennent sur les côtés prennent position à deux cent cinquante mètres pour nous attendre au passage. Quelques coups de chassepot les font déguerpir; mais de temps en temps ceux qui sont devant nous se mettent à portée de nos fusils pour nous provoquer et nous entraîner plus loin, permettant ainsi aux autres de se reformer en arrière. En effet, au bout de quatre cents mètres, nous nous arrêtons un moment avant de rebrousser chemin; mais déjà la chaussée est occupée et l'on se prépare à nous disputer la retraite.

Nous avançons encore d'une centaine de mètres. Le chef de la bande, qui est à cheval, fait tous ses efforts pour rallier son monde sur la chaussée et marcher contre nous. Lui-même a déjà reçu une balle qui l'a fait trébucher sur son cheval; mais il avance toujours, bien que les siens ne le suivent guère. A deux cents mètres, une balle l'étend raide mort; son cheval s'enfuit ventre à terre. Alors c'est une débandade générale, et cela au moment même où ceux qui s'étaient reformés derrière nous arrivaient sur nos talons avec les deux éléphants. En voyant tomber leur chef, ils prennent la fuite comme les autres.

Dans la nuit du 7 au 8 décembre, les Pavillons Noirs entrèrent activement dans la lutte en chassant la petite garnison qui défendait Phu-hoaï et en s'établissant dans cette préfecture. Depuis ce jour, les officiers de Garnier manifestent une singulière inquiétude et n'ont plus aucun scrupule à réclamer constamment mes services. Le 8 décembre, M. Bain m'écrit ceci :

« Mon cher Dupuis,

« Nous avons passé hier une nuit assez orageuse; le fort de Phu-hoaï, qui était en notre pouvoir, est brûlé, et sa garnison dispersée. Tous les Annamites de la citadelle ont la tête à l'envers. On prétend qu'on doit nous attaquer par trois côtés à la fois. Faites en sorte que les troupes qui sont du côté de Ya-lam ne passent pas la rivière. En cas d'attaque, je compte sur vous et vos hommes pour nous aider en attaquant par derrière.

« Je suis avec respect, etc...

« *Signé* : F. Bain,

« *Commandant p. i. de la citadelle* ».

Ne connaissant ni les Tongkinois ni les Annamites ni le pays, ces officiers ont l'oreille ouverte à tous les bruits. Le 10, MM. Perrin et Lasserre viennent me dire qu'ils sont restés trois jours sans dormir. M. Lasserre ne couchait plus chez lui. Si ces messieurs avaient entendu tous les bruits répandus depuis un an, ce serait encore bien autre chose. Garnier lui-même continue à hésiter et à prendre des demi-résolutions. Le 10, dix hommes de renfort arrivent de Nam-dinh. Garnier les envoie avec le « *Mang-hâo* » prendre Son-tay et Hung-hoa! Mais ces hommes tombent de fatigue, et M. Bain refuse de les laisser partir.

Pendant qu'on temporise, les Pavillons Noirs continuent à descendre et à répandre une inquiétude croissante dans le pays. Quelques hommes du « *Scorpion* » tentent de reprendre le camp de Phu-hoaï sans y réussir. Des missionnaires indigènes accourent pour me demander des soldats, qui les aident à défendre leurs villages chrétiens. M. Bain m'écrit encore le 14 : « Des renseignements qu'on dit être de bonne source disent que les Annamites de Phu-hoaï et de Son-tay auraient l'intention de nous attaquer cette nuit. — Un millier d'échelles auraient été préparées à cet effet. Je tiens à vous prévenir pour que vous puissiez nous aider à l'occasion.

Cependant Garnier ne tardait pas à revenir de la province de Nam-dinh, dont il avait confié l'administration à M. Harmand. En présence de l'hostilité croissante et du danger des Pavillons Noirs, Garnier se décide à monter à Son-tay. Ensemble, nous faisons le plan de l'expédition. Je devais partir le premier avec le « *Mang-hâo* », remonter à la bifurcation formée par le Daï et le Fleuve Rouge, puis prendre position sur le Daï, derrière Phu-hoaï, pour couper la retraite aux Pavillons Noirs que Garnier aurait attaqués de front et délogés. Refoulés par Garnier, les Annamites se seraient trouvés pris entre deux feux, et cette fois nous en eussions fini avec les gens de Hué et les Pavillons Noirs. Le 20 décembre, les dernières mesures sont prises, lorsqu'à cinq heures du soir on apprend l'arrivée d'une ambassade de Hué. Cette ambassade était annoncée depuis quelques jours.

Nous avons su plus tard qu'elle devait arriver avec Mgr Sohier, qui l'accompagnait depuis Hué en qualité d'interprète ; mais, en arrivant près de Nam-dinh, les deux ambassadeurs avaient appris que Garnier était dans cette ville et ils s'étaient séparés de Monseigneur, lui promettant de le rejoindre bientôt. Comme ils ne reparaissaient plus, Garnier avait cessé de tenir compte de ces délégués. Ceux-ci avaient gagné Son-tay afin de se concerter avec le Prince Hoang.

Une fois de plus, la politique annamite réussit à donner le change au jeune officier. « La prise de Ha-noï, écrivait-il de Nam-dinh à M. Bain, le 17 décembre, a fait expédier par Hué des pleins pouvoirs aux ambassadeurs de Saïgon (il le croyait). Le traité commercial et le protectorat sont admis en principe. Nous parviendrons donc, en peu de jours, je l'espère, à une solution pacifique et satisfaisante.

« Je désire que l'envoyé de Hué soit reçu à Ha-noï avec les plus grands honneurs. Un piquet de vingt hommes en armes le recevra au quai de débarquement. Un salut de sept coups de canon sera fait par la citadelle..... »

Ainsi fut fait. Aussitôt une proclamation est

adressée à tout le Tong-kïn, annonçant l'arrivée des ambassadeurs de Hué, munis de pleins pouvoirs, et invitant tout le monde à rester en paix jusqu'à ce qu'un traité ait réglé toutes les questions pendantes. — L'expédition de Son-tay était remise.

Voyons maintenant comment les délégués de Hué répondent à la courtoisie de l'officier français. Leur passage fut comme une traînée de poudre à travers le pays. « Les lettrés et leurs séïdes se mettaient à fabriquer des armes; les plus horribles menaces étaient publiquement proférées contre les chrétiens et contre quiconque leur donnerait asile (1). » Laissons plutôt parler les événements, tels que je les ai consignés au jour le jour dans mon journal (2) :

« 21 décembre. — A huit heures du matin, je me rends dans la citadelle. Comme je franchissais la porte de la ville, un Annamite me remet un arrêté de M. Garnier, que celui-ci me prie de faire traduire le plus tôt possible. En passant devant la demeure de Mgr Puginier, j'entre chez lui. Je trouve là M. Garnier et quelques-uns de ses officiers. Monseigneur nous invite à nous rafraîchir. Je refuse, quant à moi, pour rentrer tout de suite

(1) Lettre du P. Onat, Correo-Sino-Annamita, 1874, p. 198 à 200. M. Romanet du Caillaud, p. 185.

(2) *Journal de Voyage et d'expédition*, p. 198.

et travailler à la traduction du document que l'on vient de me remettre.

« J'étais depuis une heure à peine avec Ly-ta-laô-yé, occupé à traduire, lorsque des hommes du sous-préfet viennent me prévenir que les « Pavillons Noirs » sont proches des remparts de la ville. Je n'attache qu'une médiocre attention à cette nouvelle et je ne me dérange point. On nous occasionnait si souvent de fausses alertes ! Un instant après, on vient de nouveau m'avertir du voisinage des « Pavillons Noirs ». Je fais appeler Cyriaque, un officier du « *Hong-kiang* », et je lui donne ordre de prendre avec lui vingt-cinq hommes pour aller faire une patrouille dans le bas de la ville et du côté des remparts, afin de voir ce qui se passe.

« Mon travail terminé, je déjeune à la hâte, pendant que l'on transcrit le texte chinois en regard du texte français. Dans l'intervalle, Cyriaque revient et me dit qu'il a entendu le bruit lointain d'une faible fusillade venant de la plaine ; mais, comme il n'avait pas l'ordre d'aller plus loin, il ne sait ce que cela veut dire. Seulement il a remarqué de ce côté beaucoup de monde, un grand nombre de miliciens, et, parmi eux, ceux du sous-préfet qui prêtaient l'oreille aux mêmes bruits sans oser avancer.

« Au moment où Cyriaque termine son rapport,

Ly-ta-laô-yé m'apporte la pièce de M. Garnier et je pars immédiatement pour la citadelle. Je me doutais si peu de ce qui se passait, que personne ne m'accompagnait et que je n'avais même pas un revolver sur moi. Arrivé à la citadelle, je trouve la porte de l'Est fermée et gardée seulement par les miliciens tongkinois. J'ai toutes les peines du monde à me faire ouvrir. Comme je me dirigeais vers la demeure de M. Garnier, on m'appelle de la terrasse de la tour située vis-à-vis. Je trouve là les trois évêques, Mgr Puginier, Mgr Sohier et Mgr Colomer, qui m'apprennent la sortie de M. Garnier et qui paraissent très inquiets. Sans en entendre plus long, je cours prendre mes hommes pour nous porter à la rencontre de M. Garnier. Au bas de la terrasse, j'aperçois un caporal d'infanterie de marine qui arrive de l'action, la figure ensanglantée. Il me dit que Garnier a disparu, enveloppé par les Pavillons Noirs, et qu'il le croit perdu. Il m'indique à peu près la direction prise par les bandits. Sans perdre une minute, à la tête de quarante soldats du Yûn-nân et de quelques Européens, je me dirige à la hâte vers le nord de la ville en contournant le lac qui vient lécher les remparts, afin de tourner les Pavillons Noirs et de leur couper la retraite. Je les croyais poursuivis par Garnier. Peu à peu tout bruit cessa.

« Parvenus à l'extrémité du lac, nous apercevons les Pavillons Noirs à sept ou huit cents mètres, qui fuient devant nous à mesure que nous avançons. Nous faisons feu sur eux, en continuant de les poursuivre; mais ils se mettent rapidement hors de la portée de nos fusils. Nous avons fait plus de six kilomètres, et la nuit approche. Persuadés que les Français sont rentrés à Ha-noï, puisque tout est redevenu silencieux, nous rebroussons chemin. On n'aperçoit plus les pavillons des bandits que de temps à autre.

« Comme nous rentrons à Ha-noï, on me fait dire que M. Bain m'attend impatiemment dans la citadelle. On est venu déjà plusieurs fois pour savoir si nous étions de retour. Là j'apprends toute l'étendue du malheur qui vient d'arriver : Garnier et Balny, un sergent fourrier, un caporal fourrier et un matelot ont été tués! On a le corps de Garnier, du caporal fourrier et du matelot, mais sans leurs têtes!

« J'ai cherché à savoir comment M. Garnier a été tué; mais il est difficile de faire la lumière complète sur ce point.

« Après avoir passé encore une heure en compagnie de Mgr Puginier, après mon départ, Garnier s'est rendu chez les ambassadeurs qui logent en face, dans le ya-men du maréchal Nguyen, pour savoir ce que ceux-ci avaient à lui proposer. Comme il était en conférence avec eux, on est venu le prévenir que les Pavillons Noirs attaquaient la ville à la porte de l'Ouest. M. Garnier s'est immédiatement dirigé de ce côté en disant à son domestique d'aller lui chercher son revolver et de le lui apporter sur les remparts; mais il avait été devancé par quelques-uns de ses hommes, et quelques coups de chassepot avaient plus que suffi pour faire disparaître les bandits derrière les haies de bambous qui entourent les villages. Une pièce de quatre de montagne arrivait en même temps pour prendre position.

« M. Garnier, furieux de la provocation de ces bandits et voyant qu'ils sont à l'abri de ses atteintes, dit à ses hommes qu'il est inutile de mettre la pièce en batterie et qu'on va les poursuivre pour leur donner la chasse.

« Il prend avec lui douze hommes et la petite pièce de quatre, et il sort par la porte sud; mais il s'éloigne bientôt de la chaussée, sur laquelle il laisse la pièce et ses trois servants, pour prendre à travers champs avec les neuf hommes qui lui restent.

« Mais les bambous lui masquent l'ennemi; il fractionne sa petite troupe en trois groupes, dont il garde le centre et qui devront se rejoindre plus loin.

« Au bout de 1.100 à 1.200 mètres, Garnier arrive à une digue qui dissimule les Pavillons

Noirs. Comme il cherche à la gravir, les yeux fixés sur le sommet de cette digue, il n'aperçoit pas un petit fossé d'écoulement qui se trouve au bas. Il trébuche et tombe à proximité des bambous où sont cachés des Pavillons Noirs. Il appelle aussitôt ceux qui le suivaient : « A moi, mes braves! Venez, nous les battrons! » Mais, avant qu'il n'ait eu le temps de se relever, les bandits se précipitent sur lui et le percent de leurs lances. Garnier décharge sur eux les six coups de son revolver, mais il ne peut pas le recharger.

Les trois hommes qui le suivaient se trouvaient en ce moment à plus de 100 mètres en arrière. L'un d'eux reçoit une balle qui frappe le canon de son fusil et l'atteint, par ricochet, à la tempe droite. Les deux autres, voyant M. Garnier enveloppé, s'effrayent et s'enfuient vers la citadelle. Les Pavillons Noirs, maîtres du pauvre Garnier, lui coupent la tête et se sauvent avec leur trophée sans être inquiétés.

« Le sergent, qui marchait sur la droite, ne voyant pas apparaître M. Garnier, après les coups de feu qu'il vient d'entendre, retourne sur ses pas et trouve son corps ensanglanté qu'il ramène à Ha-noï.

« Pendant ce temps, M. Balny, avec le même nombre d'hommes, suivait une autre digue qui le conduisait plus à l'Ouest, dans la direction d'une pagode où étaient cachés les Pavillons Noirs. Dès le début, M. Balny, ne voyant plus les bandits, procéda comme M. Garnier, en divisant ses hommes pour faire une battue au milieu des bambous. Tout à coup, on le prévient que son fourrier a disparu. Il s'élance alors en avant, espérant arracher ce sous-officier aux mains des Pavillons Noirs, et il parvient ainsi jusqu'à leurs retranchements. Il est alors tué à bout portant, en même temps qu'un de ses matelots.

« 22 décembre. — Après déjeuner, je me rends à la citadelle avec le capitaine Georges. En passant devant le ya-men du maréchal Nguyen, — mort de sa blessure avant hier, — j'entre pour voir le corps de M. Garnier. Il est entre les deux marins. Rien d'horrible comme ces cadavres sans tête. Ils sont là étendus sur la paille, tels qu'ils ont été apportés hier soir. Les vêtements de Garnier sont en lambeaux; le corps est couvert de blessures faites par les sabres et les lances et sauvagement mutilé... Je lui serre pour la dernière fois et bien fortement sa pauvre main droite glacée, en lui jurant qu'il sera vengé.

« Un cri d'appel, « les Pavillons Noirs ! » m'entraîne brusquement loin de ce triste spectacle. Mais c'est une fausse alerte. Les bandits viennent seulement faire les fanfarons hors de la portée de nos fusils.

TROISIÈME PARTIE

LA MÉTROPOLE

I

Le gouvern ment de métropole opposé à tou interventi de la Fran au Tong-kïn

Dans les précédents chapitres, nous avons essayé de montrer avec leurs véritables caractères et dans leurs rapports entre eux les divers acteurs qui jusqu'ici ont joué leur rôle sur la scène du Tong-kïn. Malgré les dehors d'un médiateur pacifique et d'un protecteur des droits de la cour de Hué, l'amiral Dupré nous est apparu dans les faits comme le promoteur d'une œuvre d'initiative conquérante et nullement pacifique. Désormais, c'est-à-dire avec le commencement de l'année 1874, les événements vont prendre une tournure entièrement nouvelle, que la mort de Garnier ne suffit pas à expliquer. Le moment est venu de parler d'un personnage qui depuis longtemps s'agite et qu'il est grand temps d'écouter. Ce personnage, c'est le Gouvernement de la métropole.

Aussitôt que l'amiral Dupré se fut rendu compte

de l'utilité d'une intervention au Tong-kïn, il en informa le Ministère de la Marine, cherchant à le rallier au projet qui, dès le début, s'était présenté à son esprit : celui de prendre pied au Tong-kïn et de s'y établir. Tel est le sens des dépêches du 29 avril et du 19 mai 1873, où l'Amiral demande instamment à connaître les intentions du gouvernement au sujet du Tong-kïn. « Notre établissement, ajoutait-il, dans ce riche pays, limitrophe de la Chine,.. est, selon moi, une question de vie ou de mort pour l'avenir de notre domination dans l'Extrême-Orient ». Il insiste dans le même sens dans une dépêche du 5 juin, où il exprime, en outre, l'urgence d'une intervention immédiate « avant que ce riche et beau pays ne soit complètement arraché à l'autorité annamite ».

Mais, à cette époque, la France était hostile à toute entreprise coloniale. L'Assemblée Nationale et surtout la droite conservatrice, qui se trouvait alors en forte majorité, était préoccupée de réparer les désastres de la guerre, et le ministère de Broglie cherchait à maintenir autant que possible une politique de recueillement. Aussi refusa-t-il nettement d'entrer dans les vues de l'Amiral; mais celui-ci ne se tint pas pour battu, et il écrit encore : « J'ai notamment demandé que, malgré les difficultés de l'heure présente, on s'établisse de force dans le Delta du Song-Coï, pour l'occuper définitivement, si la cour de Hué s'obstinait à faire traîner en longueur la conclusion du traité qui devrait être fait depuis des années ». Puis il met en avant les avantages qui résulteraient pour la France de « l'exploitation de la seule voie navigable existant entre le Yûn-nân, si riche en minerais de toute sorte, et l'extérieur. « La possibilité, dit-il, de la navigation fluviale vient d'être démontrée par l'expédition de M. Dupuis, dont les barques, chargées d'armes pour le Yûn-nân, sont parties de Ké-cho (Ha-noï) et y sont revenues deux mois après avec un chargement de cuivre et d'étain. Le voyage a été fait dans la saison des plus basses eaux ».

Sans attendre davantage, l'Amiral intervenait, à la date du 23 juin, par la lettre que l'on connaît, m'enjoignant de me retirer du Tong-kïn. Cependant, il ne cessait d'écrire à Paris pour plaider la cause d'une intervention. Signalons la dépêche du 7 juillet, qui vient corroborer un rapport très explicite de M. de Chappedelaine, consul de France à Canton, à M. le Ministre des Affaires Étrangères. Ce document est du 8 juillet et jette une lumière très nette sur les facilités d'une intervention et sur les avantages qui en découleraient. Enfin, le 28 juillet, l'Amiral informe le Ministre de la Marine que, sur la demande de la cour de Hué, il est intervenu pour me chasser, mais sans rien obtenir. Or, « Que va-t-il en résulter?, continue l'Amiral. Fort de mon assentiment, le gouvernement annamite aura-t-il le courage et la puissance de forcer M. Dupuis à déguerpir? Ou, suivant les habitudes commandées par sa faiblesse, temporisera-t-il encore et aura-t-il de nouveau recours à mon intervention?

« Dans la première hypothèse, je ferai savoir à la cour de Hué que j'ai reçu de nos deux nationaux, Dupuis et Millot, des rapports en complète contradiction avec la relation des faits qu'elle m'a présentée; qu'en l'absence de tous rapports diplomatiques écrits et réguliers, auxquels elle se refuse obstinément, je n'ai d'autre moyen de m'éclairer que celui d'une enquête faite sur les lieux.

« Dans la deuxième hypothèse, au contraire, je représenterai que, M. Dupuis ayant résisté à mon invitation, je ne puis l'y contraindre que par l'envoi au Tong-kïn d'une force capable de faire respecter ma décision.

Puis l'Amiral revient à cette idée, que les événements prouvent assez la faiblesse du pouvoir annamite sur le Fleuve Rouge; que le Tong-kïn est sur le point d'échapper à Tu-duc et « que ce changement nous ferait perdre le bénéfice d'un article du traité qui ouvre ce pays à notre commerce, livrerait aux plus grands dangers 500,000 chrétiens dont la protection nous est confiée, compromettrait à la fois la sécurité et l'avenir de notre établissement dans la Cochinchine méridionale, pour lequel nous avons fait de si grands sacrifices. » Il terminait enfin par ces mots : « Mais je suis prêt, s'il reste un doute dans votre esprit et dans celui du gouvernement, à assumer toute la responsabilité des conséquences de l'expédition que je projette, à m'exposer à un désaveu, à un rappel, à la perte d'un grade auquel je crois avoir quelques droits.

« Je ne demande ni approbations ni renforts ; je vous demande de me laisser faire, sauf à me désavouer, si les résultats que j'obtiens ne sont pas ceux que je vous ai fait entrevoir.

A ces avances, le Ministre de la Marine, l'amiral de Montaignac, demeure inébranlable, et sa dépêche du 8 septembre réitère à l'Amiral « l'ordre de s'abstenir, pour le moment, quelles que soient les considérations que recommande la politique et les opérations proposées ». Notons toutefois que par le même courrier l'amiral de Montaignac avouait officieusement au Gouverneur de la Cochinchine des sentiments bien différents. « Non-seulement, lui écrivait-il, je vous approuve dans vos projets au Tong-kïn, mais je vous admire. Je tiens ces paroles de M. Macaire, ami intime de l'amiral Dupré et qui eut entre les mains la lettre en question.

Le 11 septembre, l'Amiral répondit à la dépêche du gouvernement qu'il se conformerait, autant que les événements le permettraient, aux ordres ministériels et qu'il avait pleine conscience de sa responsabilité. Puis, le 7 octobre, il annonça qu'une expédition était préparée et sur le point de partir sous les ordres de Francis Garnier. Le Ministre de la Marine répondit aussitôt par le télégramme suivant : « J'espère que l'expédition Garnier n'a pas eu lieu; si son départ n'avait pas été ajourné, je tiens à vous confirmer les ordres contenus dans ma dépêche du 8 septembre. Le Gouvernement ne consent pas à l'occupation du Tong-kïn; il veut éviter toute complication qui nécessiterait l'envoi de nouvelles troupes en Cochinchine et occasionnerait des dépenses que l'Assemblée ne ratifierait pas ». Une lettre suivait cette dépêche et développait avec insistance l'ordre de s'abstenir. « Sous aucun prétexte, disait-elle, vous n'êtes autorisé à occuper un point du pays, comme vous le dîtes, encore moins à prévoir dans le présent ou dans l'avenir une occupation permanente (1) ».

Une lettre de M. le duc de Broglie, président du conseil, en réponse au rapport de M. de Chappedelaine, exprimait les mêmes idées avec

(1) Voir cette lettre reproduite en entier aux annexes.

une sagesse remarquable. En voici quelques extraits : « J'ai lu avec intérêt les détails que vous m'avez transmis sur les résultats de l'expédition de MM. Dupuis et Millot au Yûn-nân. Le succès de leur voyage, qui démontre la possibilité de remonter le fleuve du Tong-kïn, est un fait considérable, et l'on peut prévoir que cette nouvelle voie de communication avec les provinces occidentales de la Chine ne tardera pas à être fréquentée par le commerce européen. Je reconnais que cette éventualité nous conseillerait de profiter des lenteurs du gouvernement annamite pour consacrer, par la conclusion d'un traité avec nous, notre domination en Basse-Cochinchine, pour nous établir au Tong-kïn. Mais d'autres considérations plus impérieuses nous recommandent de ne pas nous engager, sans qu'un intérêt immédiat nous y détermine, dans une entreprise dont il est aussi difficile de fixer à l'avance toutes les conséquences. En cet état de choses, nous devons nous borner à une observation attentive des faits, susceptibles d'agir sur nos décisions, et garder la plus grande réserve, afin de ne pas contribuer nous-mêmes à attirer l'attention sur une question dont les esprits ne se préoccupent déjà que trop..... »

. . . .

Remarquons que cette lettre était datée du 14

octobre, c'est-à-dire trois jours après le départ de Garnier pour Ha-noï. Notons que ce départ se serait effectué beaucoup plus tôt, si l'amiral Dupré n'avait pas attendu que le territoire français fût complètement évacué par les troupes allemandes.

L'expédition partie, il fallut en informer le gouvernement, et l'Amiral n'y manqua pas.

Le ministère continuait à désapprouver cette conduite, et l'Amiral à poursuivre ses projets. La dépêche du 24 novembre est des plus curieuses. Elle se termine par ces mots : « Les Annamites ne feront aucune tentative violente pour faire partir M. Garnier, dont la présence à Ha-noï garantit le Tong-kïn de nouvelles expéditions dans le genre de M. Dupuis et donne à mes négociations un point d'appui excellent. Aux demandes d'évacuation, je répondrai par une demande de conclusion du traité . . . .

« Je m'attendais à des éloges pour avoir pris position au Tong-kïn à la demande même du gouvernement annamite. Le télégramme que je reçois me surprend. J'espère que, mieux informé, Monsieur le Ministre, vous ne me refuserez pas votre approbation ».

Quant à Garnier, il était également informé de l'attitude du gouvernement français, comme il ressort de plusieurs de ses lettres et en particulier du passage suivant (8 sept) : « L'entreprise est des plus délicates, d'autant plus que M. de Broglie et le ministère en France, dont j'ai eu toute la correspondance et toutes les dépêches sous les yeux, sont des plus mal disposés ». Cela n'empêche pas le jeune officier d'accepter la misssion que lui proposait l'Amiral, de l'accepter même avec la confiance la plus absolue en l'avenir. En partant, il disait encore au Gouverneur : « s'il arrive quelque chose, je vous autorise à me désavouer ».

Nous verrons si plus tard l'Amiral crut devoir user de ce moyen. Ce qui est incontestable, c'est qu'à l'heure de la conquête il existait entre l'amiral Dupré et Garnier l'entente la plus parfaite. Ce qui le prouve, c'est la lettre du Gouverneur, informant la métropole de la prise de Ha-noï. J'en extrais une grande partie, afin que le lecteur puisse comparer le récit de l'Amiral avec la réalité des faits.

« M. Garnier est arrivé au Tong-kïn le 1er novembre et à Ha-noï le 5. Il y a été bien reçu par les autorités envoyées de Hué pour s'entendre avec lui, très froidement, au contraire, par le vieux maréchal Nguyen, entre les mains duquel étaient concentrés tous les pouvoirs. Cet ennemi acharné des Français n'a pas tardé à révéler d'une manière de plus en plus apparente ses mauvais desseins. L'hostilité, sourde d'abord, est devenue manifeste. Il a ordonné des levées d'hommes, les a appelées à Ha-noï; il a fait pousser avec la plus grande activité des travaux de fortification entrepris à 4 kilomètres de la citadelle, déclarant hautement qu'il était placé au-dessus des ordres du gouvernement et qu'il n'agirait qu'à sa guise...

« M. Garnier lui a fait faire des représentations qui toutes sont restées vaines et qui semblaient exciter l'ardeur avec laquelle il poursuivait les préparatifs . . . .

« Encore quelques jours, et M. Garnier risquait d'être jeté dans le fleuve avec la poignée d'hommes qui l'accompagnait. Le seul moyen d'éviter ce danger imminent était de le prévenir. M. Garnier s'y est décidé à la dernière extrémité, sachant combien le gouvernement français était opposé à tout acte de violence de nature à compliquer ses rapports avec l'An-nam. Il n'a cédé qu'à une absolue nécessité ». Suivent les détails de la prise de Ha-noï, que l'Amiral approuve, bien entendu, en réclamant pour le vaillant officier le grade de capitaine de frégate.

Comme on le voit, l'Amiral rejette sur le maréchal Nguyen toute la responsabilité. D'autre part, il ajoutait, dans la même lettre au ministère, qu'il ignorait encore l'effet de cet événement sur la cour de Hué; mais que, si elle n'était pas disposée à signer un traité, il prendrait des mesures pour assurer l'indépendance du Tong-kïn. Ces mesures seraient la proclamation de la souveraineté d'un des membres de la famille Lê, dont le vice-roi de Canton désirait la restauration. Il concluait : « J'ai la confiance, Monsieur le Ministre, que cette solution, éventuellement recommandée à M. Garnier, vivement désirée par tous nos évêques, ne nous créera pas plus de difficultés, que le protectorat accordé au gouvernement de Hué et qu'à ce titre elle recevra votre approbation ».

En réponse à cette lettre de l'Amiral qui annonçait la prise de Ha-noï, et, fidèle à sa politique de recueillement, la métropole télégraphia au gouverneur de Saïgon d'arrêter immédiatement Francis Garnier et de le traduire en conseil de guerre ; de rendre aux Annamites tout ce qu'on leur avait pris au Tong-kïn et de faire rentrer les troupes (1).

L'Amiral ne crut pas devoir donner suite à ces ordres, comme on le verra au paragraphe suivant. Qu'il nous suffise, pour le moment, d'avoir établi qu'entre l'amiral Dupré et le gouvernement français le conflit en était arrivé au point où une solution à brève échéance devenait imminente et nécessaire. Faut-il en donner un dernier témoignage? Le voici. Ce sont les derniers mots d'une lettre du 5 décembre adressée de Saïgon par le

(1) Nous tenons ce renseignement d'un haut fonctionnaire, lequel était tenu au courant de ce qui se passait dans le cabinet du Gouverneur..

secrétaire de l'Amiral à Garnier : « Ici tout va bien et je suis persuadé que votre vigoureuse entreprise à Ha-noï ne peut que faire hâter la conclusion du traité. Toutefois il est à craindre que le ministre ne soit irrité, lui qui ne veut *à aucun prix* de la plus petite occupation militaire du Tong-kïn. Nous espérons recevoir de vous avant le 6 janvier des nouvelles qui arriveront à Paris par le télégraphe assez à temps pour calmer l'épouvante du gouvernement ».

II

L'Amiral envoie M. Philastre à Hué pour endormir la cour, tandis qu'il renforce l'expédition Garnier pour établir le protectorat de la France au Tong-kïn.

En présence d'injonctions aussi formelles de la part du gouvernement, il fallait précipiter les événements et courir à une solution. L'Amiral était bien décidé à ne pas tout abandonner, comme le demandait le ministère ; il espérait aboutir par la diplomatie à une solution pacifique qui ne manquerait pas, pensait-il, d'être agréée enfin par la métropole, dont il prétend vouloir suivre ponctuellement les intentions, comme il ressort de la lettre suivante adressée à Garnier, le 4 décembre.

« Les graves événements que vous m'annoncez m'ont profondément ému. Ils sont de nature à entraîner des complications qu'il m'est formellement prescrit d'éviter. Les ordres du ministère m'arrivent et par la voie ordinaire et par le télégraphe. Ils sont aussi impérieux que possible. Le Ministre approuve mes projets, si je puis les réaliser pacifiquement, par voie diplomatique. Il m'interdit absolument d'en poursuivre l'accomplissement, s'il ne peut être obtenu que par la voie des armes.

« Complètement *résigné* à me conformer aux ordres que j'ai reçus, je me suis demandé tout d'abord quelles conséquences pouvait entraîner l'acte de vigueur que vous m'annoncez et dont le succès a été si complet. J'ai examiné ensuite la part de responsabilité qui revient à chacun dans cette collision. Enfin j'ai cherché les moyens d'apaiser l'irritation qu'elle a dû causer et de laisser la voie des négociations ouverte.

« Les conséquences sont douteuses. D'après votre rapport, vous étiez incertain de l'effet que produirait sur le pays la prise de possession de la capitale. Mais je vois avec plaisir que vous faisiez tous vos efforts pour maintenir les populations sous l'autorité légale du gouvernement annamite.

« La responsabilité pèse tout entière sur le Grand Maréchal. La cour de Hué a commis une imprudence, en laissant à la tête du pays un homme connu par la haine implacable qu'il nous porte. Je lui en avais signalé le danger.

« Quant à vous, vous avez fait acte de légitime défense. En lui laissant continuer, malgré vos représentations réitérées, ses préparatifs militaires, vous vous seriez exposé à vous faire jeter à la mer, et vous n'avez fait que votre devoir, en ne lui donnant pas le temps de compléter les mesures qu'il prenait dans ce but. Le succès, un succès complet, a couronné votre audace. Vos mesures, sagement prises, ont été énergiquement exécutées par vous, par les officiers, par les marins et les soldats qui vous accompagnaient. Je vous prie de les féliciter, en mon nom, pour la bravoure avec laquelle ils se sont emparés de la citadelle, pour la discipline dont ils ont fait preuve après sa prise. J'attends que vous me désigniez ceux qui se sont particulièrement distingués dans cette affaire. Il ne dépendra pas de moi, je vous assure, qu'ils ne soient récompensés comme ils le méritent.

« Notre devoir impérieux est de nous conformer maintenant aux intentions du gouvernement.

. . . .

« Secondez de toutes vos forces les efforts que je fais pour me conformer à la volonté du gouvernement, pour rentrer dans la voie pacifique des négociations et pour n'en plus sortir. Rassurez, par tous les moyens possibles, les populations et surtout les fonctionnaires actuels; évitez tout ce qui peut ressembler à une prise de possession, à une usurpation d'autorité. Je me suis engagé à ajourner, pour aller plus vite, la solution de la question commerciale, qu'on on ne traitera qu'après la question politique.

« Si vous êtes trop avancé, dites aux intéressés que vous reculez par mon ordre et que ce n'est qu'un retard, auquel il faut se résigner dans l'intérêt de la paix. Il me paraît nécessaire également d'éloigner M. Dupuis, dont la présence ne peut que provoquer les plaintes de la cour de Hué.

. . . .

« Les ambassadeurs paraissent seconder de tout leur pouvoir les démarches que je fais pour éviter une rupture et hâter la conclusion du traité. Je n'ai pas de raisons pour douter de leur bonne volonté. Mais il est possible que nos bonnes intentions et les leurs échouent devant l'ignorance et l'obstination de la cour de Hué. Je sais que, dans cette éventualité, je n'aurai à attendre de France aucun secours ni en hommes ni en argent. Il est donc indispensable que vous fassiez faire d'actives recherches pour connaître les divers prétendants au trône du Tong-kïn, leurs droits respectifs, le mérite et la popularité de chacun d'eux, afin de pouvoir faire proclamer, si nous devons être réduits à cette mesure extrême, celui qui aurait le plus de chances pour rallier en sa personne la majorité de la population.

« Plein de confiance en vous, je ne redoute pour vous que l'enivrement du succès et ses puissantes tentations. Soyez assez sage pour y résister et pour obéir ponctuellement aux ordres du gouvernement ».

Si, à ce moment, Garnier n'avait eu pour toute instruction que cette lettre, son devoir eût été de tout abandonner et de faire voile pour Saïgon. Mais Garnier connaissait mieux l'Amiral et eût fort mal répondu aux intentions de son chef en agissant ainsi.

Jusqu'à ce jour, le but immédiat du Gouverneur de la Cochinchine française n'avait été que d'aboutir à la conclusion d'un traité avec l'Annam. L'idée d'un protectorat sur le Tong-kïn était bien au fond de sa pensée; mais il n'espérait pas pouvoir la réaliser de si tôt. En suivant les succès de Garnier sur le Fleuve Rouge, l'Amiral se persuada que cette idée pourrait être mise à exécution sans retard.

Les difficultés étaient toutes d'ordre diplomatique. Il fallait user de précautions infinies. L'Annam ne se résoudrait pas à perdre encore le Tong-kïn sans pousser de hauts cris qui éveilleraient l'attention, et c'est précisément là ce que le gouvernement français voulait éviter avant tout. L'Amiral veilla donc attentivement à ne pas rompre avec la cour de Hué; bien mieux, à la cajoler, à l'endormir aussi longtemps que la question du Tong-kïn demeurerait pendante. Il se ménageait par ce moyen la ressource de signer le traité au cas où Garnier ne réussirait pas à établir le protectorat.

Traité, protectorat, l'Amiral couve simultanément ces deux projets. C'est le second qu'il voudrait voir éclore; c'est au premier qu'il prodigue ses soins le plus apparents. Ces deux buts contradictoires expliquent désormais tous ses actes. Or, voici comment il manœuvrait. Nous savons que, dans ses lettres à Hué, il accusait Nguyen de tout ce qui arrivait au Tong-kïn. Il déchargeait ainsi Garnier et lui-même, et parait au danger d'une rupture. En même temps, il représentait avec force aux ambassadeurs de Hué, qui étaient auprès de lui à Saïgon, que l'An-nam était sur le point de perdre le Tong-kïn et combien il serait avantageux à la cour de traiter avec lui. Signez, leur disait-il, et aussitôt je rappellerai Garnier du Tong-kïn. Comme les nouvelles du Fleuve Rouge parvenaient directement par mer bien avant d'être transmises aux ambassadeurs par la voie de Hué, l'Amiral se croyait à l'abri de tout accident.

Tant que les nouvelles de Garnier seraient bonnes, l'Amiral éviterait de signer un traité que notre protectorat au Tong-kïn rendrait inutile désormais. Si, au contraire, un désastre venait à se produire sur le Fleuve Rouge, l'Amiral signerait le traité avant que la nouvelle en fût parvenue aux ambassadeurs, et alors ce traité le mettait à l'abri vis-à-vis du gouvernement de la métropole.

Mais une espièglerie politique des Annamites vint à la traverse du plan de l'Amiral et entraîna par la suite les plus graves conséquences. Comme le Gouverneur de Saïgon poussait les ambassadeurs à la conclusion du traité, on s'aperçut, au dernier moment, que ces ambassadeurs n'avaient aucun pouvoir! Il fallait que l'un d'eux partît les chercher à Hué; et encore, dirent-ils, on n'accorderait ces pouvoirs que si celui qui venait les chercher pouvait donner la preuve des bonnes intentions de l'Amiral et rassurer le gouvernement annamite. Le mieux était de faire accompagner l'ambassadeur, qui se rendrait à Hué, par un officier de l'Amiral, capable d'inspirer confiance à la cour.

Il paraissait vraiment bien improbable qu'aucun Français pût remplir les conditions requises pour une semblable mission. Il se trouva cependant que cet homme existait. Il y avait alors au gouvernement de la Cochinchine française un fonctionnaire, lieutenant de vaisseau, qui était le chef du service de la justice indigène. Après un séjour prolongé en Extrême-Orient, il s'était pris d'une vive admiration pour l'An-nam, sa langue, ses lois et ses mœurs. Il avait traduit le code annamite et il s'en était pénétré. « Malheureusement, dit le P. Louvet (1), il lui est arrivé ce que j'ai vu se produire quelquefois chez ceux qui se livrent trop exclusivement à l'étude de la philosophie chinoise : à force de sonder les mystères de la civilisation orientale, il est devenu, selon l'expression pittoresque du lieutenant de vaisseau Félix Julien, « plus Annamite que les lettrés ». En un mot, sous l'uniforme d'un officier français, c'est un lettré annamite; il en a toutes les idées, tous les préjugés et peut-être aussi toutes les haines. Plus d'une fois, on l'a entendu déplorer hautement la présence des Français en An-nam, se faire le champion de l'indépendance du *Noble Royaume*, déclarant que les Annamites ont bien le droit d'être les maîtres chez eux et qu'après tout leur civilisation vaut bien la nôtre ».

Faut-il encore d'autres témoignages? Voici celui de M. Philastre lui-même. Le 6 décembre il écrivait à Garnier la lettre suivante (2) :

(1) *Vie de Mgr Puginier*, par E. Louvet, p. 238.

(2) *Histoire de l'Intervention française au Tong-kin*, par M. Romanet du Caillaud, p. 421.

« Mon cher Garnier,

« Quand j'ai reçu votre lettre, elle m'a jeté dans la plus profonde stupéfaction. Je croyais encore que cela n'était que de vaines menaces.

« Avez-vous donc songé à la honte qui va rejaillir sur vous et sur nous quand on saura qu'envoyé pour chasser un baratier quelconque et pour tâcher de vous entendre avec les fonctionnaires annamites, vous vous êtes allié à cet aventurier pour mitrailler, sans avis, des gens qui ne vous attaquaient pas et qui ne se sont pas défendus?

« Le mal sera irréparable et pour vous et pour le but que l'on se propose en France.

« Vous vous êtes donc laissé séduire, tromper et mener par ce Dupuis?

« Vos instructions ne vous prescrivaient pas cela. Je vous avais prévenu que les Annamites ne voudraient jamais accepter de traiter avec vous; vous en étiez convenu avec moi.

« L'Amiral ne voit pas encore toute la gravité, tout l'odieux de votre agression; il suit une voie bien étrange. Cette affaire va soulever un tollé contre lui et contre vous.

« Que fera le gouvernement annamite? Je n'en sais rien encore. Les ambassadeurs sont désolés et indignés; ils veulent la paix, parce qu'ils sentent très bien que c'est un coup de Jarnac amené par l'Amiral et que celui-ci est décidé à la guerre s'il le faut. Mais je ne sais si leur gouvernement, dont l'orgueil est considérable, se résignera à supporter cet affront et à en passer par les fourches caudines du Gouverneur..... »

L'Amiral n'aimait pas M. Philastre ; mais il était le seul dont il pût se servir pour endormir la cour de Hué. Dans la bouche de tout autre, les protestations d'amitié de l'Amiral seraient accueillies pour ce qu'elles valaient. Exprimées par M. Philastre, un si vieil ami et un ami si convaincu de l'An-nam, elles avaient des chances d'être accréditées, et peut-être accorderait-on aux ambassadeurs les pouvoirs nécessaires pour signer le traité à Saïgon avec l'Amiral.

On raconte que l'Amiral fait venir M. Philastre. On le comble de protestations d'amitié, on lui explique qu'il faut qu'il se rende à Hué avec le second ambassadeur afin de rassurer la cour sur les intentions de l'Amiral et d'obtenir pour les deux envoyés des pleins pouvoirs en vue de conclure et de signer un traité de paix avec l'An-nam.

M. Philastre aurait refusé net. « Comment ! dit-il, d'une main l'on envoie Garnier avec des soldats et des canons, on s'empare des citadelles ; de l'autre, on me charge d'aller demander des pouvoirs pour conclure un traité qui suppose la liberté d'action des deux peuples! » A ces mots, l'Amiral s'emporte, il ordonne. M. Philastre persiste dans son refus et se retire chez lui; mais il ne tarde pas à recevoir un nouveau message qui lui apporte des excuses et lui demande un second entretien.

Lorsque M. Philastre se trouva de nouveau avec l'Amiral, celui-ci lui aurait mis sous les yeux toute la correspondance et les dépêches de la métropole, puis il aurait ajouté : « Serait-il possible qu'avec des ordres aussi formels je pusse avoir entrepris la conquête du Tong-kïn? Je ne suis pour rien dans les événements qui se déroulent sur le Fleuve Rouge. Garnier a outrepassé ses pouvoirs; je ne l'ai jamais autorisé à employer la force; il m'a perdu et vous pouvez être mon sauveur ».

Cette fois, M. Philastre se laissa convaincre; la démarche de l'Amiral n'était pas sans le flatter. Il se fit même un devoir de cette mission périlleuse et difficile, car la cour de Hué était exaspérée et singulièrement prévenue contre Saïgon.

M. Philastre, enfin bien convaincu que l'Amiral n'avait jamais songé à prendre le Tong-kïn, s'embarquait, le 10 décembre au matin, à bord de l' « *Antilope* » avec le deuxième ambassadeur, pour se rendre à Hué, *et seulement à Hué*. Sa mission était « une mission de paix et de conciliation (1). »

Vingt-quatre heures après le départ de l' « *Antilope* », le 11 décembre, le « *Decrès* » quittait également la rade de Saïgon, emportant au Tong-kïn tout ce que Garnier avait demandé à l'Amiral pour assurer sa conquête : un administrateur des affaires indigènes, M. Moty, des fusils pour armer ses miliciens, 30,000 cartouches et cent cinq hommes d'infanterie de marine, choisis avec soin et commandés par un aide de camp de l'Amiral, le lieutenant Goudard.

En arrivant à Hué, M. Philastre fut très mal reçu par les autorités. On voulait le mettre à l'épreuve et savoir jusqu'où allaient ses sympathies pour le Noble Royaume. On le menaça de lui faire un mauvais parti. Il fut accusé de trahison. « Vous venez, lui dit-on, pour nous tromper en voulant nous faire croire que l'Amiral est notre ami. La politique suivie avec Garnier n'a-t-elle pas été une honteuse supercherie? »

M. Philastre proteste alors en disant que c'est Garnier qui a trompé l'Amiral; il révèle à son tour les ordres que celui-ci recevait de la métropole. Peu à peu il réussit à retrouver le crédit qu'il mérite auprès de la cour de Hué. Lorsque

(1) Lettre de M. Luro à Garnier, 21 décembre 1873.

celle-ci se fut assurée qu'il était sincère, les pourparlers purent commencer. Ils ne furent pas longs comme il était facile de le prévoir, car vraiment la cour avait beau jeu. « Puisque l'Amiral ne demande que son traité, dit-elle, nous sommes prêts à le signer des deux mains; mais comment signer un traité de paix et d'amitié quand nous avons le couteau sur la gorge et qu'on nous fait la guerre sur le Fleuve Rouge? Que l'Amiral nous prouve la sincérité de vos paroles en faisant évacuer le Tong-kïn à Garnier, à Dupuis et à tous leurs hommes! Si nous accordons les pouvoirs que réclame l'Amiral pour nos ambassadeurs, Garnier aura le temps de prendre notre pays pendant que ceux-ci se rendront à Saïgon, et alors à quoi servira le traité? Ce qui presse donc en ce moment, c'est d'aller arrêter Garnier, qui nous prend tous les jours de nouvelles villes. Partez vous-même, puisque vous vous dites notre ami. Allez remplir cette mission avec l'ambassadeur qui vous accompagne; rendez-nous toutes les citadelles, et, puis après, nous serons prêts à signer le traité ».

Convaincu, sans doute, d'être dans le droit, M. Philastre accepte cette nouvelle mission. Il se fait l'ambassadeur de la cour de Hué et le protecteur de ses intérêts, à son avis, traîtreusement et injustement lésés. Le « *d'Estrées* », venu de

Hong-Kong pour remplacer l'« *Antilope* », était à sa disposition dans la baie de Tourane; M. Philastre pria le commandant Didot de le conduire au Tong-kïn. Nous l'y retrouverons plus tard.

III

Le départ de M. Philastre pour Ha-noï et la mort de Garnier bouleversent les plans de l'Amiral.

En s'en allant au Tong-kïn, M. Philastre dépassait certainement les instructions qu'il avait reçues. Il avait mission d'aller à Hué seulement, et tous les jours on attendait son retour à Saïgon (1).

Ce sont les Annamites qui informent l'Amiral de cette extension de la mission Philastre. Aussi bien, M. Philastre n'était-il plus au service de la France, mais bien de l'An-nam, comme il ne ressort que trop clairement de la lettre suivante :

« Lettre respectueuse du haut fonctionnaire Nguyen, 2me ambassadeur, 1er conseiller du Ministre des Rites, chargé des pleins pouvoirs de sa Majesté et Envoyé Royal au Tong-kïn, à Son Excellence l'amiral Dupré, Gouverneur et Commandant en chef en Cochinchine.

18 décembre 1873.

« Dernièrement je me suis embarqué avec

(1) *Vie de Mgr Puginier*, par E. Louvet, p. 240.

M. Philastre, envoyé de Votre Excellence, sur un bâtiment à vapeur pour aller à la capitale. Nous nous sommes parfaitement entendus en tous points pendant le voyage, et nous devions revenir ensemble. Je n'oublierai jamais nos excellents rapports. Le jour de notre arrivée à la capitale, j'ai eu connaissance que M. Garnier, après s'être emparé à l'improviste de la citadelle de Ha-noï, avait ensuite pris les citadelles des trois provinces de Ninh-binh, Haï-dzuong et Nam-dinh, et qu'il avait dans ces circonstances agi, soit par la force, soit par la fourberie; et cela se fait pendant que Votre Excellence discute avec les ambassadeurs, à Gia-dinh (1), le nouveau traité de paix et veut, ce qui serait un beau résultat, terminer un jour les choses qui intéressent nos deux royaumes et qui, depuis 5 ou 6 années, ne sont pas encore réglées.

« Quel est donc ce Garnier qui agit ainsi? Non seulement il inflige à notre royaume un dommage et une honte impossibles à supporter, mais encore il viole gravement les lois de l'union et est en désacord profond avec les intentions premières de Votre Excellence.

« Mais, M. Philastre étant heureusement venu ici, attendu que ce fonctionnaire assidu et dili-

(1) Nom annamite de Saïgon.

gent appartient également au service de Votre Excellence, nous désirons le retenir. De plus, conformément aux ordres de Sa Majesté, je dois me rendre avec lui au Tong-kïn pour terminer toutes les affaires et revenir ensuite à Gia-dinh m'occuper du traité. Il a été arrêté que le 1er jour du mois prochain (20 décembre), nous partirons par le bâtiment le « *d'Estrées* ». Nous voulons réparer les erreurs de M. Garnier et rendre ainsi évidents les sentiments d'amitié et de concorde de Votre Excellence. Si je suis en faute pour le retard que je mets dans mon retour, c'est encore M. Garnier qui sera la cause de cet empêchement ».

De son côté, le 1er ambassadeur, resté à Saïgon, paraît soulagé d'un grand poids. Il s'adresse à l'Amiral avec une plaisante ironie en lui marquant le vif désir qu'il aurait désormais de traiter. Il n'attend qu'une chose, c'est de savoir « comment M. Garnier aura reçu au Tong-kïn les ordres, que Son Excellence lui a envoyés, de restituer pour notre satisfaction toutes les provinces... (1) ».

Qu'allait-il se passer au Tong-kïn entre Philastre et Garnier? L'Amiral dut se le demander avec quelque anxiété, mais il n'eut pas le loisir de

(1) Lettre du 1er ambassadeur, Lê, au contre-amiral Dupré, 25 décembre 1873.

faire de longues réflexions là-dessus. A peu près en même temps, une autre nouvelle lui parvenait : celle de la mort de Garnier.

Rien n'était plus imprévu à Saïgon. Le 21 décembre, à la date même de cette mort, M. Luro écrivait à son ami Garnier : « Tu as été audacieux, mais le proverbe se vérifie, *fortuna favet audaces;* donc je suis content. L'Amiral est toujours très bien disposé pour toi; dors sur tes deux oreilles en veillant bien à la défensive. »

L'amiral Dupré fut affolé à la nouvelle de la mort de Garnier. Il eut la vision que tout son édifice diplomatique croulait misérablement. De toutes parts, le terrain lui manquait sous les pieds. Vaguement la rumeur faisait déjà peser sur lui-même la menace d'un conseil de guerre (1).

Il se voyait rappelé en France. Il ne pouvait pas se présenter à Paris sans son traité. Quels moyens employer? La force? La diplomatie? Mais le succès n'était pas assuré.

A vrai dire, la situation n'était nullement désespérée. Seulement l'Amiral ne voulait écouter personne. Chaque fois que les conseils d'un ami étaient contraires à son propre point de vue, il

(1) La décision de faire passer l'Amiral en conseil de guerre fut prise par le cabinet des ministres; mais on intervint pour demander que cette décision ne fût pas insérée à l'*Officiel*.

criait à la trahison, il s'abandonnait aux larmes. Il subissait lui-même, en retour, les effets de l'atmosphère étouffée où l'on vivait alors à Saïgon. « Nul n'osait exprimer sa pensée. Les murs même avaient des yeux et des oreilles; à peine si l'on osait penser... Une atmosphère de plomb régnait dans notre capitale coloniale (1) ».

Garnier seul avait été le confident des projets de l'Amiral, et leur entente était réelle.

Qu'allait-il advenir, lorsque M. Philastre, débarquant à Ha-noï, trouverait les papiers de Garnier et les lettres établissant clairement cette entente? M. Philastre découvrirait alors que le Gouverneur de la Cochinchine l'avait joué, comme il jouait la métropole, comme il jouait la cour de Hué.

C'est, en effet, ce qui arriva. Désormais l'Amiral était à la merci de M. Philastre et allait offrir le spectacle d'un homme qui, d'une part, demandera pour Garnier le grade posthume de capitaine de frégate et qui, de l'autre, laissera traîner dans la boue le nom du même Garnier et permettra à M. Philastre de traiter publiquement son prédécesseur de flibustier et de forban.

Désormais une politique entièrement nouvelle va s'ouvrir au Tong-kïn, dont les lettrés, nos

(1) *Annales de l'Extrême-Orient*, avril 1882.

ennemis, répandront aussitôt l'heureuse nouvelle. On va, disent-ils, détruire l'œuvre de Garnier et rétablir les mandarins, et déjà l'on parle de piller et d'incendier les villages qui ont pris le parti des Français.

QUATRIÈME PARTIE

PHILASTRE. — LE TRAITÉ. — DESTRUCTION DE L'ŒUVRE

I

La première émotion passée, il fallait venger la mort de Garnier. Des renforts venaient d'arriver ; la situation était solide, tant à Ha-noï que dans le Delta.

La mort de Garnier jeta tout d'abord le trouble parmi les jeunes officiers auxquels allait incomber la lourde responsabilité de continuer l'œuvre de leur chef. M. Esmez était, à ce moment, dans le bas du fleuve où il était descendu avec le « *Scorpion* » pour y chercher les renforts demandés par Garnier à l'Amiral. M. Bain était donc seul à Ha-noï et très démoralisé. Son premier mouvement fut d'embarquer et de descendre à Haï-phong pour retourner à Saïgon. Il chargea même le capitaine Georges de tenir des barques prêtes. On me rapporta qu'en cas d'attaque les matelots avaient l'intention de se réfugier auprès de nous (1).

Mgr Puginier fit entendre au jeune officier que cette retraite précipitée amènerait un véritable désastre et serait une humiliation pour

(1) *Vie de Mgr Puginier*, par E. Louvet, p. 236.

notre drapeau. Si la perte de Garnier était irréparable, la situation générale n'était pas compromise. Mais M. Bain n'avait pas assez de monde pour garder la citadelle. L'évêque lui fit alors remarquer que le concours de mes hommes ne lui serait certainement pas refusé. Je me mis aussitôt à son entière disposition, en disant, qu'en effet, nous pouvions faire le service de nuit de la citadelle en même temps que la garde de la ville marchande; qu'il ne devait s'inquiéter de rien et que ses hommes, très fatigués, pourraient prendre du repos. « Je viendrai moi-même, lui disais-je, cette nuit, pour garder la citadelle avec mes soldats du Yûn-nân et les miliciens tongkinois qui nous sont dévoués. »

Le soir même de la mort de Garnier, le courrier apportait une lettre de M. Testard du Cosquer, commandant du « *Decrès* ». Cette lettre annonçait l'arrivée des renforts au Cua-Cam.

Malgré tout cela, M. Bain n'est pas rassuré. Il envoie à bord du « *Hong-kiang* » les ambassadeurs annamites pour les garder en lieu sûr comme otages. Mgr Sohier et le P. Dumoulin vont leur tenir compagnie. Il fait porter également à bord les blessés, au nombre de 10, dans la crainte d'avoir à évacuer précipitamment la ville avec tout ce monde embarrassant.

Cependant, Mgr Puginier cherchait à rassurer

M. Bain sur l'éventualité d'une attaque des Pavillons Noirs. En effet, usant de son autorité auprès des ambassadeurs annamites, l'évêque les décidait à envoyer l'un d'eux auprès du prince Hoang, pour lui enjoindre de cesser les hostilités, sinon tout arrangement devenait impossible. L'ambassadeur partit; mais il va sans dire qu'il n'allait pas plaider la cause des Français, lui qui, avant d'arriver à Ha-noï, s'était secrètement concerté avec le prince pour préparer, selon toute probabilité, le guet-apens où succomba Garnier. Il revint donc le lendemain, assurant que le prince Hoang n'avait rien voulu entendre et refusait de reconnaître les pouvoirs à lui conférés par la cour de Hué pour arranger les affaires.

Le 23 décembre, Mgr Puginier officia aux obsèques de Garnier et de deux marins. Ils furent enterrés provisoirement dans le parc qui touche au palais des anciens rois du Tong-kïn (1). La cérémonie était à peine achevée, que de nouvelles alarmes nous rappelaient à la vigilance. Mon secrétaire Ly-ta-lâo-yé venait m'avertir qu'il y avait dans la ville un homme dangereux, occupé à faire des enrôlements pour les Pavillons Noirs. Cet homme répand la terreur parmi les Cantonnais;

(1) Plusieurs mois après, le corps de Garnier fut transféré à Saïgon par les soins de deux ou trois amis et enterré de nuit, secrètement, tant la mémoire de Garnier était alors discréditée.

il les espionne pour rendre compte aux Annamites des relations qu'ils entretiennent avec nous. Il a déjà réuni quatre-vingts personnes qu'il cache dans le bas de la ville, dans des maisons qu'il a louées près du fleuve. Ses hommes arrivent la nuit dans de petits bateaux et se tiennent cachés dans ces maisons. Les bruits les plus alarmants courent sur les intentions de ces bandits.

Je me rendis donc auprès de M. Bain pour lui demander l'autorisation d'arrêter ce chef au cas où mes renseignements seraient confirmés par les notables commerçants de la ville, autorisation qui me fut accordée sur le champ, avec recommandation de mener l'enquête rondement.

De retour chez moi, je fais venir le chef des Cantonnais et d'autres notables qui me confirment ce qu'on m'a déjà dit et avouent que, s'ils ne m'ont pas averti plus tôt, c'est que cet homme pourrait bien se venger d'eux. Je les rassure en leur promettant qu'il n'aura pas cette peine.

Personne n'ose nous accompagner pour nous indiquer sa demeure. C'est un jeune enfant qui nous montre sa maison. Nous frappons; mais, comme on fait la sourde oreille, nous enfonçons la porte. Nous trouvons alors notre homme occupé à faire ses paquets pour se sauver. Quelqu'un l'avait déjà prévenu. En nous apercevant, il chercha à résister et appela ses gens; mais c'était un sauve-qui-peut général.

Il y avait dans la maison une grande quantité de sachets de poudre munis d'une mèche, un grand nombre de fers de lance, de piques et d'armes de tout genre. Le bandit s'appelait Lìn-tchi. C'était un véritable monstre avec une carrure d'Hercule; il avait le cou et la tête énormes et un regard des plus farouches. Bien qu'il eût les mains solidement attachées et se trouvât entre quatre hommes armés, il inquiétait M. Lasserre. C'était un ancien chef des rebelles du Kouang-si. En dernier lieu, il était à Ha-noï le correspondant des Pavillons Noirs et avait servi de négociateur pour amener un arrangement entre ces derniers et les mandarins de Hué.

Le 21, Lìn-tchi était dans les retranchements des Pavillons Noirs avec Lieou-yuen-fou pour diriger le guet-apens où succomba Garnier. Parmi les papiers que l'on saisit chez lui, il y avait une lettre qu'il adressait à ce chef, lui faisant connaître qu'il serait en mesure, à deux ou trois jours de là, de mettre le feu aux principaux quartiers de la ville et de livrer une porte de la citadelle pendant la panique qui résulterait de l'incendie.

En effet, je fus informé, quelques jours après par des prisonniers chinois, échappés d'entre les mains des Pavillons Noirs, qu'à la date du 30 décembre il n'y avait plus un seul de ces bandits à Son-tay et à peine 30 hommes valides à Hung-hoa. Tous étaient descendus aux environs de Ha-noï pour participer au pillage de la ville, ainsi qu'ils en avaient l'espoir.

Une fois l'enquête terminée et après examen de la correspondance trouvée entre ses mains, M. Bain donna ordre de le fusiller.

Si donc M. Bain avait évacué la citadelle pour se retirer à bord des navires, la ville de Ha-noï aurait été entièrement détruite. Ce désastre eût entraîné les plus graves conséquences.

Lorsque M. Bain avait écrit à son chef, M. Testard du Cosquer, capitaine de frégate, commandant du « *Decrès* », pour lui annoncer la mort de Garnier, « il lui avait exprimé combien sa présence serait utile à Ha-noï. Lui seul, disait-il, pouvait retirer l'expédition française du mauvais pas où l'avait mise la mort de M. Garnier ». Mais M. Testard était pressé de quitter les eaux du Tong-kïn. « Ses instructions lui prescrivaient d'y rester le moins possible (1) ». Ce fut donc M. Esmez, que Garnier avait d'ailleurs emmené pour être son second, qui continua l'administration politique de son chef, et

(1) *Histoire de l'Intervention française au Tong-kïn*, par M. Romanet du Caillaud, p. 197 et 201.

M. Bain, quoique plus ancien, ne garda que le commandement militaire.

Le 25, M. Esmez arrivait à Ha-noï sur le « *Scorpion* » avec M. Moty, l'administrateur demandé par Garnier, et cent cinq hommes de choix d'infanterie de marine, commandés par M. Goudard, officier d'ordonnance de l'amiral Dupré.

Comme second de Garnier, M. Esmez devait être au courant des affaires; mais, en réalité, son chef ne lui avait jamais communiqué les instructions de l'Amiral. Il n'était donc pas au courant de la diplomatie annamite.

Qu'importait d'ailleurs? Dans les circonstances où l'on était alors, il ne devait plus être question de diplomatie. Les Pavillons Noirs avaient assassiné Garnier; ils promenaient à travers tout le Tong-kïn les têtes des cinq Français tués le 21 décembre, sanglants trophées. Il fallait donc courir sus aux Pavillons Noirs; il fallait venger nos compatriotes; il fallait rétablir l'honneur du nom français en exterminant, une bonne fois pour toutes, ces brigands, voleurs de femmes et assassins. Il fallait dégager les abords du fleuve et s'assurer ainsi définitivement la reconnaissance du pays tout entier. Telle devait être alors la diplomatie française sur le Fleuve Rouge; telle elle pouvait être aussi.

En effet, nous l'avons vu, cent cinq hommes

de troupes fraîches venaient d'être débarqués, et leur passage au travers du Delta depuis la mer jusqu'à Ha-noï avait soulevé l'enthousiasme de la population tongkinoise. « Des milliers et des milliers d'indigènes, une haie presque continue, dans l'attitude la plus bienveillante, se pressaient sur les rives pour voir passer les Français, pour les acclamer (1) ». A Ha-noï, les habitants passèrent de l'inquiétude à la confiance; les marchands rouvrirent leurs boutiques; les miliciens, qui avaient déserté, revinrent sous les drapeaux. Quant aux terribles Pavillons Noirs, ils disparurent comme une fumée à l'arrivée de ce petit renfort, et coururent se cacher dans le haut du fleuve.

Les Pavillons Jaunes continuaient à se mettre à ma disposition. Ils étaient descendus sur vingt jonques jusqu'à l'entrée de la Rivière Claire et attendaient mes ordres, campés sur les deux rives du fleuve.

D'autre part, on annonçait que le premier lieutenant des Lê avait pris la ville de Quang-yèn, un chef-lieu de province. Ensuite, il était allé à Haï-dzuong avec ses hommes pour se mettre à la disposition des Français, le 31 décembre.

(1) *Histoire de l'Intervention Française au Tong-kïn*, par M. Romanet du Caillaud, p. 201.

En un mot, nous avions la force et le droit. Il fallait venger la mort de Garnier.

Événements de Nam-dinh.

Dans le Delta, la situation n'était pas moins solide. A Nam-dinh, M. Harmand fut troublé par la nouvelle de la mort de Garnier et il adressa alors à M. de Trentinian la lettre suivante :

« J'ai écrit à M. Hautefeuille pour lui dire de venir se rallier à moi de Ninh-binh à Nam-dinh ; nous tiendrons conseil pour voir ce qu'il y a à faire, si nous devons tenir ici, aller à Haï-dzuong ou à Ha-noï.

« Mais mon avis formel est qu'il faut évacuer toutes les provinces et nous concentrer à Ha-noï, pour traiter avec la citadelle entre nos mains, éviter le pillage de la capitale et ne pas abandonner complètement tous les gens qui se sont compromis pour nous.

« Une évacuation complète serait une lâcheté...

« Ma situation est affreusement difficile. Garnier m'a laissé ici avec 20 hommes, au milieu d'une province de 2 millions d'habitants, tous en armes. — Avant quelques jours, j'aurai toute une armée sur les bras. J'ai déjà brûlé presque toutes mes cartouches à chasser ceux qui me bravaient de trop près, et je voudrais bien être à bord d'un bateau solide ».

En effet, M. Harmand s'attendait d'un moment à l'autre à être attaqué. Il fit redoubler de surveillance et préparer une grande jonque pour lui servir de retraite lorsque, ses munitions épuisées, il ne lui resterait plus qu'à se retirer jusqu'à la mer.

Immédiatement les lettrés attribuèrent l'inaction de M. Harmand à la peur. En conséquence, ils redoublèrent d'activité, s'organisèrent et arrivèrent même assez près de la ville. Mais, le 28 décembre, l'« *Espingole* » apportait à Nam-dinh des vivres et des munitions, et M. Harmand put reprendre l'offensive.

L'ennemi, très nombreux, après s'être emparé du fort de Vu-ban, occupait huit villages au pied des montagnes, à moitié route entre Ninh-binh et Nam-dinh. M. Harmand partit de nuit, avec quinze hommes du « *Decrès* » et de l'« *Espingole* », emmenant, en outre, le général BÂ et une centaine de ses meilleurs soldats. Les villages qu'il voulait surprendre étaient trop nombreux et trop espacés pour qu'il fût possible de les cerner tous. Comme ils formaient un demi-cercle au pied des montagnes, le plan de M. Harmand était de faire passer une partie de ses hommes derrière ces montagnes et de refouler les fuyards contre les pentes. Ce plan ne réussit qu'à moitié parce que le général BÂ, s'étant trop écarté, fut sur le point d'être cerné. M. Harmand dut revenir sur ses pas pour le tirer d'affaire. Les huit villages furent brûlés successivement. Les pagodes seules furent respectées. L'ennemi eut au moins une centaine d'hommes hors de combat. Le lendemain, le principal chef de cette armée fut livré par ses propres soldats, exaspérés de leur défaite et de la perte de leurs biens.

Un autre centre de résistance était le huyen de Chan-dinh. Des proclamations, répandues à profusion, annonçaient au peuple que l'heure de la vengeance avait sonné, que les Européens avaient été tués en grand nombre à Ha-noï et qu'on allait reprendre la capitale, tandis qu'en Cochinchine la citadelle de Vinh-long aurait été reprise par les Annamites (1). Cette proclamation venait de Hué.

Le 31 décembre, M. Rullier, enseigne de vaisseau, arrivé avec les 105 hommes dont nous avons parlé, partit sur l'« *Espingole* » avec huit hommes du détachement de M. Harmand et cent hommes sous les ordres du général BÂ. Son expédition fut couronnée de succès. Il en fut de même à Binh-tuan et sur les bords de la Don-vi. La province de Nam-dinh se trouvait ainsi apaisée; Késo et Phu-ly étaient dégagés, et la route des

(1) Il y eut, en effet, un léger soulèvement dans la province de Vinh-long en Cochinchine; mais il fut immédiatement réprimé.

trams (1) était libre. Aussi M. Harmand put-il garder le *statu quo*. Il est vrai que ses hommes étaient très fatigués et n'avaient plus de souliers; mais des volontaires accouraient en foule sous nos drapeaux, s'élevant jusqu'au chiffre d'environ dix mille hommes.

M. Hautefeuille à Ninh-binh.

Dans la province de Ninh-binh, lorsqu'on apprit la mort de Garnier, les lettrés s'imaginèrent avoir bon marché des Français. Ils firent une nouvelle levée de boucliers. Un moment, tout sembla se désorganiser. M. Hautefeuille rassembla alors ses marins et leur fit connaître la vérité. Il leur dit qu'il fallait s'attendre à être attaqués et il leur demanda tout leur concours. Puis, après avoir condamné les portes de la citadelle sauf une, et doublé ses garnisons grâce à une nouvelle levée de troupes qui portait ses forces à cinq mille hommes, il fit face aux lettrés sur les points où ceux-ci avaient rallié leurs troupes. Partout il fut victorieux. Les indigènes étaient pour lui, et l'avenir s'annonçait sous d'heureux auspices. Le 3 janvier, il recevait du P. Six la lettre suivante :

« Dans une séance (le 20 du dixième mois annamite, 9 décembre 1873), Tu-duc aurait déclaré que, craignant le « *Decrès* » et le « *d'Estrées* »,

(1) Route suivie par les courriers.

il allait quitter Hué et se retirer dans l'intérieur. Les mandarins, originaires du Tong-kïn, se seraient levés, disant : « Nous ne savions pas la position si dangereuse; mais, si les affaires sont aussi avancées, permettez-nous d'aller dans notre patrie rétablir l'ordre et apaiser les esprits ». Les mandarins annamites avaient répondu que c'était une défection déguisée, que tous les Tongkinois étaient des traîtres et qu'il fallait les traiter comme tels.

« De là, altercation et délibération des Tongkinois. Ceux-ci décident de ne pas faire mentir les Annamites et envoient dans la province de Ninh-binh, à Fa-diem, leurs femmes et leurs trésors, comme preuve de leur sincérité envers les Français, disant qu'ils étaient douze (parmi lesquels un ministre) qui, las de Tu-duc, se rallieraient ouvertement au nouvel état des choses, dès que les successeurs de Garnier auraient marqué une politique plus franche, telle que l'annonçait la proclamation des Lê ».

Situation à Haï-dzuong.

A Haï-dzuong, la nouvelle de la mort de Garnier n'eut aucun retentissement politique contre les Français. La province était complètement pacifiée et heureuse de se sentir délivrée du joug annamite. Aussi M. de Trentinian écrivait-il à M. Testard du Cosquer que « sa province était

14

tranquille et que d'ailleurs on pouvait l'abandonner. Alors même que sa situation changerait, il se faisait fort de rester deux mois sans aucun secours ».

La convention de M. Esmez.

En définitive, il résulte de l'examen des faits et de la situation générale que rien n'était compromis gravement par le fait de la mort de Garnier. Mais, nous le répétons, il fallait venger cette mort, si nous voulions maintenir notre prestige en Extrême-Orient. Il fallait courir sus aux Pavillons Noirs et ne pas perdre un temps trop précieux à négocier avec les Annamites.

Ce temps, M. Esmez le laissa s'écouler en négociations. Il reprit avec les ambassadeurs les pourparlers, suspendus par la mort de Garnier. Il fit, « de concert avec eux », des proclamations invitant les populations à la paix. Enfin le texte d'une convention fut arrêté :

« Nous demandons, disait M. Esmez, et, si l'on nous y force, nous exigerons :

Art. 1 — Le Tong-kïn est ouvert au commerce français, espagnol, chinois et annamite, comme il a été dit dans les précédentes proclamations.

Art. 2. — Les bateaux circuleront tranquillement sans avoir à redouter aucune entrave de la part des mandarins.

Art. 3. — Toute troupe, quelle qu'elle soit, se

retirera de l'autre côté du Song-hât (le Daï) (1).

Art. 4. — Toute troupe de la cour sera retirée entre le Song-hât et la mer, et il ne sera conservé que les milices indigènes nécessaires aux différents services administratifs.

Art. 5. — Les têtes et les corps des cinq Français, morts lors de l'attaque de la citadelle de Ha-noï, seront rapportés dans le plus bref délai.

Art. 6. — Un mandarin dûment accrédité sera envoyé, dans chacune des citadelles occupées par les Français, auprès de l'officier commandant, qui lui rendra le service administratif.

Art. 7. — Il sera pourvu aussitôt par le mandarin aux vacances laissées parmi les fonctionnaires du pays, afin que la tranquillité lui soit immédiatement rendue.

Art. 8. — Aucun des fonctionnaires nommés depuis les derniers événements, à cause de la fuite des anciens mandarins inutilement invités à rester, ne sera changé sans une enquête faite de concert par les officiers français et les mandarins de Ha-noï.

Art. 9. — Les populations requises par les Français ne seront pour ce fait nullement inquiétées.

(1) Branche du Fleuve Rouge, se détachant au-dessous de Sontay, passant au Sud-Ouest de Ha-noï, se rendant à Ninh-binh pour se terminer à la mer.

Art. 10. — Les garnisons françaises seront maintenues dans les citadelles jusqu'à la ratification du traité définitif par la Noble Cour et l'Amiral Gouverneur ».

En retour, les Français promettaient :

« 1° De secourir de leurs armes les provinces ravagées par les pirates et les rebelles, chaque fois que ce serait nécessaire à la sécurité du commerce.

2° De garder le fleuve et d'en assurer pour toujours la paisible navigation ».

Sans doute cette convention était un acte de fermeté ; nous allons voir que bientôt on ne saura plus tenir ce langage au Tong-kïn. Mais tout cela n'était que chansons pour les ambassadeurs de Hué et, lorsque le moment de signer est venu, ils s'en tirent avec une pirouette. « M. Esmez et M. Moty se rendent chez les ambassadeurs, suivis de Mgr Puginier et de Mgr Sohier. Ces deux évêques assistaient en qualité d'interprètes. M. Esmez et M. Moty signent. Avant de signer, les ambassadeurs, pour diminuer leur responsabilité, demandent aux deux évêques de signer avec eux. Ceux-ci consentent. La signature des ambassadeurs allait être apposée au bas de la convention, lorsqu'un courrier leur apporte une lettre.

« Notre mission est finie, disent-ils aussitôt qu'ils ont ouvert ce pli ; nous n'avons plus aucun pouvoir ».

Cette lettre annonçait l'arrivée d'un nouveau plénipotentiaire annamite. C'était l'ambassadeur de Saïgon accompagné de M. Philastre.

II

M. Philastre au Tong-kïn. L'affaire des jonques.

Détruire l'œuvre de Garnier et rivaliser de zèle avec les mandarins de Hué pour restaurer l'autorité annamite, à laquelle ont outrageusement porté atteinte les brigandages des sieurs Garnier et Dupuis, telle va être en deux mots la politique de M. Philastre au Tong-kïn.

Le 24 décembre, vers deux ou trois heures du soir, le « *d'Estrées* », portant M. Philastre et l'ambassadeur annamite, venait mouiller à la Cat-ba, près du « *Decrès* », commandé par M. Testard du Cosquer. Nous ne savons pas ce qui se passa dans les entrevues qui eurent lieu entre ce dernier et M. Philastre. Toutefois, ces entrevues eurent un résultat que nous connaissons : ce sont les lettres de M. Testard à MM. Esmez, Bain et de Trentinian, datées des 24, 26 et 27 décembre, par lesquelles il leur annonce l'arrivée de M. Philastre, « entre les mains de qui, dit-il, les pouvoirs politiques vont sans doute tomber ». Puis le commandant du « *Decrès* » adjoignit au nouvel envoyé de Saïgon son second, M. Balézeau, comme commandant militaire.

Ces documents suffisent-ils pour dire que M. Philastre fut accrédité par M. Testard du Cosquer pour succéder à Garnier?... En tout cas, il prit dès lors le titre d'inspecteur des affaires indigènes, *en mission au Tong-kïn*, et partit pour accomplir son œuvre.

Après avoir quitté la Cat-ba, le « *d'Estrées* » vint jeter l'ancre un peu au-dessous de Haï-phong, dans le Cua-Cam.

Non loin de là étaient mouillées quantité de jonques chinoises, qui, à la nouvelle que le pays avait été ouvert au commerce par Garnier, étaient venues, confiantes, de Macao, de Canton, de Hong-Kong, pour charger du riz et diverses marchandises. Il y avait à bord environ deux cent cinquante hommes, matelots ou commerçants. Le restant des équipages était à terre.

« Qu'est-ce que toutes ces jonques? » demanda, par l'intermédiaire de M. Philastre, le commandant de l'aviso, M. Didot. A cette question, l'ambassadeur annamite, saisissant vivement l'occasion de nous brouiller avec la population, répondit que c'étaient des pirates. Aussitôt le commandant donna ordre d'aller prendre possession des barques et de lui amener ceux qui les montaient. On s'empara donc de ces hommes. Trente-sept d'entre eux furent conduits à bord des embarcations, et les autres, deux cents environ, furent entassés pêle-mêle sur la plus grande jonque et placés sous la surveillance et la conduite de canots qui devaient amener cette jonque contre le « *d'Estrées* ».

Les trente-sept hommes amenés à bord étaient les capitaines des jonques et les représentants de diverses maisons de commerce chinoises. On les interrogea; ils expliquèrent leur présence au Cua-Cam en se réclamant des proclamations de Garnier, par lesquelles les Français ouvraient le fleuve au commerce et s'engageaient à protéger les négociants sur cette voie nouvelle.

Mais le commandant persistait à voir en eux des pirates. Cependant, on manœuvrait pour amener la grande jonque le long du « *d'Estrées* ». Arrivée non loin du navire, la jonque dut, sur un signe qu'on lui fit, s'apprêter à virer de bord pour venir s'amarrer à l'arrière. Pendant qu'elle accomplissait cette évolution, les embarcations françaises qui commandaient le mouvement rallièrent le « *d'Estrées* ». Cette retraite de l'officier commandant les embarcations avait pour but de favoriser la fuite de la jonque. Il lui répugnait de traiter en pirates de paisibles commerçants qui opposaient si peu de résistance à la violence qui leur était faite. Ces gens-là ne pouvaient, en effet, être des pirates, car ils n'eussent point commis l'invraisemblable imprudence de venir exercer leurs rapines sous le canon des navires de guerre.

Dans son mouvement, la jonque manqua le « *d'Estrées* ». Elle tirait une bordée, probablement pour revenir ensuite; mais, soit que le courant l'entraînât, soit qu'elle voulût effectivement échapper, on la vit s'éloigner insensiblement dans l'ombre, car le soir était venu.

Aussitôt le commandant entra dans une violente colère contre l'officier qui avait abandonné la jonque. Il ordonna de charger les canons et de la couler, tandis qu'elle s'éloignait lentement et prenait l'aspect d'une forme incertaine flottant sur les eaux. Le feu des batteries fut dirigé sur cette masse sombre, et bientôt au bruit répété des détonations répondirent d'épouvantables clameurs venues du fond des ténèbres. La fumée des canons acheva de fermer l'horizon, et la jonque disparut dans l'obscurité. Nul ne saura jamais si elle fut coulée ou si elle parvint à fuir.

Le lendemain, on pendit aux vergues les trente-sept malheureux amenés à bord du navire français. Un seul échappa, à la faveur d'un acquit de droit de port que par hasard il avait rapporté de Saïgon.

Il y a eu dans cette affaire une erreur de jugement, pouvant s'expliquer par l'état d'esprit dans lequel se trouvait déjà très vraisemblablement le commandant du « *d'Estrées* ». En effet, trois ou quatre mois après, dans le courant de l'été qui suivit, le Gouvernement était obligé de le relever de son commandement par suite de l'altération de ses facultés.

Après cela, les jonques, au nombre de 27, furent brûlées. Elles contenaient du riz, de l'opium, de la soie et des sommes d'argent.

Les Cantonnais de Ha-noï, qui comptaient des amis parmi les victimes de cette affaire, furent consternés, et les demandes de réparation adressées de Chine à l'Amiral furent vaines.

Évacuation Delta. Arriv de M. Philast à Ha-noï. Haï-dzuong.

Après cet exploit, M. Philastre, l'ambassadeur annamite et M. Balézeau, second du « *Decrès* », qui avait reçu le commandement des troupes, s'acheminèrent sur Haï-dzuong. Le « *d'Estrées* », qui avait un trop fort tirant d'eau, fut laissé à Haï-phong. Le voyage se fit à bord des chaloupes du navire probablement armées en guerre. M. de Trentinian avait été prévenu de leur arrivée par deux lettres de M. Testard du Cosquer; toutefois il ignorait encore leurs intentions. Il les reçut du mieux qu'il put dans la citadelle. Mais l'ambassadeur de Hué, ne trouvant pas son accueil assez cordial, refusa d'accepter l'hospitalité sous la protection du drapeau français. Ce n'était qu'un prétexte pour être libre de ses mouvements et réorganiser au plus vite les partisans de la cour de Hué.

Ceux-ci évidemment ne pourraient pas réagir contre l'opinion, trop favorable aux Français, si les Français eux-mêmes ne faisaient pas ce qu'il fallait pour démériter de cette faveur. Nous avons vu comment l'ambassadeur annamite le leur fit faire à Cua-Cam. Au-dessus de Haï-phong une scène analogue se renouvela.

Il y avait là un arroyo où se pressait toute une flottille de jonques marchandes. Sur la demande de l'ambassadeur de Hué, les chaloupes pénétrèrent au milieu de ces jonques. Des coups de fusil furent échangés, mais les capitaines désignés par l'ambassadeur parvinrent à s'enfuir.

M. Philastre et l'ambassadeur, son ami, avaient décidé de faire évacuer immédiatement la citadelle de Haï-dzuong. L'ordre en fut transmis par M. Balézeau, second du « *Decrès* », à M. de Trentinian. Celui-ci essaya de faire quelques remarques; il fit entrevoir les dangers d'un si brusque changement. Mais les ordres étaient formels et, le 2 janvier, la citadelle fut remise entre les mains d'un nouveau mandarin annamite nommé en toute hâte par l'ambassadeur. Ce mandarin s'entoura aussitôt d'un ramassis de gens sans aveu, dont il se fit une escorte qui se répandit sur les murs de la citadelle. En même temps, M. Philastre et l'ambassadeur sortaient de la ville, suivis, à quelque distance seulement, de M. de Trentinian au milieu de ses soldats, auxquels la population témoignait une dernière fois son attachement en les comblant de cadeaux et en les escortant jusqu'aux bateaux.

De Haï-dzuong, M. Philastre et l'ambassadeur envoyèrent des courriers à Ninh-binh et à Nam-dinh pour ordonner l'évacuation immédiate de ces citadelles. M. Esmez était mis au courant de ces décisions et recevait de son côté l'ordre de suspendre toute négociation.

Un si grand empressement à être agréable à la cour de Hué était contraire même aux intérêts des mandarins annamites, qui demandèrent pour l'évacuation des villes un délai suffisant afin de pouvoir faire venir de l'An-nam des troupes d'occupation. En effet, sans cette précaution, les citadelles dégarnies auraient été de belle prise pour les rebelles qui s'y seraient concentrés et maintenus.

Cependant, M. Philastre remontait à Ha-noï, où il arrivait le 3 janvier 1874, à bord du « *Son-tay* » qu'il avait réquisitionné.

Ce fut alors et non à la mort de Garnier que commença le terrible désarroi qui eut de si sanglantes conséquences dans tout le pays. Entouré d'Annamites, M. Philastre était presque invisible pour les officiers français. D'ailleurs, ce n'est pas leurs avis qu'il compte suivre; « M. Philastre ne veut rien entendre », me dit M. Moty. Il s'est emporté parce que les Français n'ont pas encore évacué les citadelles du Delta (3 janvier). « Il veut rendre les villes occupées par les Français et rallier les troupes autour de Ha-noï. Il ne veut pas entendre parler de traité avant que cela ne soit fait. Il traite Garnier de forban et de pirate ».

Le lendemain, une violente discussion s'élève entre MM. Philastre et Esmez au sujet de l'évacuation de la place de Ha-noï, à laquelle tous les officiers s'opposent avec énergie.

Cependant, M. Philastre licencie les miliciens, sauf quatre cents qui doivent aider au service de la ville. Aussitôt les Pavillons Noirs descendent en foule et viennent occuper l'île qui se trouve au milieu du fleuve au-dessus de Ha-noï. Leur chef, le prince Hoang, leur donne ce même jour un grand festin pour les exciter contre les Français. Le bruit se répand que M. Philastre est pour eux. En effet, n'avaient-ils pas assassiné Garnier?

Mgr Puginier cherche à voir M. Philastre pour le prévenir des massacres qui commencent dans le bas du fleuve et lui demander des secours pour les chrétientés de cette région; mais M. Philastre continue à ne communiquer avec personne, si ce n'est avec ses amis les Annamites. J'ai déjà fait de mon côté ce que j'ai pu pour défendre les missions, mais mes hommes sont insuffisants à protéger tant de monde.

Nous ne finirions pas, si nous voulions énumérer ici les avis, les plaintes, les haines, les terreurs, les colères et les joies sauvages que soulève dans tout le pays la nouvelle politique du représentant de la France. Voyons plutôt les faits.

Le 5 janvier fut passée une convention pour l'évacuation complète du Delta.

Cette convention fut rédigée par l'ambassadeur annamite et acceptée par M. Philastre. Elle dénote le plus souverain mépris pour la France. Les mandataires traitants sont : le Lê-Bô-Ta-Tam-Tri Nguyen-van-tuong, ambassadeur annamite, mentionné en premier, et, au second tour, M. Philastre, lieutenant de vaisseau,... chevalier de la Légion d'honneur, muni des instructions de *Monsieur* le Contre-Amiral et accrédité près de son Excellence le Ministre des Relations Étrangères de la cour de Hué. Elle décide que les citadelles de Ninh-binh et de Nam-dinh seront évacuées, celle-ci le 8, et celle-là le 10 janvier. « De son côté, l'An-nam s'engage à proclamer une amnistie pleine et entière pour tous les sujets de Sa Majesté le Roi d'An-nam qui auraient pu, à quelque titre que ce soit, avoir été employés par l'autorité militaire française, à les protéger contre toute réaction vexatoire et à pourvoir, autant que possible, d'emplois conformes à leurs aptitudes celles de ces personnes qui auraient été provisoirement pourvues de fonctions par l'autorité française... »

Consternation à Ninh-binh.

La consternation fut grande à Ninh-binh lorsqu'on apprit qu'il fallait évacuer. En effet, à quoi avaient servi dès lors tous ces combats, tout ce sang versé? Ces soldats, ces mandarins, qui s'étaient dévoués pour soutenir les Français, qu'allaient-ils devenir? L'amnistie qu'on leur promettait n'était qu'une promesse d'Annamite. Il fallait les prévenir, les mettre sur leurs gardes. M. Hautefeuille, qui se trouvait à Yen-hoa où il achevait de réduire le soulèvement des lettrés, revint en toute hâte à Ninh-binh. Il passa la nuit à écrire aux mandarins, les suppliant de rester à leur poste. Le lendemain, 8 janvier à 6 heures du matin, le « *Scorpion* » amenait le mandarin qui devait remplacer M. Hautefeuille. Avant de quitter la citadelle, cet officier fit enclouer les pièces, noyer les poudres et brûler les bois des lances et des fusils. A deux heures, les Français évacuaient Ninh-binh.

M. Harmand à Nam-dinh. Incendies et massacres.

A Nam-dinh, le 10 janvier au matin, M. Harmand fit une proclamation pour prévenir la population de l'évacuation de la citadelle. Il exhortait le peuple à ne pas s'effrayer, à avoir confiance, et reproduisait les promesses d'amnistie de la convention, puis il fit amener le drapeau français et rendit la place aux deux mandarins envoyés pour le remplacer.

Ceux-ci, entourés de leurs hommes, prirent immédiatement possession de la citadelle et, avant même que l'« *Espingole* » et le « *Mang-hâo* », qui emportaient le petit détachement français, n'eussent disparu à l'horizon, la proclamation de M. Harmand était publiquement déchirée, et les soldats couraient massacrer les chrétiens dans leurs maisons. Aussitôt les lettrés se joignaient à eux, tant à Nam-dinh que dans la province, obéissant à un « ordre secret, émané du roi, aux termes duquel ils devaient, aussitôt que les Français auraient évacué, se jeter sur les chrétiens et les massacrer tous ».

« Le soir même de l'évacuation, des murs de la citadelle, on pouvait voir brûler quatorze villages chrétiens. Les nouveaux mandarins de la province ne songeaient même pas à s'y opposer. Bien plus, ils envoyaient à leurs subalternes « l'ordre secret de poursuivre tous ceux qui s'étaient mis au service de la France (1) ». Une vingtaine de chefs

(1) *Histoire de l'Intervention française au Tong-kin*, par M. Romanet du Caillaud, p. 247.

furent mis à mort. Quant aux soldats tués ou massacrés, on en ignore le nombre. Le 15 janvier, plus de cinquante villages étaient brûlés dans cette seule province, quatre à cinq cents chrétiens massacrés, y compris trois prêtres annamites et trente catéchistes. Plus de trente mille chrétiens étaient en fuite, privés de leurs demeures et mourant de faim !

A Ninh-binh, les mêmes faits se produisaient également. Même les maréchaux-ferrants, qui avaient forgé des armes pour les Français, étaient traqués, et les lettrés incendiaires se grossirent encore de tous les criminels condamnés sous l'administration française et qui furent tous relâchés.

Quant aux mandarins nommés par les Français, quelques-uns essayèrent pendant quelque temps de rester à leurs postes ; mais plusieurs payèrent de leur tête cet acte de courage. Enfin, à bout de ressources, ils adressèrent à Ha-noï la requête suivante :

« Requête des mandarins de la province de Nam-dinh, nommés par Francis Garnier.

« Nous saluons le commandant de cent saluts.

« Nous avons servi les Français depuis le moment où M. le commandant Garnier, nous ayant délivré des diplômes pour remplir différentes charges, nous a envoyés parcourir le pays.

« Nous avons tous agi de tout notre cœur et

de toutes nos forces pour maintenir la tranquillité. Après la mort de M. Garnier, un officier à deux galons prit le commandement et traita de la paix avec les mandarins annamites. On renvoya alors chez eux les mandarins nommés par M. Garnier, qui avaient levé des volontaires et se trouvaient encore à la ville de Ha-noï ; mais on ne dit pas un mot à ceux que l'on avait envoyés de côté et d'autre.

« Lorsqu'on rendit aux Annamites la citadelle de Nam-dinh, nous n'en avons point été prévenus à l'avance. Aussi, après le départ des officiers français, les mandarins annamites et les lettrés cherchèrent-ils à prendre et à mettre à mort tous les mandarins nommés par les Français, brûlant les villages chrétiens, tuant les catholiques, poursuivant nos parents, nos femmes et nos enfants, livrant nos demeures à l'incendie et au pillage et envoyant aux mandarins des *phû* et des *huyên* l'ordre secret de poursuivre tous ceux qui s'étaient mis au service de la France.

« Nous voudrions revenir, mais nous ne l'osons pas, car on est aux aguets pour nous tuer. Nous avons donc, d'un commun accord, écrit cette lettre pour faire connaître à M. le commandant que nous sommes prêts à nous mettre sous ses ordres et à marcher à la tête des troupes partout où il nous enverra. Nous ferons tous nos efforts pour réussir, et nous parlons en toute simplicité. C'est là tout ce que nous avons à dire. Que M. le commandant donne des ordres! Nous ne demandons qu'à lui obéir.

« Si cependant l'on doit vraiment faire une paix définitive, nous prions M. le commandant de vouloir bien nous faire passer à Saïgon, où nous serons en pays français; car, si nous restons ici, nous serons tous poursuivis, pris et mis à mort. Nous prions M. le commandant d'avoir pitié de nous et de nous sauver ».

Voilà donc à quels résultats devait aboutir la brillante conquête du Delta.

M. Philastre à Ha-noï. Les partisans et l'honneur de la France subissent les derniers affronts.

Tandis que les massacres se multipliaient dans le Delta, les missions envoyaient à M. Philastre courrier sur courrier pour lui demander des secours. C'était leur devoir, en effet, de ne pas abandonner les chrétiens qui s'étaient compromis pour la cause française. Lorsque Garnier fit appel à la population du Tong-kïn, lui promettant en retour la protection de la France, plusieurs chrétiens étaient venus demander à Mgr Puginier s'ils pouvaient sans danger prêter leur concours à M. Garnier, et l'évêque français, sans les engager, leur avait répondu qu'ils n'avaient rien à craindre en entrant au service de Garnier, puisque derrière Garnier il y avait la France.

Cette promesse fut cruellement démentie par

les événements. Derrière Garnier, il y avait Philastre et, derrière Philastre, était l'An-nam.

Donc, à toutes les demandes de secours, il fut d'abord répondu qu'on ne pouvait rien faire ; et, comme il fallait protéger les missions tout de même, j'envoyai au plus pressé, ici des hommes, là des armes et des munitions; mais les moyens dont je disposais étaient insuffisants pour assurer la sécurité de tant de monde.

Après les refus vinrent les reproches. Aux émouvants récits de Mgr Puginier, M. Balézeau répond que tout cela n'est pas la faute des mandarins, qui font, au contraire, dit-il, tout ce qu'ils peuvent pour remédier au mal; mais ce sont des représailles contre les chrétiens pour ce qu'ils ont fait pendant l'occupation française. « C'est trop fort », répond alors l'évêque, au comble de l'indignation, « c'est nous maintenant qui sommes les coupables ! »

J'ai rarement vu spectacle plus navrant, pour un cœur de Français, que celui de cet homme d'épée, insensible aux paroles de l'évêque, qui, les larmes aux yeux, lui représentait la désolation de ce malheureux pays, et tenant au prélat un langage qui me faisait monter le rouge au front.

La France, qu'il ne trouvait pas à Ha-noï, Monseigneur la chercha à Saïgon. Il s'adressa à l'amiral Dupré, mais la France n'était pas là non plus!

Le 21 janvier, l'Amiral écrit à M. Philastre : « J'ai reçu de Mgr Puginier une lettre bien alarmante. Je crains qu'il n'ait provoqué les dangers qu'il me signale, et je lui rappelle que je l'avais engagé, ainsi que ses vénérables confrères, à une grande prudence, à la plus extrême réserve, en lui faisant connaître franchement l'attitude que j'entendais prendre et garder au Tong-kïn. Je regrette qu'il se soit exposé à des ressentiments, contre la manifestation desquels il sera d'ailleurs efficacement protégé par l'amnistie qui s'étend à tous nos partisans, chrétiens ou autres (1) ».

M. Philastre fait mieux encore que de refuser les secours qu'on lui demande, mieux que d'accuser les victimes de leur propre sort. Tandis que tous les jours il apprend les conséquences sanglantes de l'évacuation du Delta, il prépare avec l'ambassadeur celle de Ha-noï. Le 10 janvier, une proclamation est rédigée par eux dans ce sens et affichée; mais elle était si insolente pour Garnier et les Français et souleva une indignation telle, qu'elle dut être remplacée par une autre dont voici quelques passages. « Les deux Gouvernements vivaient depuis longtemps en bonnes relations quand l'envoyé Garnier est venu pour ré-

(1) *Vie de Mgr Puginier*, par E. Louvet, p. 247.

gler avec les mandarins de Ha-noï la question de commerce.

« Cet envoyé, ne connaissant pas les rapports qui existaient entre les deux gouvernements, a mis le désordre.

« Nous avons le cœur navré des événements qui ont été la conséquence de son intervention.

« Les deux ambassadeurs viennent aujourd'hui pour rétablir l'ordre et reconstituer l'état des choses qui existait avant ces fâcheux événements ».

Après avoir annoncé l'évacuation des villes du Delta, la proclamation continue :

« Quant à la province de Ha-noï, il a été convenu qu'elle sera remise sous peu au gouvernement annamite.

« Les mandarins, en prenant possession de la citadelle de Ha-noï, devront faire reconnaître leur autorité dans toute la province. Les soldats français qui sont dans la citadelle devront l'évacuer dans une dizaine de jours. On leur donnera une maison convenable pour rester en dehors ».

Et, comme toujours, amnistie entière est promise à tous les fonctionnaires nommés par Garnier.

On se représente aisément quelle devait être la consternation de la population, tant chinoise que tongkinoise, à la lecture de ces proclamations.

On parle déjà à voix basse des représailles terribles, dont les mandarins de Hué menacent les partisans des Français, une fois qu'ils seront de nouveau les maîtres de la situation.

Le peuple s'attendait à de grands malheurs. Il était encore temps de les prévenir en rompant ouvertement avec l'An-nam. Le 11, un chef du parti national vint me trouver; c'était un chrétien, le plus riche de sa province. Il m'affirmait qu'il pouvait réunir vingt mille hommes dans deux ou trois provinces, dix mille dans celle de Ha-noï et autant dans celles de Bac-ninh et de Ninh-binh. Je lui dis d'attendre les événements. Que pouvait-il faire, en effet. sans paraître ouvrir les hostilités contre la France, qu'au contraire ces gens étaient tout disposés à servir?

L'équivoque de la politique de l'Amiral portait ses fruits. Elle n'en eut pas de plus amers pour moi que la perte du prestige du nom français aux yeux des Tongkinois. Elle en eut de plus sanglants.

Les Pavillons Noirs, assassins de Garnier, n'avaient rien à redouter d'un homme qui ne craignait pas de ternir le nom de l'officier français, dont ils avaient, eux, traîné la tête dans tout le pays. Le 3 janvier, nous avons vu qu'ils vinrent s'installer sur le fleuve non loin de Ha-noï. Le 9, ils descendirent de nuit jusque sous les murs de la ville. A cette nouvelle, M. Goudart et deux autres officiers partent avec quarante hommes et une pièce de canon pour chasser ces bandits, malgré la défense de M. Philastre. Mais les Pavillons Noirs sont prévenus à temps par leurs amis, et les Français ne trouvent personne.

Le lendemain, j'apprenais que les courriers, qui portaient mes lettres dans le haut du fleuve à Hoang-tson-ïn, chef des Pavillons Jaunes, avaient été assassinés, ainsi qu'une femme qui devait aussi lui faire parvenir des lettres de Ha-noï. Cette femme fut prise par les Pavillons Noirs qui lui ouvrirent la poitrine.

Le 15, des soldats tongkinois, restés au service des Français, furent assaillis par les créatures des mandarins. Le même jour, une centaine de bandits pénétrèrent dans le bas de la ville, pillèrent les habitants et tuèrent un maire. Les mandarins agissaient ainsi pour se venger de la population de Ha-noï.

Le 15 encore, un petit chef, autrefois sous les ordres de Garnier et qui était à la tête de quatre-vingt-dix hommes, vint me demander une lettre de recommandation pour le chef des « Pavillons Jaunes », auprès duquel il voulait aller se réfugier. Il ne savait où se cacher avec ses hommes, pour échapper aux mandarins, ni comment se procurer des vivres pour lui et ses gens. Je lui donnai de quoi acheter du riz pour tout son monde pendant quelques jours. Tous ces malheureux, qui avaient été au service de Garnier, recouraient maintenant à moi pour les soulager ou les tirer de leur périlleuse situation. Mon cœur saignait de voir tant de souffrances (1).

Le 19, deux sous-préfets, nommés par Garnier, attendaient leurs successeurs pour leur remettre le service. Ils furent assassinés, eux et leurs familles.

Mais arrêtons-nous. La liste de tous ces crimes serait trop longue. Que serait-ce si, au lieu de nous en tenir à la seule province de Ha-noï, nous voulions parcourir tout le pays? Dans la seule province de Nam-dinh, plus de quatre-vingts villages étaient brûlés à la date du 20 janvier, et bien peu de personnes échappaient au massacre. Il y aurait aussi à parler des chrétiens.

Nous avons mentionné les attentats dirigés contre les indigènes, tant païens que chrétiens. Les Français eux-mêmes n'étaient pas épargnés, et bientôt l'insolence annamite n'avait plus aucune retenue. On faisait courir le bruit que les Français avaient été chassés des citadelles du Delta. Des proclamations annoncèrent même cette grande nouvelle dans tout le Tong-kïn. En effet,

(1) *Mon Journal de Voyage et d'Expédition*, p. 250.

l'évacuation avait été si précipitée, qu'elle ressemblait à une fuite.

Des proclamations injurieuses aux insultes personnelles il n'y avait qu'un pas. Le 15 janvier, on tira des coups de feu sur une patrouille française qui suivait les remparts. Le 17, MM. Lasserre et Perrin, s'étant rendus dans la ville marchande pour y acheter quelques objets, furent assaillis par une bande d'hommes de Hué, armés de bambous, qui poussaient des cris de mort contre eux. Pour se dégager, ils durent tuer l'un de ces hommes et en blesser plusieurs. M. Philastre leur en fit des reproches. Même le drapeau français fut insulté impunément. En effet, le 13 au matin, un pavillon quelconque flottait sur la tour de Ha-noï à la place du pavillon français, dont on retrouva les lambeaux dans la boue au pied de la tour. M. Philastre se contenta d'en faire remettre un autre en place.

Les officiers français étaient exaspérés de cette attitude, mais il ne fut pas tenu compte de leurs protestations patriotiques. Ils durent se demander sans doute de qui M. Philastre tenait en définitive des pouvoirs si absolus. Comme nous l'avons vu, il ne les tenait certainement pas de l'amiral Dupré, puisque la mission que lui avait confiée ce dernier était limitée à Hué. Ce qui est positif, c'est que l'Amiral confirma ces pouvoirs après coup.

N'oublions pas qu'il était à la merci de M. Philastre, lequel était sûr par avance d'être entièrement couvert, du moment qu'il parvenait à faire aboutir le traité.

Peu importait d'ailleurs quels étaient les pouvoirs de M. Philastre. Il était au Tong-kïn, et ses ordres étaient exécutés pour le plus grand malheur du pays et des intérêts français (1). Bien des fois j'essayai, tant par lettres que de vive voix, de le détourner de ses projets, de l'éclairer du moins sur l'évidente mauvaise foi des Annamites. Toutes mes démarches furent inutiles, et nos conversations, loin d'améliorer la situation, prenaient plutôt un tour assez aigre. J'en emprunte un exemple à mon Journal de Voyage.

« 17 Janvier. Je vais voir M. Philastre pour savoir ce qu'il doit me communiquer. Il me dit que l'Amiral approuve l'évacuation pour ne pas trop humilier les mandarins aux yeux de leur peuple. Quant à lui, il ne peut prendre aucun engagement pour protéger mon voyage au Yûn-nân contre les Pavillons Noirs. D'un autre côté, les mandarins annamites, « ses amis », ne veulent pas que je remonte en Chine avec mes vapeurs et mes soldats. — Ils permettent que j'aille simplement me faire

(1) Il va sans dire que nos intérêts personnels étaient également sacrifiés. Nous ne toucherons qu'incidemment à cette question dans ce volume, nous réservant d'en publier un jour l'exposé.

assassiner comme Garnier par les Pavillons Noirs. — Comme je me récrie contre cette situation impossible, que M. Philastre avait créée pour plaire à ses amis, il me répond qu'un charbonnier est maître dans sa maison et me demande de quel droit je suis au Tong-kïn contre la volonté des mandarins qui sont maîtres chez eux.

« Je lui demande à mon tour si c'est bien son rôle, à lui, représentant de la France, de venir défendre la barbarie contre la civilisation et de quel droit les mandarins sont les maîtres des destinées de plus de dix millions d'individus qui repoussent de tels tyrans. Quant à mes droits, ils sont indiscutables. J'ai autant de droit d'être au Tong-kïn que les mandarins eux-mêmes, en raison des pouvoirs que je tiens des mandarins du Yûn-nân et du vice-roi de Canton. Mais ce n'est pas à des Français qu'il appartient de discuter ce droit; ils n'ont pas mission pour le faire. Les traités sont rompus entre la France et l'An-nam, et la France n'a aucun droit d'intervention au Tong-kïn avant qu'un traité n'ait été signé à cet effet. Il ne peut donc prendre fait et cause pour ses amis les Annamites, sans être responsable du préjudice qu'il me cause.

« D'ailleurs, il doit être Français avant d'être Annamite. Que fait-il de la politique française? Je suis au Tong-kïn contre la volonté des Annamites!

Est-ce que nous sommes en Cochinchine par la volonté des Annamites?

« A ces paroles, M. Philastre me répond avec emportement que nous sommes en Cochinchine comme des brigands et des voleurs. — J'ai riposté que les brigands et les voleurs, ce n'étaient pas nous, mais bien ceux dont il prenait la défense.

« Dans cette discussion, qui a été assez vive, M. Philastre s'est oublié jusqu'à traiter Garnier de forban et de pirate. « Il serait passé en conseil de guerre », me dit-il, « s'il n'était mort. »

. . . .

« Le même jour, vers 7 heures du soir, M. Philastre réquisitionne mon bateau de rivière, le « *Mang-hâo* », qui doit partir pour la résidence de Mgr Puginier, à Ké-so, au secours des missionnaires. M. Philastre commence-t-il à voir que ses amis vont trop loin dans leurs représailles contre les nôtres, qui sont ceux de la France, ou plutôt craint-il pour sa responsabilité si les missionnaires français sont mis à mort? Il y a, en ce moment, six missionnaires français à Ké-so. »

Je me rends à Saïgon pour renseigner l'Amiral et prévenir de plus grands désastres.

M. Philastre proposait à l'Amiral de ne laisser qu'une escorte de 15 hommes au Résident français qui resterait à Ha-noï, dans la ville marchande, en attendant que le traité fût signé à Saïgon. — C'était donc une évacuation immédiate et presque complète. En présence de l'appui que fournissait à M. Philastre l'arrivée de deux cent cinquante hommes de troupes fraîches sous les ordres de M. Dujardin, le 16 janvier, il devenait indispensable que quelqu'un se rendît à Saïgon pour informer l'Amiral de ce qui se passait.

Les Cantonnais me suppliaient de me charger de cette mission, tant dans l'intérêt de tous que pour demander justice dans l'affaire des jonques. Le 20 janvier, je me décidai donc à laisser là toutes mes affaires à la garde de Dieu, pour aller défendre à Saïgon les intérêts de tout un peuple, égorgé pour avoir eu confiance en nous. Le P. Dumoulin partirait avec moi pour représenter auprès de l'Amiral les intérêts des missions catholiques.

Après avoir donné l'ordre à mes gens de garder le *statu quo* à Ha-noï jusqu'à mon retour, quoi que pût faire ou dire M. Philastre, nous quittions Ha-noï à 11 heures du matin. L'escorte du maréchal MA me conduisit jusqu'au fleuve, enseignes déployées, et, au moment du départ, le « *Hong-kiang* » fit un salut de trois coups de canon, comme il est d'usage en Chine.

Le 27 janvier, nous jetons l'ancre devant Saïgon et, sans plus tarder, nous allons voir l'Amiral. J'emprunte à mon journal le récit de notre premier entretien : « L'Amiral, s'avançant, me tend la main et me reçoit très bien ; mais il n'en est pas de même pour le P. Dumoulin. Cela me fait beaucoup de peine, car je sais celui-ci très timide. L'Amiral lui dit des choses très dures pour Mgr Puginier, auxquelles le P. Dumoulin, tout interdit, n'ose presque pas répondre. J'ai pris alors la parole pour défendre l'évêque, accusé par M. Philastre sans aucun doute d'avoir voulu faire de la politique en faveur de ses chrétiens. Malgré tout ce que j'ai pu dire à l'Amiral des massacres des Tongkinois et de la politique malheureuse de M. Philastre, il ne veut rien entendre. Il regrette les représailles dont les Tongkinois ont été victimes, mais tout est fini maintenant selon lui, et les mandarins annamites prennent des mesures pour empêcher que ces représailles ne se poursuivent davantage. Quant à l'évacuation du Tongkïn, il approuve ce qu'a fait M. Philastre et il est, comme lui, d'avis de rendre la ville de Ha-noï.

« Les Annamites se mettent complètement dans nos mains, me dit l'Amiral. Ils acceptent toutes les clauses du traité et mettent leur pays sous la protection de la France. Ils ouvrent leurs ports au commerce étranger et promettent la libre circulation sur le Fleuve Rouge, de la mer au Yûnnân. Il ne faut pas trop les humilier aux yeux de leur peuple ».

« J'ai dit à l'Amiral qu'on le trompait et que

les Annamites étaient de mauvaise foi, qu'ils n'exécuteraient jamais ce traité. Rien n'a fait. »

Ce fut toujours le même refrain. L'amiral Dupré ne voulait écouter personne, ni M. le colonel de Trentinian, ni moi-même, ni aucun autre. Lorsqu'on lui représentait la situation vraie, il s'emportait ou s'abandonnait aux larmes. Quoi qu'il dît, il n'était pas possible qu'il eût confiance dans la bonne foi des Annamites, et il lui importait peu de savoir si le traité serait observé ou non. La mort de Garnier avait fait du bruit en France. L'Amiral était compromis. Bien plus, l'œuvre même de Garnier était maintenant détruite. Tout cela aboutirait-il au néant? Un traité avec l'An-nam pouvait seul couvrir le Gouverneur; il le lui fallait à tout prix. Nous allons voir comment il l'obtint.

La convention de M. Philastre. — Évacuation de Ha-noï

Une politique de reculade était inaugurée par les Français. La cour de Hué avait demandé de ne pas être obligée de traiter le couteau sur la gorge. Accédant à ce désir, on avait évacué les citadelles et abandonné les partisans de la France. La cour était en trop beau chemin pour s'arrêter. « Évacuez encore Ha-noï », telle fut la nouvelle condition. Aussitôt M. Philastre se mit en devoir d'obéir. M. Testard du Cosquer fut chargé de déterminer à l'embouchure du Cua-Cam le lieu où se retireraient les troupes françaises. Le commandant du « *Decrès* » choisit l'endroit appelé « Haï-phong », comme étant la position stratégique la plus importante au bord de la mer.

Haï-phong était alors un petit camp retranché, situé à l'angle formé par le Song-tam-bac avec le Cua-Cam. Au delà s'étendait la campagne, formée de rizières, au milieu desquelles étaient dispersés des villages. Une digue les séparait du fleuve, ainsi qu'une longue étendue de vase, recouverte à marée haute. C'était un des endroits le plus insalubres de tout le Delta. Les Annamites n'eurent garde de détourner les Français du choix de cet emplacement pour y établir leurs soldats ; mais le choix s'imposait parce que c'était la seule embouchure par où les navires de mer pouvaient pénétrer dans l'intérieur du pays. C'est aujourd'hui sur cet emplacement que s'élève la ville de Haï-phong.

Le 24 janvier, M. de Trentinian descendit à Haï-phong, afin de faire construire les logements des hommes, tandis que M. Philastre s'occupait à rédiger une convention d'évacuation de la ville de Ha-noï. Cette convention fut signée entre M. Philastre et les Annamites, le 6 février 1874. Elle n'a besoin d'aucun commentaire, et nous la reproduisons en entier.

« Le Grand Mandarin du Noble Royaume d'An-nam, Assesseur du Ministre des Cultes Nguyen-van-tuong, second ambassadeur plénipotentiaire délégué spécialement pour terminer les affaires du Tong-kïn au nom de l'An-nam, d'une part;

« Et le Grand Mandarin du Noble Royaume de France, Philastre, inspecteur des affaires indigènes en Cochinchine française, envoyé par le Gouverneur avec pleins pouvoirs pour arranger les affaires du Tong-kïn au nom de son gouvernement, d'autre part;

« Après s'être communiqué leurs pouvoirs et en avoir constaté la valeur, ont arrêté les articles suivants :

« 1° — Il n'existe plus de sujet de dissension entre les deux royaumes, qui se sont réconciliés. C'est pourquoi les grands mandarins sus-nommés s'engagent à observer ce qui suit.

« 2° — Les soldats français évacueront la citadelle de Ha-noï, la remettront au pouvoir des mandarins annamites et se retireront à Cua-Cam, dans le fort de Haï-phong. Les mandarins annamites prépareront donc de suite un local pour que la garnison française puisse s'y établir provisoirement jusqu'à ce que l'on ait signé le traité définitif. Les Français s'établiront à Haï-phong afin de protéger le royaume annamite contre ceux qui voudraient pénétrer dans l'intérieur du pays, contrairement aux lois du royaume, et pour forcer les navires du *certain* (1) Dupuis à demeurer au port jusqu'à la conclusion du traité, *au cas qu'il y ait une stipulation autorisant les Européens à venir faire le commerce au Tong-kïn.*

« 3° — Le jour où les soldats français évacueront la citadelle, celle-ci sera livrée avec les effets et munitions qui s'y trouveront à cette époque. En outre, tout l'argent, que l'on s'est procuré dans les provinces de Haï-dzuong, Nam-dinh, Ninh-binh et Ha-noï, sera rendu aux mandarins annamites, qui en donneront reçu.

« 4° — La garnison française évacuera la citadelle et la remettra aux autorités annamites dès que le local de Haï-phong sera prêt. Lorsque les mandarins auront donné avis officiellement que tout est prêt, on ne pourra différer l'évacuation au delà de dix jours.

« 5° — Le 29 de la 11e lune (17 janvier), le Noble Souverain du Royaume d'An-nam a publié un édit, accordant grâce à tous ceux qui ont pris le parti de la France. C'est pourquoi les mandarins ne devront pas les poursuivre, mais les protéger contre ceux qui voudraient leur nuire. Quant aux mandarins nommés par les Français, ils seront maintenus en place s'ils sont reconnus capables; sinon, ils seront renvoyés chez eux, car, s'ils rem-

(1) Terme de mépris, intraduisible en français.

plissaient mal leur charge, ce serait au détriment du Royaume. Or, les officiers français ont plusieurs fois répété dans leurs proclamations que, s'ils administraient les provinces, c'était seulement en l'absence des mandarins légitimes et dans l'intérêt du Gouvernement annamite.

« Quand nous aurons fait savoir partout que les deux royaumes ont conclu la paix et qu'il faut cesser toute hostilité, si quelqu'un ne se soumet pas et commet des injustices, par exemple en incendiant des villages, le Gouvernement annamite devra réprimer et punir les coupables. De plus, ceux qui auront souffert des dommages pourront porter plainte, et, s'ils ont des preuves, les mandarins devront leur faire rendre justice.

« 6° — En attendant que les ambassadeurs de la Noble Cour d'An-nam et l'Amiral Gouverneur de la Cochinchine se soient entendus pour la conclusion du traité, le Gouvernement annamite ne laissera dans la citadelle de Ha-noï qu'une garnison suffisante pour la garde et le service militaire. Il ne devra pas entasser de troupes dans le territoire limitrophe de la province de Son-tay. Au cas où il y aurait des rebelles, alors seulement on pourrait faire venir à Ha-noï les troupes des provinces voisines.

« 7° — Le Gouvernement annamite doit laisser libres les fleuves et rivières, surtout à leurs confluents et à leurs embouchures, pour que les troupes françaises, qui sont temporairement au Tong-kïn, puissent circuler sans difficulté.

« 8° — Personne ne violera la sépulture des Français et des volontaires annamites, morts en combattant ou de maladie et encore enterrés dans l'intérieur de la citadelle de Ha-noï. Quand le Résident français à Ha-noï voudra visiter ces sépultures ou envoyer quelqu'un à sa place, il devra en informer auparavant les mandarins, qui donneront l'autorisation. Ces mandarins laisseront les corps au même endroit jusqu'à ce qu'ils se soient entendus avec le Résident pour trouver un autre endroit en dehors de la citadelle, ce qui aura lieu dans le courant d'un mois. Ils permettront alors d'enlever les corps, et le Résident, ou celui qu'il aura désigné, se rendra à la citadelle pour les faire exhumer et transporter au lieu convenu.

« 9° — Le Gouvernement annamite concédera un terrain sur le bord du fleuve pour construire une habitation au Résident français et aux soldats de son escorte. Ce terrain sera près du lieu où, après la conclusion du traité, on permettra aux commerçants français de s'établir. La désignation de ce terrain et la construction définitive de l'habitation du Résident sont réservées à la décision du Gouverneur de la Cochinchine, qui s'entendra par la suite à ce sujet avec les ambassadeurs annamites.

« 10° — En attendant que l'on ait construit une maison pour le Résident et son escorte, en dehors de la citadelle, sur le bord du fleuve, et parce qu'il n'y a pas d'autre endroit, le Gouvernement annamite permettra au Résident d'habiter temporairement avec une escorte de quarante hommes dans le palais du Grand Mandarin de la Justice. Quand le calme sera établi, si les maisons ne sont pas terminées, le Résident quittera la citadelle avec son escorte et ira occuper la maison de Dupuis et toutes les maisons voisines que les Chinois lui avaient louées.

« 11° — Le Gouvernement annamite veillera à la sûreté du Résident et de son escorte, comme il convient à une grande nation. S'il y a lieu de craindre pour sa sécurité, les mandarins de Hanoï devront le prévenir et s'entendre avec lui pour conjurer le danger, soit en lui donnant des troupes de renfort, soit en lui donnant asile dans l'intérieur de la citadelle.

« 12° — Tous les articles que nous avons arrêtés de concert, lors de la reddition des provinces de Ninh-binh, de Haï-dzuong, de Nam-dinh et de Ha-noï, et qui ne sont pas contraires aux dispositions de cette convention, seront observés.

« 13° — Le Gouvernement annamite a maintenant trois cents soldats campés en dehors de la ville de Ha-noï. Il devra se contenter de ce chiffre, sans l'augmenter. A la nouvelle que les Français évacuent la citadelle, les soldats annamites, qui devront ensuite en former la garnison, s'approcheront de la citadelle à la distance de quatre heures de marche et attendront là le moment d'entrer.

« 14° — Le certain Dupuis, ainsi que les Français et les Chinois qui l'accompagnent, quitteront la ville de Ha-noï avant les troupes françaises et se rendront à Haï-phong, conduits par un officier français. Ils attendront là que le fleuve soit ouvert au commerce. Le navire de Dupuis, appelé «*Hong-kiang*», et qui cale trop d'eau pour descendre le fleuve, demeurera provisoirement à Ha-noï sous la garde du Résident.

« Si Dupuis veut quitter le Tong-kïn et se rendre au Yûn-nân en remontant le fleuve par Hung-hoa, il priera le Résident de demander pour lui l'autorisation aux mandarins de Ha-noï, déclarant au préalable le nombre de ses navires et des personnes qui les montent. Ces gens, tant Européens que Chinois, ne devront pas être plus de soixante-cinq, sans compter les Annamites, qui seraient employés à ramer. Le nombre des bateaux ne pourra pas dépasser dix. Dans ces conditions, les mandarins de Ha-noï délivreront un passeport pour le pays soumis à l'An-nam.

« Dans les lieux occupés par les rebelles et où il n'y a pas de troupes annamites, Dupuis se tirera d'affaire comme il pourra. Il n'aura de munitions de guerre que pour sa défense personnelle et ne devra pas en vendre ou en donner à qui que ce soit sur le territoire annamite. La quantité de ces munitions sera fixée par le Résident de concert avec les mandarins de Ha-noï. Une fois au Yûn-nân, Dupuis ne reviendra plus au Tong-kïn avant l'ouverture du fleuve au commerce.

« Si, au lieu d'aller au Yûn-nân, il se fixait en quelque endroit appartenant au Royaume annamite sans en avoir l'autorisation, les Français s'engagent à aller l'en chasser, et, si c'est nécessaire, ils requerront le gouvernement annamite, qui, de son côté, enverra aussi des soldats ».

On le voit, les Annamites en revenaient toujours à leur première politique : me faire chasser du Tong-kïn par les Français. Dans cette convention, il m'était accordé de remonter au Yûnnân parce que les Annamites savaient bien que je ne pouvais pas le faire, étant retenu à Saïgon par l'Amiral.

Comme l'évacuation de Ha-noï était décidée, il ne restait plus à mon expédition qu'un seul parti à prendre. Aussi, le 10 février, mon représentant, M. Dercour, descendait-il à Haï-phong avec mes hommes et mes bateaux, sur l'ordre de M. Philastre. Cet ordre, il est vrai, ne fut pas exécuté sans de violentes protestations, soit de la part de la population, soit de la part de mes hommes. M. Philastre, qui croyait très sincèrement être l'interprète de la politique de l'Amiral, — puisque pour lui l'Amiral n'avait jamais cessé d'être l'ami des Annamites, — représenta à M. Dercour que son refus d'évacuer serait un obstacle à la conclusion du traité. M. Dercour se rendit à cet argument. Le capitaine du « *Hong-kiang* », Georges Vlaveanos, fut moins traitable et resta malgré tout à Ha-noï, sous prétexte que les eaux étaient trop basses à cette époque pour lui permettre de redescendre. Plus tard, le « *Hong-kiang* » rejoignit le reste de l'expédition à Haï-phong et, là, les navires et leur matériel furent retenus et en réalité sequestrés par l'ordre de l'Amiral. Ils y demeurèrent environ vingt mois.

Aussitôt que mes hommes furent partis, M. Rheinart, qui allait à Ha-noï prendre la place de M. Philastre, s'installa dans leurs logements avec les quarante soldats qui allaient lui rester pour toute escorte après l'évacuation complète. Celle-ci fut effectuée sans retard.

L'un après l'autre, divers détachements descendaient à Haï-phong, et enfin ce fut le tour de M. Philastre lui-même.

Le 16 février, il rendit la citadelle aux Annamites et partit. Le capitaine du « *Hong-kiang* », témoin oculaire de ce départ, le raconte en ces termes : « A son départ, ce fut toujours, comme par le passé, Philastre s'abaissant le plus possible devant l'ambassadeur annamite tandis que celui-ci s'élevait le plus possible. Voici à peu près quel fut l'ordre du défilé. M. Philastre allait devant, dans un filet tout ordinaire et accompagné de deux parasols; puis venait l'ambassadeur annamite dans un brillant palanquin avec quatre parasols... Venait ensuite le tong-doc ou gouverneur de Ha-noï avec un beau palanquin et quatre parasols. Enfin, suivaient plusieurs autres petits mandarins dans le même accoutrement que l'ambassadeur français.

« Les Annamites ont trouvé cette manière de voyager tellement odieuse pour un ambassadeur français, que leur imagination a inventé la fable suivante. L'Amiral Gouverneur de Saïgon est tellement fâché de la manière dont M. Philastre a arrangé les choses au Tong-kïn, qu'il a écrit à l'ambassadeur annamite d'arrêter M. Philastre et de le conduire à Saïgon prisonnier... Cette fable est fausse évidemment, mais elle prouve que, dans ce défilé, la France était par trop humiliée.

« Cette fable, ainsi que d'autres, celle, par

exemple, de Madame Garnier venant avec des soldats anglais pour venger la mort de son époux, montrent que les populations sont loin d'être tranquilles ».

L' « *Espingole* » emportait le reste des troupes et des provisions. Lui, Philastre, ne pouvant se résoudre à quitter son « inséparable ami l'ambassadeur, alla passer par Bac-ninh pour se rendre à Haï-phong. En suivant la route ordinaire, il aurait vu les désastres que sa politique avait engendrés; son cœur paternel s'y refusait. Il prit donc une autre route ».

Arrivé à Hué, l'ambassadeur ne voulut plus aller à Saïgon, disant que le roi trouvait la convention trop avantageuse pour la France et qu'elle ne pouvait servir de base au traité. En somme, il cherchait à gagner du temps. — « Si vous ne venez pas, dit M. Philastre, je ne sais pas ce que pourrait faire l'Amiral, mais il se verrait sans doute forcé de faire remonter les troupes à Hanoï ». Le roi eut peur, et l'ambassadeur partit avec M. Philastre. Le 4 mars, ils étaient de retour à Saïgon.

III

auvaise foi des Annamites tandis qu'on

Toutes les concessions sont faites, toutes les humiliations subies, et l'amiral Dupré peut désormais pousser activement les négociations du traité. Cependant, tandis qu'il traite de la paix à Saïgon, des nouvelles d'un autre genre se répandent dans l'An-nam et au Tong-kïn, auxquelles l'Amiral refuse de prêter l'oreille.

prépare un traité de paix.

Laissons plutôt parler les documents. Au moment où l'on allait traiter, une requête était adressée au roi Tu-duc par les lettrés.

« Nous regardons furtivement la face de Votre Majesté pleine de science et de lumière; nous, petits et méprisables, nous demandons à vous proposer un moyen d'en finir avec les Européens. Nous levons les yeux vers vous. Que Votre Majesté daigne nous entendre et nous laisser, tout humbles que nous sommes, lui montrer notre fidélité. Nous sommes les lettrés et les chefs du peuple, et nous nous sommes permis de songer que, de tout temps, suivant les préceptes de la raison, on a suivi la voie droite pour abandonner la fausse; et le cœur du peuple est toujours prêt à combattre pour la patrie. Si nous n'élevions pas la voix pour demander à battre les coupables, comment pourrions-nous nous dire braves?

« Si l'on ne cherche pas à démasquer promptement leur fourberie, si l'on ne se hâte de guérir cette plaie, plus tard on aura beau verser des larmes, il sera impossible d'y porter remède. Si l'on ne veut pas prendre maintenant une épine pour percer la tumeur, plus tard il faudra certainement employer la hache. Si l'on veut attendre sur la foi de cette paix, les Français auront le temps de chercher un endroit de difficile accès et n'en seront que plus redoutables.

« Le mieux est de s'armer de courage et de commencer par les battre, de leur couper les ailes et d'élaguer leurs branches. Ce n'est qu'alors que nous serons assez forts pour effacer toute trace des Français.

« Nous nous prosternons aux pieds de Votre Majesté miséricordieuse et resplendissante, qui possède le pouvoir des rois d'autrefois, qui est habile dans les lettres et forte dans les armes, qui possède de grandes richesses et de nombreux soldats, qui a la largesse en partage et qui, dans son ingénuité, traite avec honneur ces sauvages d'Europe. Eux, dans leur fatuité, s'en prévalent comme une race mauvaise et inutile. Ils sont d'un orgueil et d'une férocité effroyables. Ce n'est pas la cour seule qui les hait; le peuple aussi est indigné.

« On a abandonné les travaux des champs, et nous avons déjà trouvé 70.000 soldats d'élite et 2.000 commandants habiles. Nous avons de bonnes armes et des signaux de convention. Nous voudrions exposer au bout d'une pique la tête de ces gens-là et couper leurs corps en morceaux;

mais nous craignons, parce que nous n'avons pas encore reçu l'édit royal. Aussi, c'est le cœur bouillant et le visage en feu que nous faisons notre supplique à la capitale et que nous osons demander qu'on nous permette seulement d'agir pour le mieux, afin que nous puissions brûler leurs livres et leurs maisons et les empêcher d'habiter parmi nous dans ce royaume, décapiter tous les prêtres et tous les catéchistes et détruire entièrement cette race de sauvages d'Europe. Quant aux simples chrétiens, qui refuseront d'apostasier, et à ceux de leurs chefs qui se sont joints aux Français pour faire la révolte, nous les tuerons tous sans en laisser échapper un seul. C'est seulement ainsi que le faible peuple peut espérer prouver à la cour quelque peu son affection, et que les tombeaux royaux pourront obtenir un long repos.

« Nous, les nombreux lettrés et chefs du peuple, vils et petits, qui habitons au coin du Royaume d'An-nam, qui sommes rustiques et grossiers, qui sommes faibles et débiles, qui nous sommes fait des armes de nos charrues et de nos herses, nous craignons que nos troupes ne soient pas bien disciplinées. Des cultivateurs deviennent généraux; nous craignons que cela ne jette la déconsidération sur le métier militaire, mais le ciel et la terre ne pardonnent pas aux rebelles. Peut les tuer qui veut. Tout le monde connaît le bien et le mal. Quiconque veut le bien et ne le fait pas ne mérite pas le nom de héros.

« C'est pourquoi nous osons exposer à Votre Majesté le fond de notre cœur et la prier de nous écouter. Si elle daigne y réfléchir, nous la prions de vouloir bien écouter nos paroles et nous laisser puiser l'eau, allumer l'incendie, herser ces êtres qui ne font pas partie du genre humain et les détruire tous. Si, par bonheur, la mer redevient calme et les fleuves tranquilles, le Royaume n'aura plus rien à craindre, ni la faim ni la soif. Nous poussons, en haut, des cris suppliants vers Votre Majesté. En bas, nous tenons conseil avec les mandarins des provinces pour nous entendre ensemble et pour que notre requête soit promptement envoyée au ministère, afin qu'on sache que le peuple regarde cette affaire comme une chose très importante. Nous prions la cour de prendre une résolution ferme et de nous accorder notre demande, afin que nous puissions éviter de résister aux ordres de Sa Majesté ».

D'un autre côté, Tu-duc recevait le mémoire ci-après, qui était communiqué à tous les mandarins :

« Parlons d'une affaire secrète, sur le mal immense que font les sauvages d'Europe.

« Nous nous permettons de penser qu'il n'y a rien de plus fort au monde et en même temps de plus insupportable que le cœur humain. Il faut agir suivant les circonstances et la raison; la seule chose nécessaire est que cela concorde avec les désirs du cœur humain.

« Ces sauvages d'Europe agissent mal. Aussi les démons, les esprits et les hommes les poursuivent de leur haine.

« Notre Roi a d'abord envoyé contre eux des troupes pour les réduire et nous préserver de tout souci à l'avenir, et ils viennent de reculer et de demander la paix. Il a fallu agir ainsi dans les circonstances actuelles. Notre Roi, par amour pour son armée et pour son peuple, n'a pu supporter plus longtemps que l'on souffrît davantage, et il a bien voulu consentir à un arrangement de paix provisoire, se réservant de méditer quelque autre coup pour la suite.

« L'année dernière, il a envoyé des ambassadeurs près des Français pour redemander les trois provinces (Vinh-long, Chau-doc, Hâ-tien) et pour obtenir remise d'une partie de l'indemnité, parce qu'il n'est pas convenable d'abandonner ses anciennes possessions et qu'il est difficile de fournir chaque année aux dépenses.

« Mais voilà que les ambassadeurs français sont venus mettre de nouveaux obstacles et demander de nouvelles concessions; ils sont vraiment d'une avidité insatiable.

« Voici l'un des articles qu'ils demandent dans leur lettre. C'est d'établir un consul dans chacun des quatre endroits suivants : la capitale, Tourane, Cân-gia et Ba-lat. Or, nous le disons, Tourane, Cân-gia et Ba-lat sont comme la gorge du royaume. Il ne faut donc pas les accorder. La capitale en est comme le cœur ; à plus forte raison faut-il la refuser. Si nous leur permettons de résider en ces divers endroits, ils connaîtront tout le bien et tout le mal qui se passeront dans notre royaume ; ils soulèveront le peuple en secret, et il sera très difficile de les arrêter ; pour l'avenir, ce sera une cause de misères et de soucis innombrables et continuels.

« Si l'on suit les préceptes de la droite raison, il est impossible qu'une religion vraie et une religion fausse marchent de front. Aussi les lettrés et le peuple fidèle font-ils habituellement ce serment : « Mieux vaut se mettre mal avec la cour que de souffrir la honte de demeurer avec les sectateurs d'une religion perverse.

« Ainsi, à partir du Quang-nam, en se dirigeant vers le sud, et à partir du Nghé-an, en remontant au nord, aussitôt qu'un prêtre paraît, le peuple lui court sus. Comment, à plus forte raison, pourrait-on laisser établir des consuls dans notre royaume?

« Le peuple n'en veut pas. Il y aura donc des

affaires, et qui pourra arrêter la révolte lorsqu'elle aura éclaté? Si la cour accorde un pardon miséricordieux, il va crier vengeance. Si elle punit avec rigueur, il faudra tuer beaucoup de monde, et nous ne pourrions éviter une grande révolte. Alors le peuple causera plus de sollicitude encore que les Européens.

« Après mûre réflexion, nous concluons qu'il ne faut absolument pas permettre l'établissement des consulats. Si les ambassadeurs français s'obstinent à l'exiger, il faudra écrire à leur Roi pour lui montrer plus d'amitié et de confiance, puis traiter de la paix. S'ils n'y veulent pas entendre, ne mettons notre force que dans le peuple, car notre gouvernement l'a depuis longtemps nourri et comblé de bienfaits, et quel est l'endroit où l'on ne puisse trouver des lettrés et un peuple fidèle?

« Truong-dinh et Phan-chinh n'ont-ils pas jadis eu assez de fidélité pour faire une levée d'hommes et faire du mal à ces Français? Que sera-ce donc si tout le royaume s'y met? Depuis longtemps, nombre d'habitants de la Cochinchine et du Tong-kïn se sont engagés par serment à s'exposer ensemble à la mort. Si l'on veut choisir les mandarins lettrés et militaires, qui ont le plus de renom au vu et au su de tout le royaume, pour les mettre à la tête; si l'on choisit les bons mandarins du pays comme chefs auxiliaires; si l'on prend un peu partout des hommes habiles pour enseigner les lois de la fidélité; si l'on emploie cet argent de l'indemnité et qu'on le distribue pour faire des levées de volontaires, décidés à se battre jusqu'à la mort, et pour fabriquer des armes; si l'on ramasse des vivres là où on pourra les recueillir, afin de les avoir sous la main; lorsque sera venu le moment d'agir, notre royaume se lèvera fort, et cette clique ne pourra rien nous faire.

« Quant à l'établissement des consulats, nous ne savons si Sa Majesté y a déjà donné son approbation. En tous cas, nous la prions avec instance de ne pas la donner. C'est le plus grand bienfait qu'elle puisse accorder au royaume d'An-nam ».

Cette supplique ayant été adressée au Roi par les mandarins du ministère, Sa Majesté l'a ainsi apostillée :

« Cette supplique des mandarins ne manque pas de raison, mais le moment opportun n'est pas encore arrivé. Qu'on la confie à la garde du conseil secret ! »

27e année de Tu-Duc, 10e jour de la 1re lune (27 février 1874).

Un autre document, directement inspiré par les mandarins annamites, révèle effrontément la mauvaise foi de l'An-nam au moment même où l'on traite. En effet, tout en négociant, les Annamites tenaient cependant à ne pas permettre aux Français de se faire illusion sur leurs réelles intentions. Leur détour nous est déjà connu. Ils font dire aux Pavillons Noirs, qui sont à leur solde, les pensées qu'eux-mêmes n'oseraient pas exprimer en face. Leur insolence se trouve ainsi satisfaite sans que leurs intérêts soient compromis.

C'est ainsi qu'en février 1874 le chef des Pavillons Noirs, Lieou-yuen-fou, écrivait au capitaine Georges Vlaveanos, de mon expédition, la lettre suivante :

« Je suis un homme humble et modeste qui ne cherche pas la gloire. Mais deux gouvernements m'ont élevé en dignité et je ne saurais rester indifférent à la confiance qu'ils mettent en ma personne. J'ai entendu dire que les Français demandent la paix et que le Roi d'An-nam daigne accorder cette faveur. Puisque le Roi a décidé ainsi, je ne veux pas m'y opposer. Cependant tout le monde sait bien que ce sont des hommes fourbes et de mauvaise foi qui trompent en se disant nos amis.

« Il y a déjà quelque temps qu'on a demandé la paix, et cependant ils occupent encore la citadelle (Ha-noï). Vous me dites que la paix est faite. D'après tout cela, je ne sais guère ce que je dois croire de pareilles gens qui parlent d'une façon et agissent de l'autre. Je ne prétends pas être un Ly-cheûn (grand guerrier), mais je saurai mettre à la raison les mauvaises gens qui voudraient jeter le trouble dans ce pays. Hoang-tson-ïn peut avoir des nuées d'hommes; je vais envoyer des troupes pour les exterminer jusqu'au dernier. J'engage les Français à rendre de suite la ville de Ha-noï et à se retirer à Haï-phong.....

« Vous me dites qu'on a traité pour la question commerciale et que le fleuve doit être libre au commerce du monde entier. Les Chinois peuvent remonter le fleuve pour se rendre au Yûn-nân; mais, si un seul Français essaie de vouloir passer, je lui ferai couper la tête sans aucune considération pour n'importe qui. Cela ne sera que de bonne guerre avec ces gens-là. Les Annamites peuvent faire les traités qu'ils voudront, mais pour moi je ne consens à rien ».

Le 11 mars, je remis à l'Amiral une copie de cette lettre, dont le premier venu pouvait mesurer la portée, car tout le monde savait que son auteur Lieou-yuen-fou n'était que le porte-parole de la cour de Hué. Celle-ci venait de lui décerner le titre de ti-teou-hien (général de division) pour le récompenser d'avoir assassiné Garnier et quatre autres Français.

L'Amiral seul ne voulait rien savoir.

C'est que l'Amiral négociait pour la France un traité qu'il avait hâte de conclure. La mort de Garnier avait fait du bruit en France, et le Gouvernement ordonnait maintenant à l'Amiral de rentrer immédiatement à Paris pour expliquer sa conduite.

A quel prix l'amiral Dupré obtient le traité.

L'amiral Krantz était en route pour aller se mettre à la tête de l'escadre de Chine et du Japon, lorsqu'on lui télégraphia à Aden de prendre le courrier pour aller immédiatement remplacer l'amiral Dupré à Saïgon en qualité de gouverneur intérimaire. L'amiral Krantz débarquait, en effet, en Cochinchine le 6 Mars 1874.

Acculé, le Gouverneur de la Cochinchine était à la merci des Annamites. Toutes les concessions possibles avaient été faites par M. Philastre. Les ambassadeurs de Hué en exigèrent de nouvelles. Par d'habiles lenteurs, ils augmentaient chaque jour l'affolement de l'Amiral, et chaque jour ainsi marquait, par une clause nouvelle ajoutée au traité, une victoire des intérêts de l'An-nam sur ceux de la France.

Quant à mon expédition, — les Annamites en revenaient toujours là — nous avons vu que les mandarins arrachèrent à M. Philastre l'engagement de la maintenir sous séquestre à Haïphong jusqu'à la date de la conclusion du traité. L'Amiral, poussé à bout, accorda de prolonger le séquestre jusqu'à ce que le traité fût ratifié.

Mon expédition séquestrée, dont la constante menace, par sa seule présence sur le fleuve, permettait à l'Amiral d'arracher aux Annamites un traité qu'ils étaient résolus à ne pas tenir, allait donc payer encore les frais des négociations. Le traité était acheté au prix de ma liberté; sa ratification allait l'être au prix de ma ruine complète. En effet, c'est bien ainsi que l'entendaient les Annamites. En forçant l'Amiral à maintenir le séquestre sur mes navires et leurs équipages, ils laissaient entre les mains de l'Amiral l'arme qui déjà lui avait assuré le traité parce qu'ils savaient fort bien qu'avec le temps cette arme s'userait. Immobilisée, mon expédition perdait peu à peu et sa force morale et sa valeur matérielle, et la cour d'An-nam saurait temporiser avant de rien ratifier jusqu'au jour où cette expédition se désagrégerait d'elle-même par inertie et par inanition.

Le 15 mars, au matin, malgré toutes les concessions de l'Amiral, le traité n'était pas encore signé. La malle de France partait le lendemain. L'Amiral s'emporta. Après une dernière concession, « c'est assez, dit-il, je n'irai pas plus loin; signez, ou demain je pars, non pour la France, mais pour le Tong-kïn, et nous verrons si vous vous moquerez de moi ». Effrayés, les ambassadeurs apposèrent leurs signatures; mais il était trop évident que l'An-nam n'exécuterait jamais les clauses dont nous devions retirer quelque avantage. Toute l'histoire subséquente est là pour en donner la preuve.

Que restait-il alors de ce traité de paix? Il restait l'article 2 : « Son Excellence le Président de la République Française, reconnaissant la souveraineté du Roi de l'An-nam et son entière indépendance vis-à-vis de toute puissance étrangère, quelle qu'elle soit, lui promet aide et assistance et s'engage à lui donner, sur sa demande, et gratuitement, l'appui nécessaire pour maintenir dans ses États l'ordre et la tranquillité, pour le défendre contre toute attaque, et pour détruire la piraterie qui désole une partie des côtes du royaume ».

Cette clause permettra aux Annamites de réquisitionner nos canonnières et nos soldats pour aller donner la chasse aux seuls partisans fidèles que la France comptât alors au Tong-kïn, les Lê et tout le parti national, dont Garnier avait appris à connaître le dévouement. La politique équivoque de l'Amiral devait nécessairement aboutir à ce monstrueux paradoxe.

Il restait encore l'article 3 :

. . . .

« Son Excellence le Président de la République

s'engage à faire à sa Majesté le Roi d'An-nam don gratuit :

« 1° De cinq bâtiments à vapeur d'une force réunie de cinq cents chevaux, en parfait état, ainsi que leurs chaudières et machines, armés et équipés conformément aux prescriptions du règlement d'armement.

« 2° De cent canons de sept à seize centimètres de diamètre, approvisionnés à deux cents coups par pièce.

« 3° De mille fusils à tabatière et de cinq cent mille cartouches ».

Ces armes, accompagnées d'instructeurs militaires chargés d'en enseigner le maniement et de « reconstituer l'armée et la flotte » annamite, seraient éventuellement prêtes pour être dirigées contre les soldats français, et là encore l'histoire nous apprend que la politique annamite avait bien fait ses calculs.

D'autre part, la France abandonnait plus de cinq millions que l'An-nam lui devait encore, et, en outre, elle s'engageait à payer l'indemnité espagnole s'élevant à peu près à la même somme.

Ce traité (1), qui devait sauver l'honneur de l'amiral Dupré et peut-être le couvrir de gloire, fut donc signé à Saïgon le 15 mars 1874, à 5 heu-

(1) Voir à la fin du volume le texte complet du traité du 15 mars 1874.

res du soir. Le 16, la malle de France quittait le port et ramenait en France le Gouverneur Général de la Cochinchine française.

Avant de partir, il m'avait dit « que nous serions obligés de rester à Haï-phong sous séquestre jusqu'à la ratification du traité; mais, dès son arrivée à Paris, il le ferait présenter à la ratification des Chambres et en aviserait par dépêche l'amiral Krantz. Alors les Annamites ne pourraient pas me refuser le bénéfice du traité et me laisseraient circuler. Il avait, ajoutait-il, été obligé de faire ce sacrifice aux Annamites, mais je serais indemnisé pour cette immobilité forcée ».

IV

Après le traité Les partisan de la Franc abandonnés et trahis pa les Français.

Selon les conventions Philastre, M. Rheinart restait à Ha-noï avec une escorte de quarante hommes seulement. Nous avons vu que ces mêmes conventions (1) interdisaient aux Annamites d'entasser des troupes dans les provinces de Nam-dinh, de Ninh-binh, de Son-tay et de Ha-noï. Cela n'empêcha pas le commissaire royal Nguyen-canh d'augmenter tous les jours son escorte et de

(1) Conventions des 5 janvier et 6 février.

venir camper à Phu-ung-hoa, à une journée de Ha-noï.

M. Rheinart l'ayant mandé à Ha-noï pour pourvoir avec lui à l'exécution des conventions, celui-ci se présenta avec une escorte formidable et suivi bientôt de plus de 5.000 hommes de troupes qui vinrent s'installer dans le Camp des Lettrés. Leur attitude était des plus insolentes, et les quarante hommes de M. Rheinart durent essuyer toutes les injures et toutes les provocations sans avoir le droit de répondre.

La position devint bientôt intenable, et M. Rheinart et ses hommes risquaient d'être jetés dans le fleuve par cette soldatesque impudente, dont on avait monté l'imagination contre les Français. Il se vit obligé de faire remonter de Haï-phong 100 hommes de troupes françaises et rappela en même temps mon expédition. La lettre qu'il écrivait dans ce but à M. Dercour, mon représentant, est curieuse :

« Monsieur,

« J'ai l'honneur de vous faire connaître que je vous autorise, vu l'état du pays et vu l'état de malaise dans lequel se trouvent vos hommes, à remonter à Ha-noï avec tout votre personnel et tout votre matériel, ou bien à en renvoyer ici une partie seulement. Vous prendriez, pour le départ, les instructions du commandant.

« Vous occuperiez ici le « *Hong-kiang* », vos navires et les cases qui seraient nécessaires près de la porte d'enceinte. Vous vous engageriez à maintenir la discipline parmi vos hommes et à prévenir tout motif de plainte contre eux.

« Comme il est possible que des troubles éclatent prochainement, je crois utile d'avoir ici le personnel de M. Dupuis pour aider à la défense de nos bateaux qui peuvent se trouver engagés.

« Vous serez ici dans les mêmes conditions qu'à Haï-phong, c'est-à-dire attendant l'arrivée de M. Dupuis pour vous occuper d'affaires et attendant aussi la solution des négociations.

« Recevez,... etc.

« *Signé :* RHEINART.

P. S. — « Il importe d'agir rapidement ; faites-moi, je vous prie, connaître sans délai votre décision, et, si vous remontez, perdez le moins de temps possible en route ».

En même temps que M. Rheinart faisait remonter mon expédition ainsi que des troupes pour maintenir l'autorité du Résident français à Ha-noï, des chefs tongkinois venaient encore, et à plusieurs reprises, réclamer sa protection. « Nous ne pouvons plus, disaient-ils, rentrer dans nos villages, où nous serions massacrés. Nos hommes sont pourchassés partout et condamnés à mourir de faim. Nous irions rejoindre les Lê pour continuer la lutte contre nos ennemis; mais, si vous devez venir avec les mandarins contre nous, nous n'irons pas ».

A ce douloureux et humble discours, M. Rheinart répondit qu'ils pouvaient aller rejoindre les Lê pour continuer la lutte comme ils l'entendraient, que les Français garderaient la neutralité. Sur cette promesse, les anciens partisans de Garnier reprenaient déjà confiance, mais un nouveau changement allait se produire.

Lorsqu'on apprit à Saïgon et au Ministère que M. Rheinart avait fait remonter une partie des troupes à Ha-noï, on entrevit aussitôt la possibilité de nouveaux conflits, pareils à celui de Garnier. Surtout on trouva que le nouveau Résident violait les conventions, et l'on s'occupa fort peu de savoir si, de leur côté, les Annamites étaient fidèles à leurs promesses. En conséquence, on fit donner à M. Rheinart l'ordre formel de faire évacuer Ha-noï une seconde fois.

Le 15 mai, M. Testard du Cosquer vint apporter ces ordres. Il ajoutait que, si les 100 hommes de M. Rheinart n'évacuaient pas immédiatement, il en enverrait deux cents pour les faire descendre de force; que si, d'ailleurs, le Résident ne croyait pas pouvoir se maintenir avec les quarante hommes prévus par les conventions Philastre, il n'avait qu'à redescendre aussi à Haï-phong ainsi que toute mon expédition.

Celle-ci rejoignit donc de nouveau le Cua-Cam, le 26 mai; M. Rheinart était parti le 19. A Haï-phong, il n'y avait plus rien à faire pour un résident politique, et M. Rheinart rentra à Saïgon en remettant à M. le chef de bataillon Dujardin la direction politique et le commandement supérieur au Tong-kïn.

M. Dujardin fut strictement fidèle aux conventions Philastre. C'était alors le mot d'ordre de la politique française sur le Fleuve Rouge. Malheureusement ces conventions Philastre étaient l'œuvre des Annamites, et leur observation entraînait la ruine de notre influence au Tong-kïn. Nous devions ouvrir le fleuve au commerce et, à différentes reprises, — sous prétexte qu'il était interdit de se livrer à aucun acte de commerce tant que le traité n'était pas ratifié, — M. Dujardin refusa au mandarin de Haï-dzuong de lui prêter le « *Mang-hâo* » pour escorter des jonques chargées de riz à destination de Haï-phong.

Cependant, quelque temps après, il ne refusait pas au même mandarin de Haï-dzuong aide et protection contre les attaques du parti national des Lê, c'est-à-dire du parti français. En effet, en présence de l'incompréhensible reculade de l'amiral Dupré et de l'évacuation, le parti national ne devait plus attendre l'appui des Français pour conquérir son émancipation. Ce parti s'organisa promptement et battit les Annamites dans plusieurs engagements, tandis que de leur côté les Pavillons Jaunes, nos amis, harcelaient les Pavillons Noirs.

Nous avons vu, dans la requête qu'ils adressèrent à M. Rheinart, quelle était l'attitude humble et soumise de ces partisans des Lê vis-à-vis des Français. Comme ils étaient assurés que ceux-ci resteraient neutres, leur nombre augmenta peu à peu, mais la lutte était lente et le pays s'énervait. Les lignes suivantes, écrites par un missionnaire et datées de Ha-noï le 24 juillet, donnent une idée de l'état des esprits.

«...Par ici règne un calme plat; le peuple semble désirer qu'il finisse par une tempête; n'importe s'il y a des vitres brisées. Il est fatigué de cet état languissant; le commerce tombe peu à peu; tout semble enfin aller à reculons. C'est un mal auquel il faut un prompt remède.

« Une chose extraordinaire, c'est que, si vous annoncez à quelqu'un que les partisans des Lê ont battu les mandarins, vous voyez tout de suite la figure de votre homme s'épanouir. Mais, si vous lui dîtes que les Lê sont vaincus, que la paix va se rétablir, etc., alors il ne vous répond rien, et vous voyez sa figure s'attrister aussitôt ».

Enfin les Lê firent un grand effort et vinrent mettre le siège devant Haï-dzuong. La possession de cette place sur le Thaï-binh, à peu de distance de la mer, leur eût donné un avantage considérable. Elle leur eût assuré la libre circulation sur le fleuve et, en cas de retraite, un poste inexpugnable. Ils employaient à l'attaque de cette place dix mille hommes et une trentaine de jonques armées en guerre, enlevées aux Annamites. Leur nombre grossissait d'ailleurs tous les jours, et nul doute qu'une fois qu'ils auraient été maîtres de cette citadelle la population tongkinoise tout entière ne se fût soulevée.

Le siège durait depuis un mois et Haï-dzuong était à la veille d'être prise lorsque le mandarin de cette ville fit des démarches auprès du commandant Dujardin. Aussitôt celui-ci, en vertu du traité du 15 mars, signé mais non ratifié, lança une proclamation ordonnant aux Lê de se retirer et d'avoir à évacuer le Thaï-binh dans les quatre jours, sous garantie que les Annamites ne les poursuivraient pas.

Cette proclamation ne dut pas effrayer beaucoup les Lê. Ceux-ci, en effet, continuaient à considérer les Français comme des amis secrets et, lorsqu'un de nos bâtiments se trouvait dans leurs parages, leurs chefs ne manquaient jamais de se rendre à bord et d'offrir des cadeaux.

Le 1er août, la situation se tendit. Les Lê vinrent serrer Haï-dzuong de plus près. Ils pouvaient s'en emparer d'un moment à l'autre. M. Dujardin se rendit alors sur les lieux et obtint des Lê le retrait de leurs forces et l'évacuation de plusieurs des villes prises. En retour, les Annamites se mirent à persécuter tous ceux qui avaient pris parti pour les rebelles. Le commandant fit réprimander les mandarins à ce sujet; mais, bientôt après, il suivait lui-même leur exemple et envoyait contre les Lê les canonnières françaises.

En agissant ainsi, M. Dujardin subissait logiquement les conséquences de la voie où l'on était engagé. Les Annamites raisonnaient ainsi : « Vous avez bouleversé le pays; votre présence a encouragé les soulèvements des Lê; nous vous donnons un traité; aidez-nous donc à pacifier le pays ».

C'est ainsi qu'au mois de septembre trois navires de guerre, le « *Scorpion* », l' « *Aspic* » et l' « *Espingole* », commandés par M. Dujardin et montés de 100 soldats, accompagnés d'une vingtaine de jonques de guerre annamites, s'en allaient donner la chasse aux troupes des Lê.

Trompés par les précédentes promesses, ceux-ci étaient revenus investir Haï-dzuong. Ils en furent définitivement délogés par les boulets français, et on leur donna la chasse jusque dans les montagnes. Dix jonques leur furent enlevées et ils eurent une centaine de morts. Trois soldats français furent blessés dans cette affaire et pas un seul Annamite, car il paraît qu'aux premiers coups de feu ceux-ci disparurent à fond de cale, tandis que les Français leur servaient de gendarmes.

Cela se passait au mois de septembre 1874. En octobre et en décembre, les Lê furent encore traqués et poursuivis par les navires français. En mai 1875, le mandarin de Haï-dzuong fut décoré de la croix de la Légion d'honneur.

Ajoutons à ces documents une lettre de M. Lasserre, secrétaire de Garnier, qui jette encore quelque lumière sur ces tristes événements :

« Mon cher Dupuis,

« Je vous avais promis de vous tenir au courant des événements du Tong-kïn et vous devez être désireux aussi de savoir ce que deviennent les partisans des Lê, depuis que nous les avons abondonnés et surtout depuis que nous payons les services qu'ils ont rendus à la cause française par des coups de canon.

« Ma dernière lettre les laissait au deuxième engagement avec les troupes françaises, à la suite duquel ils ont dû chercher un refuge dans les montagnes de la Cat-ba.

« Ces jours derniers, un fait très curieux vient de se passer...

« Mgr Colomer (évêque espagnol, qui dirige le collège dominicain situé près de Haï-dzuong), touché de compassion pour le sort de ces malheureux, est venu trouver le commandant Dujardin et lui a demandé de mettre fin à ces massacres. « Les Annamites », lui a-t-il dit, « veulent « les exterminer parce qu'ils ont aidé les Fran« çais. Ces malheureux ne combattent aujour« d'hui que parce qu'on les traque comme des « bêtes fauves. Est-ce une raison pour que les « Français aident les Annamites à les massa« crer?... »

« L'évêque a assuré le commandant qu'il se faisait fort d'obtenir la soumission des Lê, à condition, toutefois, que celui-ci les prît sous sa protection pour les soustraire à la haine des mandarins. « Cette soumission », lui disait-il, « aurait non « seulement pour résultat de ramener la tranquil-

« lité dans le pays, qui en est privé depuis si « longtemps ; mais il aurait aussi l'avantage de « montrer à la population que les circonstances « seules sont cause des malheurs arrivés aux Lê, « malheurs qu'ils nous attribuent à juste titre et « qu'ils nous reprochent ».

« L'évêque a demandé, en raison de l'engagement qu'il prenait, inspiré par le devoir, la promesse que les Lê seraient respectés par les mandarins et qu'ils seraient placés sous la protection du pavillon français. Il a ajouté que le meilleur moyen encore serait, une fois la soumission faite, d'envoyer la plus grande partie de ces gens à Saïgon.

« Le commandant Dujardin a promis à Mgr Colomer de prendre tous les Lê sous sa protection, d'empêcher les représailles des mandarins et d'écrire à Saïgon, si les Lê déposaient les armes et faisaient sincèrement leur soumission.

« Ces faits se passaient à Haï-phong.

« Pendant que Mgr Colomer rentrait à sa mission et envoyait un prêtre annamite aux Lê pour leur porter les idées de paix, les mandarins trouvaient le moyen d'insinuer au commandant Dujardin que les propositions de l'évêque étaient dangereuses, que ces gens étaient des rebelles et qu'il était préférable de les exterminer tous, car, à Saïgon, ils attireraient de graves désagréments au gouverneur de la colonie, etc. Ils obtinrent que le commandant les secondât avec les deux canonnières l' « *Aspic* » et l' « *Espingole* », pendant qu'ils iraient, avec des jonques protégées, par le pavillon français, attaquer les Lê.

« Jugez, mon cher monsieur, le déplorable résultat de la démarche de Mgr Colomer et les suites fâcheuses qu'elle pouvait avoir pour lui.

« Les Lê croyaient à la bonne foi des promesses qui leur étaient faites; ils se préparaient à descendre au rivage lorsqu'ils aperçurent la fumée des vapeurs, pensant qu'on venait les chercher pour les conduire à Haïphong, quand des coups de canon leur ont montré l'odieux de la situation. Heureusement pour eux, la position qu'ils occupaient les a un peu abrités des boulets français, et ils ont pu, sans perdre beaucoup de monde, se retirer derrière les montagnes où les soldats annamites, trop peu courageux, n'ont osé aller les attaquer. L'expédition est donc revenue bredouille.

« Pendant ce temps, le missionnaire essuyait la colère des Lê, indignés de cette trahison, et revenait à la mission, avec bien des difficultés, rapporter la réponse à Mgr Colomer pour être transmise au commandant Dujardin. Les Lê répondaient qu'ils ne feraient leur soumission en aucune façon et qu'ils aimeraient mieux mourir que de se fier encore une fois aux promesses trompeuses des Français; que, seul, un homme, M. Dupuis, pouvait, s'il venait les trouver, les faire changer de résolution.

« Voilà, mon cher monsieur, le fait que je tenais à vous apprendre.

« Veuillez agréer, etc.

« Lasserre ».

Le traité de commerce. Destruction complète de m expédition.

Dans sa précipitation, l'amiral Dupré avait à peine eu le temps d'ébaucher le traité de commerce qui devait suivre de près le traité de paix. Il avait même oublié de transmettre ses pouvoirs à l'amiral Krantz, chargé de continuer les négociations. Cette circonstance fut pour les ambassadeurs annamites le meilleur des prétextes pour ne pas traiter immédiatement. Le 6 avril 1874, ceux-ci rentrèrent donc à Hué à bord du « *Montcalm* », que l'Amiral mit à leur disposition.

Vers la fin du mois de mai, les pouvoirs nécessaires pour signer le traité de commerce furent adressés de France par le Ministère. La cour de Hué en fut aussitôt avisée afin qu'elle envoyât les ambassadeurs. L'Amiral offrait encore, au cas où ces derniers n'auraient pas de bateau, à les envoyer chercher par un navire français. La cour remercia l'Amiral en annonçant que les ambassadeurs partiraient sur un navire annamite. L'époque fixée pour leur départ était arrivée; les Annamites promettaient de venir de dix en dix jours, lorsqu'ils prévinrent tout à coup qu'ils n'avaient pas de navire à leur disposition et qu'il fallait leur en envoyer un. C'était une manière comme une autre de gagner du temps.

L' « *Antilope* » partit donc le 11 juillet et ne fut de retour à Saïgon que le 8 août, ayant été obligée d'aller prendre les ambassadeurs tout au nord du pays, dans le Tong-kïn méridional.

Le traité de commerce fut signé le 31 août, et l'Amiral ne l'obtint qu'avec beaucoup de peine et par des menaces.

Les Annamites continuèrent à faire traîner les choses et à attendre d'être poussés à bout pour accorder les ratifications des deux conventions. Le traité de paix fut ratifié à Paris en août 1874.

L'échange des ratifications eut lieu à Hué le 13 avril 1875, par les soins de l'amiral Duperré, qui était venu remplacer l'amiral Krantz en décembre 1874.

En juin 1875, le traité de commerce était ratifié par l'Assemblée Nationale et l'échange eut lieu à Hué au mois d'août de la même année.

Restait à proclamer l'ouverture effective du Tong-kïn au commerce. Là encore les Annamites cherchèrent à gagner du temps. Ce qu'ils redoutaient surtout, c'est que mon expédition, dont le séquestre serait alors forcément levé, ne reprît la route du Yûn-nân et son ancien prestige sur le fleuve. Mais ces craintes n'étaient pas fondées, car les Français, en laissant faire les Annamites, se trouvaient avoir annihilé le traité qui leur avait ouvert le Fleuve Rouge.

On se souvient que j'avais établi un camp fortifié à Seau-tun, dans le haut du fleuve. Lorsque mes navires furent séquestrés, les hommes que j'y avais laissés se trouvèrent isolés et furent assaillis par une armée de Pavillons Noirs. Ils durent se retirer. Les uns gagnèrent le camp des Pavillons Jaunes; d'autres cherchèrent à redescendre. La plupart furent assassinés ou périrent de misère dans les forêts.

Dans le Delta, à Haï-phong, mes hommes avaient à subir les plus inqualifiables vexations de la part du commandant Dujardin. D'ailleurs, par tous les moyens, on chercha à désorganiser mon personnel pour le jour de l'ouverture du fleuve. On disait à mes gens qu'ils perdaient leur temps en restant à mon service et qu'ils ne seraient jamais payés. Aux uns, on proposait des places dans la douane, aux autres des places de pilote. Mes navires furent désarmés, et, lorsque fut proclamée l'ouverture du pays au commerce, le 15 septembre 1875, je rejoignis aussitôt mon expédition à Haï-phong; mais il me fut interdit de remonter au

Yûn-nân. Plus que jamais, les Annamites faisaient obstacle au commerce. Indigné et désespéré, j'écrivis alors à l'amiral Duperré la lettre suivante :

« Saïgon, 10 janvier 1876.

« Amiral,

« A l'occasion du départ du « *Duchaffaut* » pour le Tong-kïn, permettez moi de vous exposer succinctement les derniers événements de ce malheureux pays et la situation qui m'est faite au moment où je me croyais arrivé au terme des persécutions dont je suis depuis longtemps la victime.

« Le 15 septembre dernier, à l'annonce de l'ouverture au commerce de deux ports du Tong-kïn et de son fleuve, je me rendis à Haï-phong, espérant que le séquestre, qui, depuis vingt mois, pesait sur mon matériel et mon personnel, à cause des négociations d'un traité, n'ayant plus sa raison d'être, j'allais rentrer immédiatement en possession de mes navires et de leur armement et pouvoir remonter au Yûn-nân.

« Mais j'avais, paraît-il, compté sans la mauvaise foi des Annamites et la faiblesse des autorités françaises à leur égard. Le commerce est ouvert aux étrangers théoriquement; mais, pratiquement, il est plus fermé que jamais.

« Le consul de France à Haï-phong n'a pas daigné me protéger. Bien mieux, il m'a refusé tout moyen de me protéger moi-même et n'a pas voulu me rendre un seul de mes bateaux armés, avec lequel j'eusse pu remonter le fleuve à mes risques et périls et repousser les attaques des brigands ou « Pavillons Noirs », à la solde du gouvernement annamite.

« D'un autre côté, sous le prétexte que le commerce et la circulation étaient déclarés libres, il coupait net les vivres à mon personnel.

« Cette situation impossible me mettait au désespoir. Le consul faisait bientôt comprendre à mes hommes, réduits aux abois, qu'il leur restait un moyen de ne pas mourir de faim, celui de lui livrer mes navires, en échange desquels il leur donnerait les moyens d'existence (preuve qu'il fallait anéantir Dupuis par tous les moyens).

« Je proteste énergiquement, Amiral, contre les agissements du consul de France à Haï-phong à l'égard de mon personnel.

« 1° Il ne devait pas lui couper les vivres sans m'accorder un délai moral et il devait me laisser les moyens d'aller jusqu'à Hanoï, où j'aurais pu trouver secours ;

« 2° Les Annamites refusant d'exécuter le traité, il n'était plus obligé de retenir les armes de mes hommes en vertu de ce même traité;

« 3° Mes soldats appartiennent à la province du Yûn-nân. Ils ont quitté la capitale avec armes et bagages pour me servir d'escorte; ils devraient être rendus à leur nation avec leurs armes;

« 4° M. Turc ne devait pas exciter mon personnel contre moi et le pousser à me réclamer immédiatement un salaire qu'il me savait dans l'impossibilité de payer.

« Aujourd'hui, mes équipages mangent mes navires; mais mes soldats et mes employés chinois, n'ayant pas de bâtiments à faire hypothéquer, sont abandonnés à terre sans aucun moyen d'existence, peut-être même poussés à tous les excès possibles.

« Je viens vous prier, Amiral, de vouloir bien donner des ordres pour que mes soldats soient rapatriés le plus promptement possible, ainsi que le personnel qui est à terre sans moyens d'existence. Pour les soldats du Yûn nân, je ne vois qu'une solution pratique, c'est de les transporter à Canton et de les faire remettre par le consul de France de cette ville entre les mains du vice-roi des deux Kouang, qui les ferait reconduire au Yûn-nân en prévenant les autorités supérieures de cette province.

« J'ai l'honneur d'être avec respect, Amiral, votre très humble et obéissant serviteur.

« J. Dupuis ».

Voici la réponse que l'Amiral fit à cette lettre :

Saïgon, le 10 janvier 1876.

« Monsieur,

« Le Gouverneur me charge de vous renvoyer votre lettre dont il a pris connaissance. Il me charge en même temps de vous dire que M. le Consul de France à Haï-phong n'a agi que d'après ses ordres formels. C'est donc à lui-même que s'adressent vos critiques et vos prostestations.

« Elles sont conçues dans des termes tels, qu'il lui serait impossible, si le même fait se reproduisait une seconde fois, de ne pas réunir le Conseil privé pour lui soumettre l'examen de vos procédés et le consulter sur les mesures à prendre.

« Veuillez agréer, Monsieur, l'assurance de ma considération.

« Le Chef du cabinet du Gouverneur,

« CONNEAU ».

En dépit des traités, les hostilités continuent. Plus que jamais le pays est fermé au commerce.

Nous voici arrivés à la fin de cette étude. L'intervention française officielle au Tong-kïn est accomplie et consacrée par deux traités : un traité de paix et un traité de commerce entre la France et l'An-nam. Il serait légitime et normal de voir s'ouvrir dès ce jour au Tong-kïn une ère de paix et d'activité commerciale.

Qu'y voyons-nous, au contraire, partout? Le sang, l'incendie, la famine. Le peuple, tant annamite que tongkinois, ne demande qu'à être tranquille et à faire librement l'échange de ses produits. Plus on s'éloigne de la cour pour s'approcher du peuple, plus on pénètre aussi dans une sphère de sympathie; mais les classes lettrées gouvernantes exhalent ouvertement leur haine des Français. Les lettrés se soulèvent soit disant contre Tu-duc, parce qu'il a traité avec les « sauvages d'Europe »; mais Tu-duc est derrière eux, qu'on ne s'y trompe pas, et c'est contre les Français, contre leurs partisans et contre les chrétiens, que s'est produit le soulèvement. Preuve en soit cet édit secret, promulgué par le Roi, en été 1874, pendant que l'on procédait aux ratifications du traité de paix :

Décret royal ordonnant le massacre des chrétiens :

« Le Ministère de la Guerre, obéissant à un ordre du Roi, a fait l'édit secret qui suit :

« De même que le manger et le boire ont été réglés par le Ciel, de même aussi c'est le Ciel qui a déterminé les confins des royaumes. Dès l'année Dinh-Ti (1857), les sauvages d'Europe sont venus brigander en ce pays; les Cochinchinois les ont combattus vigoureusement, et beaucoup ont payé de leur vie leur fidélité au Roi. Ce que voyant, le Roi, qui est le père et la mère du peuple, ne sachant plus comment témoigner sa pitié à ses sujets, a dû traiter de la paix, se réservant de chercher pour l'avenir quelque ruse qui pût satisfaire sa vengeance. Dans ces dernières années, ces sauvages ont exercé sur le peuple des atrocités sans nombre. Aussi le Roi, touché de compassion, versait-il souvent des larmes de sang sans savoir à quoi se résoudre.

« Mais ces sauvages ne sont pas rassasiés; maîtres d'un lieu, ils en désirent un autre. Les sujets du Roi peuvent-ils donc encore rester dans l'inaction? Quiconque a en partage ou la ruse ou la force doit montrer sa fidélité au Roi. Qu'on n'ouvre pas la porte à des rebelles! Qu'on ne nourrisse pas un tigre, qu'il faudra redouter plus tard!

« Il paraît que les sectateurs de la perverse religion chrétienne se sont mis en sûreté à la suite des Français, espérant tirer profit du désordre.

« Aussi, bien qu'il y ait un édit royal, qui, afin d'éloigner tout soupçon, traite les chrétiens comme les païens, il faut néanmoins que ceux qui reçoivent les bienfaits du Roi, lui prouvent leur reconnaissance en détruisant ces chrétiens comme on coupe l'herbe et comme on en extirpe les racines, comme on coupe les plumes et les ailes. Après que la paix aura été reconquise, le Roi récompensera le mérite et n'oubliera point ses promesses, et alors on connaîtra les sujets dévoués. Si le soleil perdait un coin à l'Orient, ne serait-ce pas une bonne chose qu'il le recouvrât à l'Occident? »

Massacre des chrétiens et des indigènes.

Les lettrés et les mandarins ne manquèrent pas, après les traités et après leurs ratifications, d'obéir à ces ordres du Roi. Nous ne reviendrons pas sur les massacres qui suivirent immédiatement l'évacuation. Le peu que nous en avons laissé entrevoir doit suffire à l'édification du lecteur. Le P. Louvet (1) estime que, « dans cette crise, la mission du Tong-kïn occidental a perdu trois prêtres indigènes, vingt-cinq catéchistes ou séminaristes et plusieurs centaines de chrétiens. 107 chrétientés avaient été détruites de fond en comble. Les pertes matérielles de la mission s'élevaient à plus de 200.000 francs, et celles des chrétiens à plusieurs millions.

« En se détournant du Tong-kïn occidental, le flot destructeur se jeta sur le Tong-kïn méridional où il fit encore plus de ravages... Il y eut

(1) *Vie de Mgr Puginier*, par E. Louvet, p. 248.

4.500 chrétiens égorgés et 300 chrétientés anéanties. Les pertes matérielles dépassèrent six millions ».

Encore un chiffre. Le 13 mars, dans le seul Nghé-an, où se trouvait la mission de Mgr Gauthier, des fuyards affirmaient que 10.000 chrétiens avaient déjà succombé et que les massacres allaient se propager tout le long de la côte jusqu'à Saïgon. Ces derniers détails sont peut-être exagérés, mais ils rendent bien faiblement l'état de terreur et d'affolement des esprits au moment où fut signé le traité de paix.

Encore ne parlons nous ici que des chrétiens. Ils souffrirent tous des représailles; mais ils ne représentent que le quart des victimes. Les indigènes païens n'avaient pas un Mgr Puginier pour publier leurs malheurs.

Quant au commerce des Européens, nous l'avons dit, par tous les moyens il était entravé sur le Fleuve Rouge. Des armements importants étaient faits clandestinement dans les provinces de Haï-dzuong et de Quang-yen. En février et en avril 1875, ces citadelles reçurent de grands approvisionnements d'armes et de munitions. Déjà, au mois de décembre 1874, on pouvait lire dans les villes la proclamation suivante :

« Le grand mandarin de Nam-dinh fait savoir à tous que le Roi a prévenu les mandarins de

Ha-noï, de Nam-dinh, de Haï-dzuong et autres lieux, que les Chinois ne doivent pas se servir des Européens pour le transport des marchandises. S'ils se servent des Européens, on brisera leurs maisons et ils seront décapités ».

Cependant le fleuve était ouvert au commerce, à savoir, au commerce des femmes et des enfants que les Pavillons Noirs entreprirent aussitôt après le départ des Français. Ils venaient se livrer au pillage aux environs de Ha-noï et allaient revendre leurs prisonnières au Kouang-si et au Yûn-nân, d'où ils rapportaient de l'étain et du cuivre en grande quantité.

V

Tu-duc se rapproche de la Chin.

La détestable politique de M. Philastre et le traité de 1874 qui en fut la suite avaient porté leurs fruits naturels ; la situation entre la France et l'An-nam était devenue intolérable. Pour mieux nous narguer, Tu-duc affectait de resserrer ses liens de vassalité avec la Chine. Il lui avait envoyé, sans notre autorisation, deux ambassades, en 1877 et 1880, pour offrir des présents à l'Empereur et faire acte de dépendance vis-à-vis de lui. A Hué, à Ha-noï, les mandarins redoublaient d'insolence et de mauvais procédés à l'égard de nos agents; la sécurité de nos consuls était ouvertement menacée. Pour résumer d'un mot la situation, par notre attitude en 1874, nous avions, selon l'expression chinoise, complètement *perdu la face;* aussi Annamites et Chinois ne se gênaient aucunement pour nous le faire sentir et se moquer de nous.

Du reste, le gouvernement français n'attachait pas beaucoup d'importance au traité susdit. L'amiral La Roncière le Noury, que je vis le 27 juin 1876, me déclara qu'on était décidé de laisser le traité à l'état de lettre morte, mais que cependant les troupes d'occupation resteraient au Tong-kïn. Il m'engagea même à reprendre la suite de mes affaires à mes risques et périls, sauf à me placer sous la protection d'un pavillon étranger, ce que personne ne pourrait empêcher.

Tous les marins se rendaient bien compte de ce qu'il y avait à faire pour la France au Tong-kïn. Ils étaient prêts à l'exécution. Le gouvernement de Paris avait au fond le même sentiment; il aurait bien voulu pouvoir donner satisfaction aux aspirations de la marine, mais il craignit qu'en la laissant agir il ne survînt des complications et il ne voulait engager d'aucune façon sa responsabilité vis-à-vis du Parlement. La peur d'événements imprévus et l'ignorance de la situation réelle au Tong-kïn et en An-nam le paralysait. Il aurait été bien aise qu'on prît possession du Tong-kïn, si cela pouvait et devait se faire facilement. De là ces incessantes demi-mesures qui n'eurent d'autres résultats que de donner à des ennemis sans force une sorte de courage peu d'accord avec leur caractère, de leur rendre confiance en eux-mêmes et de leur inspirer le dédain de leurs adversaires, de faire traîner les choses en longueur et d'éterniser ainsi les dépenses et les pertes d'hommes.

Cette manière de procéder devait aboutir tout d'abord à l'expédition Rivière, renouvellement de l'expédition Garnier.

En France, l'opinion publique avait été éclairée sur la réalité des choses. Elle commençait à voir clair dans les affaires coloniales. En 1878, la question fut portée au Congrès de géographie commerciale du Trocadéro, à l'occasion de l'Exposition Universelle. Une commission fut nommée par le Congrès, ayant pour président M. Gauthiot, secrétaire général de la Société de géographie commerciale de Paris, et pour rapporteur M. Georges Renaud, Directeur de la Revue Géographique Internationale. Cette Commission, dont faisaient également partie MM. Armand Reclus et Hautefeuille, arrêta le texte d'un vœu demandant l'application du traité du 15 mars 1874, relatif à l'ouverture du Fleuve Rouge au commerce international. Le vœu fut voté par l'Assemblée Générale du Congrès sans discussion et à l'unanimité. Toutes les sociétés de géographie se prononcèrent dans le même sens. Le gouvernement fut bien obligé de tenir compte dans la mesure du possible de ces diverses manifestations.

Or, à ce moment même, le Roi Tu-duc aspirait toujours à nous faire abandonner le Tongkïn.

VI

Expédition Rivière.

Il fallait en finir avec les illusions de la Cour de Hué et recommencer en 1882 l'œuvre si malheureusement interrompue en 1874 par la mort de Garnier. La reprise de l'expédition fut résolue et, à la fin de 1881, l'amiral Cloué, Ministre de la Marine, adressait à M. Le Myre de Vilers, Gouverneur de la Cochinchine, les instructions suivantes :

« Il est temps de relever le prestige de l'autorité française, amoindrie par nos hésitations et nos défaillances, et cependant il faut se garder avant tout de se lancer dans les aventures d'une conquête militaire. Il faut donc prendre une attitude et tenir vis-à-vis de la cour de Hué un langage qui lui fasse comprendre que le moment est venu de prendre au sérieux les stipulations que les ruses de sa politique tortueuse ont jusqu'alors réduites à l'état de lettre morte.

« Pour se faire accepter, cette attitude doit s'appuyer sur une manifestation matérielle, qui *n'ait nullement le caractère d'une action militaire,* mais qui suffira cependant à faire comprendre que nous avons les moyens de faire respecter la volonté de la France.

« En conséquence, le Ministre enjoint au Gouverneur d'envoyer, sur les côtes du Tong-kïn, tout l'effectif naval dont il pourra disposer et d'accroître légèrement les garnisons de Hanoï et de Haï-phong, accroissement que la Cochinchine pourra sans doute fournir sans compromettre sa sécurité ».

Comme on le voit, c'était toujours le même système, les mêmes fautes. Pour éviter de demander au pays les sacrifices nécessaires, on allait reprendre l'expédition de 1873 avec des forces notoirement insuffisantes et s'exposer encore une fois à de sanglantes catastrophes, d'autant plus que la situation s'était bien modifiée à notre désavantage.

Le commandant Henri Rivière fut choisi pour cette difficile mission. En lui donnant ses instructions, le Gouverneur de Saïgon lui recommandait par dessus tout de n'agir que « *politiquement, pacifiquement, administrativement* ».

Le 26 mars 1882, Rivière partait de Saïgon avec deux compagnies d'infanterie de marine, une section d'artillerie et un détachement de tirailleurs annamites.

Le 2 avril, il était à Ha-noï et s'installait avec sa petite troupe à la Concession, où se trouvaient déjà deux Compagnies d'infanterie de marine sous le commandement du chef de bataillon Berthe de Villers.

En voyant arriver Rivière avec 500 hommes de renfort, l'attitude des grands mandarins de Ha-noï était devenue nettement hostile. Le tong-doc ne daigna même pas lui rendre sa visite. Il s'empressa d'interdire à tous les Français l'entrée de la citadelle, la mit en quelques jours en état de défense et appela des provinces du nord, où le prince Hoang bataillait toujours, des troupes nombreuses pour lutter contre les Français.

Rivière, enfermé avec une poignée d'hommes dans la Concession, se vit bientôt en péril et, pour assurer la sécurité de sa petite troupe, il fut forcé d'envoyer au gouverneur un *ultimatum*, exigeant la remise provisoire de la citadelle de Ha-noï aux Français et le renvoi des troupes venues de Son-tay. Celui-ci ayant refusé, comme on devait s'y attendre, le 25 avril, après un bombardement de deux heures qui fit sauter la poudrière, Rivière, qui avait pris très habilement ses dispositions, se lança avec ses troupes à l'assaut de la citadelle et s'en empara après une demi-heure de combat. Le gouverneur s'était suicidé pour ne pas survivre à sa honte. Le soir même, on commençait à démanteler la forteresse, qui fut remise ensuite aux Annamites, à l'exception de la pagode royale, où nos troupes se casernèrent.

Avec l'année 1883 allait s'ouvrir l'ère des vraies catastrophes. Politiquement, nous n'avions pas fait un pas depuis la prise de la citadelle de Hanoï. Les mandarins, un instant terrifiés par ce coup d'audace, n'avaient pas tardé à se remettre en voyant que la France n'agissait pas et se mettait peu en peine de poursuivre et d'assurer son succès. Pendant les huit derniers mois de l'année 1882, ils avaient eu tout le temps de lever des troupes et d'organiser la résistance.

Pendant ce temps, le commandant Rivière s'épuisait à demander à Saïgon et à Paris des renforts qu'on lui refusait.

Le Gouverneur de Saïgon, gêné par ses instructions qui lui prescrivaient d'éviter toute action militaire indispensable, négociait avec la Cour de Hué pour obtenir, par voie diplomatique, la reconnaissance de ce fameux Protectorat qu'on hésitait à conquérir par les armes, seul moyen d'aboûtir avec les mandarins annamites.

On négociait en même temps à Paris et à Pékin pour avoir au moins la neutralité de la Chine; mais celle-ci, par l'entremise de son ambassadeur le marquis de Tseng, demandait purement et simplement le rappel de Rivière, « comme spontanément, en 1873, le gouvernement français l'avait déjà fait, quand un jeune et intrépide officier, poussé par un excès de zèle, avait pris la même ville ».

Rivière, ayant reçu un renfort de 750 soldats, en février 1883, se résolut à reprendre l'offensive en s'emparant de Nam-dinh, le 27 mars. En récompense de cet acte de bravoure et de saine politique, il reçut de Paris, par l'intermédiaire de Saïgon, la défense absolue de ne plus rien entreprendre sauf le cas de nécessité évidente.

Lorsque Rivière revint de Nam-dinh, le 2 avril, il trouva les Pavillons Noirs installés dans la sous-préfecture de Phu-hoai. La ville de Ha-noï était cernée de tous côtés. Impossible de s'en écarter à un kilomètre sans s'exposer à tomber dans une embuscade.

L'ennemi, tant du côté de Phu-hoai que de celui de Bac-ninh, ainsi que les bandes qui cernaient Ha-noï du côté du sud, se rapprochait de plus en plus et, par des canonnades continuelles qu'il faisait chaque nuit à la faveur des ténèbres, harcelait tellement nos soldats, que le commandant Rivière décida une expédition contre Phu-hoai. Le 19 mai, un peu avant 4 heures du matin, 500 hommes, tant d'infanterie de marine que des compagnies de débarquement, partaient pour livrer combat avec l'espérance d'une victoire certaine. Ces troupes, dans leur marche en avant, avaient enlevé le premier retranchement des Pavillons Noirs et continuaient leur route, lorsqu'on vit l'ennemi sortir en masses profondes des villages voisins, menaçant de nous prendre à revers et de nous fermer la retraite. On dut commander un mouvement en arrière pour ne pas se laisser couper en deux.

Alors, de trois côtés, commença à pleuvoir une grêle de balles, que nos soldats durent subir sans se déployer en tirailleurs, car ils suivaient une chaussée ayant moins de trois mètres de large. Le chef de bataillon de Villers fut mortellement blessé et put être emporté. L'action était vive de part et d'autre; mais les ennemis se comptaient par milliers, et les Pavillons Noirs, munis en grand nombre de bons fusils européens, nous débordaient sur trois faces à la fois. Le commandant, se trouvant au point le plus exposé au feu de l'ennemi, fut frappé de plusieurs balles, au moment où il cherchait à dégager une pièce de campagne en danger d'être prise. Malheureusement, il ne put être emporté, car, en même temps, plusieurs officiers et soldats qui combattaient à ses côtés furent tués ou blessés. Les principaux chefs et presque un cinquième de l'effectif ayant été mis hors de combat, on dut battre en retraite. Les pertes furent de quatre officiers tombés sur le champ de bataille ou morts à la suite de leurs blessures, trente soldats tués et une cinquantaine plus ou moins grièvement blessés.

Tous les morts restèrent sur le champ de bataille, au pouvoir de l'ennemi, qui coupa leurs têtes pour en faire des trophées. Ces têtes furent salées, suspendues aux arbres, où elles restèrent plusieurs jours exposées à la vue du public dans le camp des Pavillons Noirs.

VII

La mort de Rivière décide la France à agir.

En France, l'annonce de la catastrophe du 19 mai avait surexcité l'opinion, jusqu'alors trop indifférente aux affaires du Tong-kin. Tous les partis s'étaient unis dans un même sentiment de patriotisme blessé et de revendication de l'honneur national; un crédit de 3,500,000 francs avait été voté à l'unanimité, et le Ministère pouvait télégraphier à Saïgon : «La France vengera ses glorieux enfants ». Pour la première fois, l'expédition du Tong-kïn allait entrer dans une phase décisive d'activité.

Pour remplacer le commandant en chef de l'expédition, on institua une sorte de triumvirat, le docteur Harmand, ancien compagnon d'armes de Garnier, fut chargé, avec le titre de commissaire civil, de la direction des affaires politiques; le général Bouet, des opérations militaires, et l'on confia à l'amiral Courbet le commandement d'une nouvelle division navale du Tong-kïn. Cette combinaison, il faut bien l'avouer, n'était pas heureuse. En partageant entre trois chefs le pouvoir et ses responsabilités, elle devait nécessairement amener des conflits. Quelques mois plus tard, il fallut revenir à l'unité de commandement.

La mort de Tu-duc survient le 17 juillet.

Le 25 août 1883, le Ministère annamite signait avec M. Harmand un traité qui reconnaissait notre Protectorat sur l'An-nam et le Tong-kïn.

Pendant ce temps, au Tong-kïn, le général Bouet réorganisait les services militaires et reprenait l'offensive contre les Pavillons Noirs, demeurés à peu près les maîtres du pays depuis la mort de Rivière. La prise des citadelles de Haï-dzuong et de Quang-yen, et le dégagement de celle de Nam-dinh prouvaient à nos adversaires que la

France était toujours elle-même et qu'un guet-apens comme celui du 19 mai n'était pas de nature à décourager nos troupes.

Encore une fois, la mort de Rivière fut l'événement décisif qui détermina la France à prendre une résolution virile et à en finir avec un problème dont la solution menaçait de s'éterniser. C'est ainsi que le sacrifice des enfants de la Patrie, dont le sang en apparence peut paraître dans le premier moment versé bien inutilement, finit à la longue par féconder la terre sur laquelle il a été répandu. Toute idée a ses martyrs. Celle de l'expansion de la France en Indo-Chine a eu les siens, et c'est bien à eux que le pays est redevable de la possession de ce magnifique empire colonial qu'elle occupe actuellement en Extrême-Orient. Honneur leur soit rendu! Ils ont bien mérité de la France et de la République!

ANNEXES

I

Lettre de l'Amiral de Montaignac, Ministre de la Marine, au Contre-Amiral Dupré.

Paris, 20 novembre 1873

A Monsieur le Gouverneur de la Cochinchine,

J'ai l'honneur de vous confirmer la dépêche télégraphique ainsi conçue que je vous ai adressée, en réponse à votre communication du 7 octobre dernier, concernant votre projet d'envoyer nne expédition armée dans le Tong-kïn :

« Je reçois le courrier du 7 octobre.

« J'espère que l'expédition Garnier n'a pas eu lieu; si « son départ n'avait pas été ajourné, je tiens à vous con- « firmer les ordres contenus dans ma dépêche du 8 sep- « tembre. Le Gouvernement ne consent pas à l'occupation « du Tong-kïn, il veut éviter toute complication qui né- « cessiterait l'envoi de nouvelles troupes en Cochinchine « et occasionnerait des dépenses que l'Assemblée ne rati- « fierait pas ».

19.

Je ne saurais trop insister sur les considérations qui ont dicté ma dépêche du 8 septembre et que j'ai développées dans mes instructions du 20 octobre qui sont aujourd'hui sous vos yeux. Votre télégramme du 23 du même mois ne contenant aucune indication sur cette expédition dont l'importance n'eût pas manqué de provoquer un mot de votre part, je me plais à espérer que le fâcheux incident qui en avait fait naître la pensée aura reçu une solution pacifique conforme à nos intérêts et à notre dignité. Je n'ai pas oublié, en effet, que l'expédition dirigée par le commandant Senez a puissamment contribué à ouvrir le Song-Coï aux vapeurs de M. Dupuis. Vous avez, dans le but, il est vrai, d'éloigner toute intervention étrangère, cherché à garantir au nom de la colonie des dettes contractées par cet aventurier. Il semble résulter pour nous de ce rapprochement une apparente complicité dans les actes qui lui sont reprochés et je ne puis m'étonner du parti que la Cour de Hué entend tirer de cette situation.

Vous avez donc eu grandement raison de repousser ces insinuations qui ne sauraient, en effet, nous atteindre et de déclarer au Ministre du commerce de Tu-duc que vous ne sauriez admettre qu'une autre puissance européenne intervînt dans cette affaire.

Quelles que soient au surplus les causes qui l'ont produite, j'estime que cette situation est très fâcheuse, et je reconnais que l'obligation de la faire cesser peut nous incomber dans une certaine mesure. Je comprends donc qu'une mise en demeure énergique soit adressée par vous au sieur Dupuis; mais je ne saurais me prêter à une expédition armée devant entraîner une occupation permanente dont il est impossible de prévoir les conséquences financières. Réduites aux termes indiqués par le Ministre annamite dans sa communication du 23 septembre, notre intervention amènera, je n'en doute pas, le résultat désiré. Le sieur Dupuis ne saurait, en effet, résister à une injonction énergique qui lui serait faite, en votre nom, par un officier chargé de vos pouvoirs, et l'appareil d'une expédition armée ne me paraît pas nécessaire pour le faire déguerpir. Vous aurez rendu ainsi, sans engager l'avenir et les finances du pays, un service dont la cour de Hué ne saurait manquer de se montrer reconnaissante, si l'on songe au prix qu'elle semble attacher au départ de ce personnage. Vous pourriez alors profiter de cette circonstance pour obtenir l'accès facile du Song-Coï pour notre pavillon et des avantages particuliers qu'il vous sera plus facile de stipuler quand vous serez en possession des informations recueillies sur les lieux par la mission pacifique que vous y aurez envoyée.

Peut-être, au moment où je vous écris, avez-vous fait partir M. Garnier avec les forces dont vous voudriez le faire accompagner. Je regretterais vivement que vous ayez pris cette décision et je ne puis le croire du reste, puisque, encore une fois, vos télégrammes ne m'ont rien fait connaître à cet égard.

Si cependant cette expédition était partie, n'oubliez pas que la volonté formelle du Gouvernement est de n'exercer, en tout cas, qu'une action temporaire et limitée. Sous aucun prétexte, vous n'êtes autorisé à occuper un point du pays, comme vous le dites, et encore moins à prévoir dans le présent ou dans l'avenir une occupation permanante. Même dans le cas où le Protectorat serait accepté et reconnu, nous ne devons pas penser à occuper le Tong-kïn. Si, dans ce cas, nous rendons à la cour de Hué le service de purger le pays des pirates et plus tard des brigands qui le pillent, notre action doit être presque exclusivement maritime et ne s'exercer qu'en cas d'absolue nécessité, par petites expéditions rapides, vigoureuses, mais ne nécessitant ni établissement permanent ni augmentation des forces, ni surtout accroissement de dépenses.

Je n'ai pas besoin de vous faire remarquer qu'occuper un point du Tong-kïn avec le nombre d'hommes dont M. Garnier serait accompagné, c'est exposer sans nécessité l'expédition à des attaques qui vous forceront à la renforcer tôt ou tard; c'est entrer dans la voie de cet établissement permanent auquel il vous est absolument interdit de songer. C'est nous engager dans l'engrenage que le Gouvernement veut à tout prix éviter.

Nos Assemblées se sont toujours effrayées des dépenses qu'entraînent nos établissements d'Outre-Mer, on se plaint qu'elles ne sont pas compensées par le profit qu'en tire notre commerce et l'appui qu'y trouve notre marine militaire.

. . . .

Si maintenant je me reporte aux renseignements que contient votre lettre précitée du 7 octobre, concernant les nouvelles propositions faites par les ambassadeurs de l'empereur Tu-duc, je vois surgir de leur part des prétentions auxquelles nous n'étions pas complètement préparés par leur attitude antérieure.

Je n'insiste pas néanmoins sur ce point en présence de votre télégramme du 22 octobre dans lequel vous me faites connaître que vous ne désespérez pas d'arriver au résultat sans une concession aussi importante. Or, il s'agissait d'après votre dépêche télégraphique du 22, de consentir, au besoin mais à la dernière extrémité, à la rétrocession des trois dernières provinces moyennant la reconnaissance de notre protectorat sur l'ensemble de l'Empire d'An-nam.

II

Traité conclu à Saïgon, le 15 mars 1874, entre la France et le royaume d'An-nam.

S. Exc. le Président de la République Française et S. M. le roi de l'An-nam, voulant unir leurs deux pays par les liens d'une amitié durable, ont résolu de conclure un traité de paix et d'alliance remplaçant celui du 5 juin 1862, et ils ont, en conséquence, nommé leurs plénipotentiaires à cet effet, savoir :

S. Exc. le Président de la République Française :

Le contre-amiral Dupré, gouverneur et commandant en chef de la basse Cochinchine, grand officier de l'ordre national de la Légion d'honneur, officier de l'instruction publique, etc.

Et S. M. le roi d'An-nam :

Lê Tuân, ministre de la justice, premier ambassadeur, et Nguyen-van-tuong, premier conseiller du ministre des rites, deuxième ambassadeur, qui, après communication de leurs pouvoirs respectifs, trouvés en bonne et due forme, sont convenus des articles suivants :

Article premier. — Il y aura paix, amitié et alliance perpétuelles entre la France et le royaume d'An-nam.

Art. 2. — S. Exc. le Président de la République Française, reconnaissant la souveraineté du roi de l'An-nam et son entière indépendance vis-à-vis de toute puissance étrangère quelle qu'elle soit, lui promet aide et assistance et s'engage à lui donner, sur sa demande, et gratuitement, l'appui nécessaire pour maintenir dans ses États l'ordre et la tranquillité, pour le défendre contre toute attaque et pour détruire la piraterie qui désole une partie des côtes du royaume.

Art. 3. — En reconnaissance de cette protection, S. M. le roi de l'An-nam s'engage à conformer sa politique extérieure à celle de la France et à ne rien changer à ses relations diplomatiques actuelles.

Cet engagement politique ne s'étend pas aux traités de commerce. Mais, dans aucun cas, S. M. le roi de l'An-nam ne pourra faire avec une nation, quelle qu'elle soit, de traité de commerce en désaccord avec celui conclu entre la France et le royaume d'An-nam, et sans en avoir préalablement informé le gouvernement français.

S. Exc. le Président de la République Française s'engage à faire à S. M. le roi de l'An-nam, don gratuit :

1° De cinq bâtiments à vapeur d'une force réunie de cinq cents chevaux, en parfait état, ainsi que les chaudières et machines, armés et équipés, conformément aux prescriptions du règlement d'armement;

2° De cent canons de sept à seize centimètres de diamètre, approvisionnés à deux cents coups par pièce;

3° De mille fusils à tabatière et de cinq cent mille cartouches.

Ces bâtiments et armes seront rendus en Cochinchine et livrés dans le délai maximum d'un an, à partir de la date de l'échange des ratifications.

Art. 4. — S. Exc. le Président de la République Française promet, en outre, de mettre à la disposition du roi : des instructeurs militaires et marins en nombre suffisant pour reconstituer son armée et sa flotte; des ingénieurs et chefs d'ateliers capables de diriger les travaux qu'il plaira à Sa Majesté de faire entreprendre; des hommes experts en matière de finances pour organiser le service des impôts et des douanes dans le royaume; des professeurs pour fonder un collège à Hué. Il promet, en outre, de fournir au roi les bâtiments de guerre, les armes et les munitions que Sa Majesté jugera nécessaires à son service.

La rémunération équitable des services ainsi rendus sera fixée d'un commun accord entre les hautes parties contractantes.

Art. 5. — S. M. le roi de l'An-nam reconnaît la pleine et entière souveraineté de la France sur tout le territoire actuellement occupé par elle et compris entre les frontières suivantes :

A l'est, la mer de Chine et le royaume d'An-nam (province de Binh-tuan);

A l'ouest, le golfe de Siam ;

Au sud, la mer de Chine;

Au nord, le royaume de Cambodge et le royaume d'An-nam (province de Binh-tuan).

Les onze tombeaux de la famille Pham, situés sur le territoire des villages de Tannien-dong et de Tanquan-dong (province de Saïgon) et les trois tombes de la famille Hô, situées sur les territoires des villages de Linh-chun-tay et Tan-may (province de Bien-hoa) ne pourront être ouverts, creusés, violés ni détruits.

Il sera assigné un lot de terrain de cent maos d'étendue aux tombes de la famille Pham et un lot d'égale étendue à celles de la famille Hô. Les revenus de ces terres seront consacrés à l'entretien des tombes et à la subsistance des familles chargées de leur conservation. Les terres seront exemptes d'impôts et les hommes de ces familles seront également exempts des impôts personnels, du service militaire et des corvées.

Art. 6. — Il est fait remise au roi, par la France, de tout ce qui lui reste dû de l'ancienne indemnité de guerre.

Art. 7. — Sa Majesté s'engage formellement à rembourser, par l'entremise du gouvernement français, le restant de l'indemnité due à l'Espagne, s'élevant à 1 million de dollars (à 0,62 de taël le dollar), et à affecter à ce remboursement la moitié du revenu net des douanes des ports ouverts au commerce européen et américain, quel qu'en soit d'ailleurs le produit.

Le montant en sera versé chaque année au Trésor public de Saïgon, chargé d'en faire la remise au gouvernement espagnol, d'en tirer reçu et de transmettre ce reçu au gouvernement annamite.

Art. 8. — S. Exc. le Président de la République Française et S. M. le roi accordent une amnistie générale, pleine et entière, avec levée de tous séquestres mis sur les biens, à ceux de leurs sujets respectifs qui, jusqu'à la conclusion du traité et auparavant, se sont compromis pour le service de l'autre partie contractante.

Art. 9. — Sa Majesté le roi de l'An-nam, reconnaissant que la religion catholique enseigne aux hommes à faire le bien, révoque et annule toutes les prohibitions portées contre cette religion et accorde à tous ses sujets la permission de l'embrasser et de la pratiquer librement.

En conséquence, les chrétiens du royaume d'An-nam pourront se réuuir dans les églises en nombre illimité pour les exercices de leur culte. Ils ne seront plus obligés, sous aucun prétexte, à des actes contraires à leur religion, ni soumis à des recensements particuliers. Ils seront admis à tous les concours et aux emplois publics sans être tenus pour cela à aucun acte prohibé par la religion.

Sa Majesté s'engage à faire détruire les registres de dénombrement des chrétiens faits depuis quinze ans et à les traiter, quant aux recensements et impôts, exactement comme tous ses autres sujets. Elle s'engage, en outre, à renouveler la défense, si sagement portée par elle, d'employer dans le langage ou dans les écrits des termes injurieux pour la religion et à faire corriger les articles du Thap-

Dieu dans lesquels de semblables termes sont employés.

Les évêques et missionnaires pourront librement entrer dans le royaume et circuler dans leurs diocèses avec un passeport du gouverneur de la Cochinchine visé par le ministre des rites ou par le gouverneur de la province. Ils pourront prêcher en tous lieux la doctrine catholique. Ils ne seront soumis à aucune surveillance particulière, et les villages ne seront plus tenus de déclarer aux mandarins ni leur arrivée, ni leur présence, ni leur départ.

Les prêtres annamites exerceront librement, comme les missionnaires, leur ministère. Si leur conduite est répréhensible, et si, aux termes de la loi, la faute par eux commise est passible de la peine du bâton ou du rotin, cette peine sera commuée en une punition équivalente.

Les évêques, les missionnaires et les prêtres annamites auront le droit d'acheter et de louer des terres et des maisons, de bâtir des églises, hôpitaux, écoles, orphelinats et tous autres édifices destinés au service de leur culte.

Les biens enlevés aux chrétiens pour fait de religion, qui se trouvent encore sous séquestre, leur seront restitués.

Toutes les dispositions précédentes sans exception s'appliquent aux missionnaires espagnols aussi bien qu'aux français.

Un édit royal, publié aussitôt après l'échange des ratifications, proclamera dans toutes les communes la liberté accordée par Sa Majesté aux chrétiens de son royaume.

Art. 10. — Le gouvernement annamite aura la faculté d'ouvrir à Saïgon un collège placé sous la surveillance du directeur de l'intérieur, et dans lequel rien de contraire à la morale et à l'exercice de l'autorité française ne pourra être enseigné. Le culte y sera entièrement libre.

En cas de contravention, le professeur qui aura enfreint ces prescriptions sera renvoyé dans son pays, et même, si la gravité du cas l'exige, le collège pourra être fermé.

Art. 11. — Le gouvernement annamite s'engage à ouvrir au commerce les ports de Thi-naï dans la province de

Binh-dinh, de Ninh-haï, dans la province de Haï-dzuong, la ville de Ha-noï, et le passage par le fleuve du Nhi-hà (1), depuis la mer jusqu'au Yûn-nân.

Une convention additionnelle au traité, ayant même force que lui, fixera les conditions auxquelles ce commerce pourra être exercé.

Le port de Ninh-haï, celui de Ha-noï et le transit par le fleuve seront ouverts aussitôt après l'échange des ratifications, et même plus tôt si faire se peut; celui de Thi-naï un an après.

D'autres ports ou rivières pourront être ultérieurement ouverts au commerce, si le nombre et l'importance des relations établies montrent l'utilité de cette mesure.

Art. 12. — Les sujets français ou annamites de la France et les étrangers en général pourront, en respectant les lois du pays, s'établir, posséder et se livrer librement à toutes opérations commerciales et industrielles dans les villes ci-dessus désignées. Le gouvernement de Sa Majesté mettra à leur disposition les terrains nécessaires à leur établissement.

Ils pourront de même naviguer et commercer entre la mer et la province du Yûn-nân, par la voie de Nhi-hà, moyennant l'acquittement des droits fixés, et à la condition de s'interdire tout trafic sur les rives du fleuve, entre la mer et Ha-noï et entre Ha-noï et la frontière de Chine.

Ils pourront librement choisir et engager à leur service des compradors, interprètes, écrivains, ouvriers, bateliers et domestiques.

Art. 13. — La France nommera dans chacun des ports ouverts au commerce un consul ou agent assisté d'une force suffisante, dont le chiffre ne devra pas dépasser le nombre de cent hommes, pour assurer sa sécurité et faire respecter son autorité, pour faire la police des étrangers jusqu'à ce que toute crainte à ce sujet soit dissipée par l'établissement

(1) Nhi-hà est un des noms du grand fleuve du Tong-kïn; c'est le nom que les Annamites lui donnent dans les documents officiels.

des bons rapports que ne peut manquer de faire naître la loyale exécution du traité.

Art. 14. — Les sujets du roi pourront, de leur côté, librement voyager, résider, posséder et commercer en France et dans les colonies françaises en se conformant aux lois. Pour assurer leur protection, Sa Majesté aura la faculté de faire résider des agents dans les ports ou villes dont elle fera choix.

Art. 15. — Lorsque des sujets français, européens ou cochinchinois, ou d'autres étrangers désireront s'établir dans un des lieux ci-dessus spécifiés, ils devront se faire inscrire chez le résident français, qui en avisera l'autorité locale.

Les sujets annamites voulant s'établir en territoire français seront soumis aux mêmes dispositions.

Les Français ou étrangers qui voudront voyager dans l'intérieur du pays ne pourront le faire que s'ils sont munis d'un passeport délivré par un agent français et avec le consentement et le visa des autorités annamites. Tout commerce leur sera interdit sous peine de confiscation de leurs marchandises.

Cette faculté de voyager pouvant présenter des dangers dans l'état actuel du pays, les étrangers n'en jouiront qu'après que le gouvernement annamite, d'accord avec le représentant de la France, à Hué, jugera le pays suffisamment calmé.

Si des voyageurs français doivent parcourir le pays en qualité de savants, déclaration en sera également faite; ils jouiront à ce titre de la protection du gouvernement, qui leur délivrera les passeports nécessaires, les aidera dans l'accomplissement de leur mission et facilitera leurs études.

Art. 16. — Toutes contestations entre Français et étrangers seront jugées par le résident français.

Lorsque des sujets français ou étrangers auront quelque contestation avec des Annamites ou quelque plainte ou réclamation à formuler, ils devront d'abord exposer l'affaire au résident qui s'efforcera de l'arranger à l'amiable.

Si l'arrangement est impossible, le résident requerra l'assistance d'un juge annamite commissionné à cet effet, et tous deux, après avoir examiné l'affaire conjointement, statueront d'après les règles de l'équité.

Il en sera de même en cas de contestation d'un Annamite avec un Français ou un étranger; le premier s'adressera au magistrat qui, s'il ne peut concilier les parties, requerra l'assistance du résident français et jugera avec lui.

Mais toutes les constestations entre Français ou entre Français et étrangers seront jugées par le résident français seul.

Art. 17. — Les crimes et délits commis par des Français ou des étrangers sur le territoire de l'An-nam seront connus et jugés à Saïgon par les tribunaux compétents. Sur la réquisition du résident français, les autorités locales feront tous leurs efforts pour arrêter le ou les coupables et les lui livrer.

Si un crime ou délit est commis sur le territoire français par un sujet de Sa Majesté, le consul ou agent de Sa Majesté devra être officiellement informé des poursuites dirigées contre l'accusé et mis en mesure de s'assurer que toutes les formes légales sont bien observées.

Art. 18. — Si quelque malfaiteur coupable de désordres ou brigandages sur le territoire français se réfugie sur le territoire annamite, l'autorité locale s'efforcera, dès qu'il lui en aura été donné avis, de s'emparer du fugitif et de le rendre aux autorités françaises.

Il en sera de même si des voleurs, pirates ou criminels quelconques, sujets du roi, se réfugient sur le territoire français; ils devront être poursuivis aussitôt qu'avis en sera donné, et, si faire se peut, arrêtés et livrés aux autorités de leurs pays.

Art. 19. — En cas de décès d'un sujet français ou étranger sur le territoire annamite, ou d'un sujet annamite sur le territoire français, les biens du décédé seront remis à ses héritiers; en leur absence ou à leur défaut, au résident qui sera chargé de les faire parvenir aux ayants-droit.

Art. 20. — Pour assurer et faciliter l'exécution des clauses et stipulations du présent traité, un an après sa signature, S. Exc. le Président de la République Française nommera un résident ayant le rang de ministre auprès de S. M. le roi de l'An-nam. Le résident sera chargé de maintenir les relations amicales entre les hautes parties contractantes et de veiller à la consciencieuse exécution des articles du traité.

Le rang de cet envoyé, les honneurs et prérogatives auxquels il aura droit, seront ultérieurement réglées d'un commun accord et sur le pied d'une parfaite réciprocité entre les hautes parties contractantes.

S. M. le roi de l'An-nam aura la faculté de nommer des résidents à Paris et à Saïgon.

Les dépenses de toute espèce occasionnées par le séjour de ces résidents auprès du gouvernement allié seront supportées par le gouvernement de chacun d'eux.

Art. 21. — Ce traité remplace le traité de 1862, et le gouvernement français se charge d'obtenir l'assentiment du gouvernement espagnol. Dans le cas où l'Espagne n'accepterait pas ces modifications au traité de 1862, le présent traité n'aurait d'effet qu'entre la France et l'An-nam, et les anciennes stipulations concernant l'Espagne continueraient à être exécutoires. La France, dans ce cas, se chargerait du remboursement de l'indemnité espagnole et se substituerait à l'Espagne, comme créancière de l'An-nam, pour être remboursée conformément aux dispositions de l'art. 7 du présent traité.

Art. 22. — Le présent traité est fait à perpétuité. Il sera ratifié et les ratifications en seront échangées à Hué, dans le délai d'un an, et moins, si faire se peut. Il sera publié et mis en vigueur aussitôt que cet échange aura eu lieu.

En foi de quoi, les plénipotentiaires respectifs ont signé le présent traité et y ont apposé leurs cachets.

Fait à Saïgon, au palais du gouvernement de la Cochinchine Française, en quatre expéditions, le dimanche, quinzième jour du mois de mars de l'an de grâce 1874, correspondant au vingt-septième jour du premier mois de la vingt-septième année de Tu-duc.

Signé : Contre-Amiral DUPRÉ.

Signé : LÊ-TUAN et NGUYEN-VAN-TUONG.

TABLE DES MATIÈRES

Pages.

Avant-propos I

PREMIÈRE PARTIE

LA SITUATION EN 1873.

I. — Historique. — Oppression du peuple par les mandarins annamites. — Brigands et pirates. — Les lettrés. — Les chrétiens .... 2 à 13

II. — Les dispositions du peuple et l'impuissance annamite. — Premières requêtes de l'An-nam auprès du Gouverneur de Saïgon .... 14 à 23

DEUXIÈME PARTIE

LA POLITIQUE DE L'AMIRAL DUPRÉ. — FRANCIS GARNIER.

I. — L'exploration et l'ouverture du Fleuve Rouge attirent l'attention de l'amiral Dupré sur le Tong-kïn. — But constant de sa politique. — Comment l'Amiral s'assure que l'occasion d'intervenir est bonne. — L'ambassade de Tu-duc croit pouvoir obtenir de l'Amiral les secours qu'elle allait chercher en Europe pour expulser Dupuis. — La cour de Hué prévoit les dangers de l'intervention française et cherche à se dégager. — L'Amiral im-

Pages.

pose son intervention. Protestations de la cour de Hué........ 25 à 42

II. — Le choix de Fr. Garnier pour régler les affaires du Tong-kïn éclaire la politique de l'Amiral. — Développement de cette politique. — Instructions de l'Amiral à Fr. Garnier. Des troupes accompagnent son intervention pacifique........ 42 à 60

III. — Le véritable souverain en An-nam est Nguyen, l'ennemi juré des Français. Garnier fait escale à Tourane. La cour refuse d'agréer sa mission........ 60 à 65

IV. — Arrivée de Garnier à Ha-noï. Les Annamites témoignent clairement de leurs intentions hostiles. — La politique de Garnier. — La persistance des hostilités annamites amène Garnier à proclamer : d'abord l'indépendance de sa conduite, puis l'ouverture du fleuve au commerce sous le protectorat de la France........ 65 à 107

V. — Prise de la citadelle de Ha-noï, le 20 novembre 1873. — Garnier se proclame le protecteur à la fois des intérêts de l'An-nam, de ceux des indigènes tongkinois et du commerce. — Réorganisation de la province de Ha-noï........ 107 à 127

VI. — Garnier entreprend la conquête du Delta. Prise de Phu-ly. — Prise et réorganisation de Haï-dzuong. — Prise et réorganisation de Ninh-binh. — Prise et réorganisation de Nam-dinh........ 128 à 175

VII. — La cour de Hué se plaint amèrement de la conduite de Garnier. — Les hostilités annamites se manifestent de plus en plus. Mort de Garnier le 21 décembre 1873........ 175 à 198

TROISIÈME PARTIE

LA MÉTROPOLE.

I. — Le gouvernement de la métropole est opposé à toute intervention de la France au Tong-kïn.... 199 à 210

Pages.

II. — L'Amiral envoie M. Philastre à Hué pour endormir la cour, tandis qu'il renforce l'expédition Garnier pour établir le protectorat de la France au Tong-kïn .... 210 à 223

III. — Le départ de M. Philastre pour Ha-noï et la mort de Garnier bouleversent les plans de l'Amiral .... 223 à 228

QUATRIÈME PARTIE

PHILASTRE. — LE TRAITÉ. — DESTRUCTION DE L'ŒUVRE

I. — La première émotion passée, il fallait venger la mort de Garnier. Des renforts venaient d'arriver; la situation était solide, tant à Ha-noï que dans le Delta. — Événements de Nam-dinh. — M. Hautefeuille à Ninh-binh. — Situation à Haï-dzuong. — La convention de M. Esmez .... 229 à 245

II. — M. Philastre au Tong-kïn. L'affaire des jonques. — Évacuation du Delta. Arrivée de M. Philastre à Ha-noï. — Haï-dzuong. — Consternation à Ninh-binh. — M. Harmand à Nam-dinh. Incendies et massacres. — M. Philastre à Ha-noï. Les partisans et l'honneur de la France subissent les derniers affronts. — Je me rends à Saïgon pour renseigner l'Amiral et prévenir de plus grands désastres. — La convention de M. Philastre. Évacuation de Ha-noï .... 245 à 282

III. — Mauvaise foi des Annamites tandis qu'on prépare un traité de paix. — A quel prix l'amiral Dupré obtient le traité .... 282 à 297

IV. — Après le traité. Les partisans de la France abandonnés et trahis par les Français. — Le traité de commerce. Destruction complète de mon expédition. — En dépit des traités les hostilités continuent. Plus que jamais le pays est fermé au commerce. — Massacre des chrétiens et des indigènes.. 297 à 320

V. — Tu-duc se rapproche de la Chine .... 320 à 323

Pages.
VI. — Expédition Rivière........................ 323 à 329
VII. — La mort de Rivière décide la France à agir. 329 à 331

ANNEXES

I. — Lettre de l'Amiral de Montaignac, Ministre de la Marine, au Contre-Amiral Dupré.............. 333 à 336
II. — Traité conclu à Saïgon, le 15 mars 1874, entre la France et le royaume d'An-nam.............. 337 à 346

TYPOGRAPHIE FIRMIN-DIDOT ET Cie. — MESNIL (EURE). — 6651

TYPOGRAPHIE FIRMIN-DIDOT ET Cie. — MESNIL (EURE). — 6651.

www.ingramcontent.com/pod-product-compliance
Ingram Content Group UK Ltd.
Pitfield, Milton Keynes, MK11 3LW, UK
UKHW020157250726
13967UKWH00003B/1123

9 782012 997592